COMMENT SE CONNECTER

AF860144

① SCANNEZ OU **① CONNECTEZ-VOUS**

CE QR CODE

ET ENTREZ CE CODE UNIQUE SUR LE SITE :

grouperf.com/moncode

IDENTIFIANT UNIQUE

0068-F824-4C94-8991-058D

② ENREGISTREZ VOS COORDONNÉES

POUR CRÉER VOTRE COMPTE PERSONNEL

③ RECEVEZ VOS CODES D'ACCÈS

ET LIENS DE CONSULTATION PAR EMAIL

IMPORTANT : Votre identifiant est unique : une fois utilisé, il ne sera plus valide.
Il vous donne accès à la consultation en ligne de l'ouvrage « Initiation à l'intégration fiscale »,
pendant la durée du millésime. Il est réservé à un seul utilisateur et ne peut être partagé.

Groupe Revue Fiduciaire | 1917 2017 #jai100ans

Inclus LA VERSION EN LIGNE

Rendez-vous sur **RFedition.com** pour consulter votre ouvrage en ligne et bénéficier d'un outil complet et efficace.

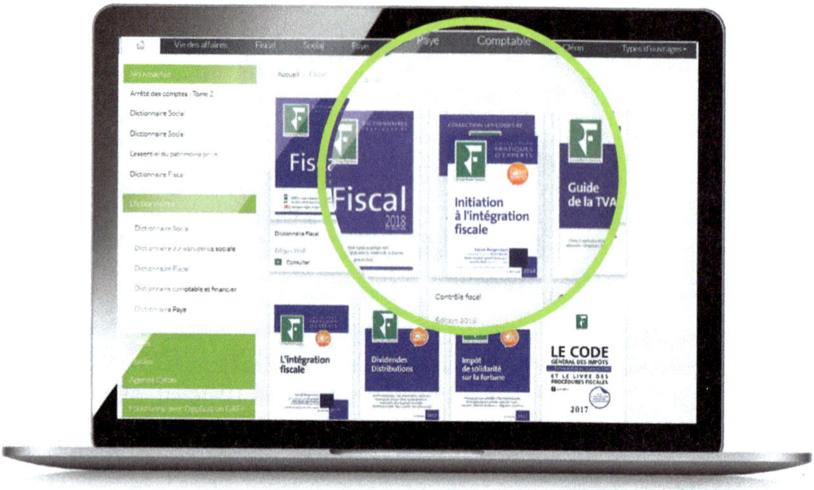

> **ACCÉDEZ RAPIDEMENT À VOS CONTENUS GRÂCE À UN MOTEUR DE RECHERCHE PERFORMANT**

> **CONNECTEZ-VOUS À TOUT MOMENT, À PARTIR DE N'IMPORTE QUEL SUPPORT**

> **RETROUVEZ TOUS LES OUVRAGES EN LIGNE DANS VOTRE BIBLIOTHÈQUE VIRTUELLE, CLASSÉS PAR DOMAINE**

> **PROFITEZ DES DERNIÈRES MISES À JOUR DES CODES, ET DES DICTIONNAIRES**

L'achat de l'ouvrage donne droit à une connexion unique à la version en ligne.
La connexion à la version en ligne est active durant la période de validité du millésime.

Groupe Revue Fiduciaire | 1917 2017 #jai100ans

18_04_INITIATION_IF_18_ENCART_QR_CODE 320173594

Groupe Revue Fiduciaire

COLLECTION
PRATIQUES D'EXPERTS

Initiation à l'intégration fiscale

6e ÉDITION

À jour au 20 mars 2018

Patrick Morgenstern
Expert-comptable, Commissaire aux comptes

En collaboration avec **Bruno Bacrot**, **Xavier Houard**, **Laurent Leclercq** (avocats associés, FIDAL) et **Jennifer Pillot** (avocate, FIDAL)

Préface de Jean-Pierre Casimir

Collection dirigée par Jean-Pierre Casimir

Groupe Revue Fiduciaire - 100, rue La Fayette - 75485 Paris Cedex 10 - GroupeRF.com

100 rue La Fayette - 75485 Paris Cedex 10
Dépôt légal mars 2018 - ISBN 978-2-7579-0637-8

Achevé d'imprimer sur les presses de l'imprimerie MAQPRINT - 43 Rue Ettore Bugatti
87280 Limoges - Mars 2018

Introduction

Le régime d'intégration fiscale est devenu incontournable dans la gestion des groupes de sociétés. C'est un régime fiscal complexe qui a ses propres spécificités et dont la gestion s'avère généralement lourde, complexe et parfois dangereuse. Ce régime se caractérise, en effet, par un formalisme important, une logique déclarative particulière et, pour certaines opérations, des raisonnements fiscaux qui dérogent à ceux habituellement appliqués.

Sa maîtrise en toute sécurité nécessite, en conséquence, un apprentissage préalable.

C'est à cet objectif que répond le présent ouvrage « Initiation à l'intégration fiscale ». En 11 parties traitant notamment du périmètre, de l'option, des obligations déclaratives, de la détermination du résultat d'ensemble, du paiement de l'impôt et des distributions, il donne les bases concrètes indispensables à tous ceux qui ont ou auront à pratiquer l'intégration fiscale.

Avec une approche non seulement pédagogique mais aussi résolument pratique, les auteurs dégagent les points essentiels qu'il convient de maîtriser, explicite les fondements de telle ou telle obligation, synthétise la démarche organisationnelle à mettre en œuvre et illustre leur propos de nombreux cas pratiques.

Pour cette 6e édition, Patrick Morgenstern a pour la première fois associé sa plume à celle d'avocats fiscalistes du cabinet FIDAL. Parmi eux, Laurent Leclercq et Bruno Bacrot, spécialistes en fiscalité directe et internationale des entreprises, Jennifer Pillot, membre de la direction technique et Xavier Houard, spécialiste de la fiscalité directe et des transactions.

Cet ouvrage offre aux praticiens et aux étudiants l'occasion d'être, rapidement et en toute sécurité, opérationnels pour gérer, dans leur dynamique d'ensemble, les opérations courantes liées à l'intégration fiscale.

Une fois ce pas franchi, ceux pour qui la pratique professionnelle nécessite une expertise plus poussée pourront se reporter à l'ouvrage des mêmes auteurs « L'intégration fiscale » dont la 12e édition 2017 atteste le succès.

L'éditeur

Sommaire (Les chiffres renvoient aux pages)

Partie 8

Partie 9

Partie 10

Partie 11

Préface

En quelques années, après plusieurs éditions d'un ouvrage désormais incontournable, d'innombrables dossiers menés à bien et une quantité astronomique de séminaires sur le sujet, Patrick Morgenstern est devenu le maître incontesté de l'intégration fiscale.

Beaucoup se seraient satisfaits de cette réussite. Patrick Morgenstern considère, quant à lui, que l'on peut toujours mieux faire, notamment lorsqu'il s'agit de faire profiter les autres de son savoir. Car l'homme est un pédagogue-né. Ceux qui ont eu la chance de suivre ses enseignements universitaires ou professionnels ne nous contrediront pas. Aider à apprivoiser et même à faire aimer ce monstre fiscal qu'est l'intégration nécessite en effet beaucoup de talent. Patrick Morgenstern maîtrise bien sûr parfaitement son sujet, profite d'un remarquable esprit de synthèse et cultive le goût de la formule. Mais il sait aussi, et c'est une qualité beaucoup plus rare, se mettre à la place de ses interlocuteurs, ce qui constitue toute la différence entre émettre un message et le transmettre.

Cette obsession de la pédagogie explique la parution de ce nouvel ouvrage. Certains pourraient s'étonner en effet qu'un même auteur puisse rédiger deux livres différents sur le même sujet. En réalité, au fil du temps, Patrick Morgenstern a pu mesurer, chez les étudiants comme chez les professionnels, le besoin sans cesse plus grand d'être vraiment guidés pour passer du plus simple au plus complexe et d'obtenir des réponses aux questions que l'on se pose, sans parler de celles que l'on n'ose pas poser de peur de paraître trop ignorant.

Or, il en va du droit fiscal comme du reste. Le risque n'est pas de se considérer comme trop ignorant mais de le rester. Pour ceux qui veulent bâtir sur des bases solides, Patrick Morgenstern a donc entrepris de trouver de nouvelles approches, de multiplier les questions avec évidemment leurs réponses, de fournir encore plus d'exemples et, clin d'œil à la fois malicieux et révélateur, de promouvoir un coin des néophytes qui ne concernera aucun lecteur mais que beaucoup liront en priorité.

En abordant dans cet ouvrage onze parties traitées dans un ordre cohérent et pour tout dire initiatique, le lecteur dispose d'une feuille de route. Celle-ci lui permettra de ne pas rater les passages obligés qui conduisent à la connaissance, puis à la maîtrise progressive du sujet. Après avoir été guidés sur ce chemin débarrassé d'embûches par le « Morgenstern » initiation, ceux qui doivent assurer la gestion quotidienne d'un groupe pourront approfondir leurs connaissances et maîtriser des points très techniques en utilisant le « Morgenstern » classique. Les deux ouvrages ne sont en effet pas concurrents puisqu'ils répondent à des besoins différents, mais ils recherchent en revanche le même objectif et obtiennent le même résultat : la satisfaction du lecteur. Premier et bel exemple d'intégration pédagogique qui, on l'espère, saura donner des idées à d'autres auteurs.

Jean-Pierre CASIMIR

Professeur Émérite de l'Université de Bourgogne

PARTIE 1

PRÉSENTATION DU RÉGIME

Partie 1

PRÉSENTATION GÉNÉRALE DU RÉGIME : SES PRINCIPAUX AVANTAGES ET INCONVÉNIENTS

La problématique des groupes de sociétés en matière d'impôt sur les sociétés

1 Bien que les sociétés composant un groupe soient régies par des intérêts économiques convergents, chacune d'entre elles est soumise, en principe, à des règles fiscales qui ne tiennent pas compte de l'existence des autres. Ce principe d'individualisme entraîne des situations pouvant s'avérer coûteuses sur le plan fiscal. Cela concerne bon nombre d'impôts.

Ainsi, en matière de TVA, si une société du groupe est en position débitrice alors qu'une autre est en positon créditrice, aucune compensation ne peut être réalisée, et la première devra acquitter immédiatement l'impôt et l'autre solliciter un remboursement. De même, l'existence d'entités différentes peut entraîner des différences par rapport à la situation d'un groupe composé d'établissements si certaines sociétés ne peuvent récupérer la TVA en totalité. Dans le domaine de la contribution sociale de solidarité des sociétés (C3S), il en sera de même, car le chiffre d'affaires réalisé par une société avec une autre société du même groupe entraînera un surcroît de cette taxe. Là encore, si ces sociétés étaient sous forme d'établissement, ce surcoût n'existerait pas. Il serait possible aussi de citer la CVAE car, dans ce domaine, le mécanisme du plafonnement pourrait produire globalement des effets différents en présence d'une seule société disposant d'établissements en lieu et place de sociétés différentes juridiquement.

Mais c'est dans le domaine de l'impôt sur les sociétés que la situation est la plus préoccupante, et cela du fait de deux difficultés majeures.

La première difficulté tient au fait que les sociétés bénéficiaires doivent s'acquitter immédiatement d'un impôt alors que les sociétés déficitaires doivent, le plus souvent, attendre des jours meilleurs pour utiliser leur perte. Cette situation peut être source de déséquilibres importants car cela entraîne l'obligation de payer immédiatement un impôt quand bien même le groupe, pris dans son ensemble économique, pourrait ne pas dégager de résultat au titre d'un exercice donné.

La seconde difficulté tient au fait qu'il existe de nombreuses opérations internes au groupe susceptibles d'entraîner l'impôt.

Par exemple :
– en cas de restructuration, la cession au sein du groupe d'un fonds de commerce dégagera une plus-value qui peut entraîner un impôt alors que le groupe disposera toujours de la même capacité à produire du chiffre d'affaires ;
– lorsqu'une société mère vient en aide à sa filiale en difficulté, les textes ne permettent pas souvent de déduire cette aide chez la mère, même si elle est imposable chez la filiale.

Ces difficultés sont de nature à entraîner une charge d'impôt sur les sociétés non adaptée à la véritable activité économique du groupe pris dans son ensemble.

La réponse du législateur fiscal dans le domaine hors IS

2 Les mesures fiscales spécifiques au groupe, en vue d'atténuer certains de ces inconvénients, sont très limitées en dehors de l'IS.

Nous citerons le régime de consolidation du paiement de la TVA dont l'option est ouverte depuis le 1er janvier 2012. Ce régime réservé aux grands groupes (les sociétés éligibles doivent notamment relever de la Direction des grandes entreprises) ne peut s'appliquer, notamment, qu'aux filiales dont le capital ou les droits de vote sont détenus, de manière continue, à au moins 50 % directement ou indirectement par la société tête du groupe. Le régime permet lors du paiement mensuel de la TVA, de procéder à la compensation des positions débitrices et créditrices des différentes sociétés du groupe qui ont donné leur accord pour faire partie du dispositif. Ce régime agit donc uniquement au niveau du paiement de la TVA et non de l'assiette de la TVA ; il est donc susceptible d'apporter principalement un avantage de trésorerie. Ce régime n'est pas développé dans le présent ouvrage consacré à l'intégration fiscale.

La réponse spécifique du législateur dans le domaine de l'IS : l'intégration fiscale

3 Pour tenter d'atténuer ces frictions, le législateur fiscal a créé, en France, les régimes fiscaux de groupe. Leur objectif principal est, au-delà du raisonnement par société, de tenter de faire supporter chaque année aux groupes une charge d'impôt sur les sociétés en rapport avec les résultats du groupe.

Dans ce domaine, l'histoire commence avec les régimes sur agrément. Ainsi, dès 1965, est né le régime dit du « bénéfice consolidé » (et du bénéfice mondial). Ce dispositif a été abrogé en 2011. Sa lourdeur et le fait qu'il concerne les groupes disposant d'implantations à l'étranger font qu'un nombre très limité de groupes l'a appliqué.

De même, est né, dans les années 1970, le régime de l'intégration fiscale sur agrément. Ce dernier, peu diffusé – une trentaine de groupes avait obtenu l'agrément –, est actuellement caduc et a été remplacé par le régime fiscal des groupes sur option. Toutefois, les praticiens et l'administration ont rapidement surnommé ce dernier régime « l'intégration fiscale » ; nous en ferons de même dans cet ouvrage qui lui est consacré.

Applicable depuis 1988 sur option, l'intégration fiscale permet aux groupes de payer l'impôt sur la base du résultat des sociétés françaises comprises dans son périmètre. Après trente années d'application, ce régime apparaît comme une sécurité et un outil d'équité pour les groupes car il permet, à la fois, d'atténuer les effets fiscaux des opérations intragroupe et de compenser les différents résultats.

Son succès en est la preuve : plus de vingt-cinq mille groupes ont opté pour son application.

Sur le plan fiscal et depuis 2006, le régime de l'intégration fiscale se limite à l'IS et aux contributions additionnelles à l'IS. Auparavant étaient aussi concernés le précompte et le prélèvement exceptionnel de 25 % en matière de distribution. De même l'imposition forfaitaire annuelle (IFA), aujourd'hui caduque, en faisait partie.

Présentation générale du régime de l'intégration fiscale

4 Les filiales intégrées continuent à déposer leurs déclarations d'IS et sont contrôlables par l'administration, mais elles ne sont plus redevables de cet impôt vis-à-vis de l'État. En revanche, elles sont susceptibles de s'acquitter de l'IS et des autres impôts inclus dans le champ d'application du régime directement auprès de la société mère intégrante ; les modalités de cette opération sont prévues généralement dans des conventions d'intégration fiscale qui sont des documents internes au groupe intégré signés entre la mère intégrante et les filiales intégrées. Bien souvent, ces conventions retiennent pour la période d'intégration la solution qui consiste à faire constater par les filiales vis-à-vis de la mère intégrante, l'impôt qu'elles auraient dû payer si elles n'avaient jamais été intégrées *(voir § 552)*. Mais, d'autres solutions sont envisageables *(voir § 562)*.

La société mère, de son côté, va calculer le résultat du groupe en procédant au cumul des résultats et à la neutralisation des opérations intragroupe. Elle va encaisser l'impôt dû par les filiales (défini par les conventions d'intégration fiscales) et sera tenue de verser au comptable de la DGFIP l'impôt dû par le groupe compte tenu des calculs qu'elle aura ainsi réalisés. Si le cumul des impôts, que l'ensemble des sociétés du groupe aurait dû payer au comptable de la DGFIP en l'absence d'intégration, s'avère être supérieur au montant de l'impôt dû par le groupe, il en résulte un allégement d'IS pour le groupe au titre de cet exercice.

EXEMPLE

Un groupe est composé de trois sociétés dont les résultats fiscaux sont les suivants (il n'existe pas d'opérations intragroupe par hypothèse et le taux de l'IS par simplification de 33 1/3 %) :

(en milliers d'euros)	Résultats	IS dû en l'absence de régime de groupe
M	+ 150	50
F1	– 900	0
F2	+ 1 500	500
Total	+ 750	550

L'IS du groupe sera de : 750 X 33 1/3 % = 250.

Cet impôt sera versé par la mère au comptable de la DGI. De son côté, la filiale F2 verse 500 à la mère.

Dans ce cas, l'allégement instantané d'IS est de : 550 - 250 = 300.

Cette situation peut paraître logique car le résultat, au sens économique, est de 750 ; si le groupe devait payer 550, le taux d'impôt pour le groupe serait alors largement supérieur au taux de base de l'exemple de 33 1/3 %. En cela, le régime de l'intégration fiscale se justifie pleinement et apporte, à notre avis, une équité fiscale aux groupes par rapport à ceux qui seraient composés de simples établissements pour lesquels un seul résultat serait calculé.

5 En revanche, cet allégement d'IS est susceptible de revêtir un caractère provisoire car il peut être contrebalancé les années suivantes si les sociétés en pertes redeviennent bénéficiaires dans le délai d'utilisation des pertes.

EXEMPLE

Si F1 redevient bénéficiaire en N + 1 de 900 (M et F2 dégageant un résultat de zéro par hypothèse), l'IS théorique que paieraient les sociétés, en l'absence d'intégration en N + 1, serait de 0 alors que l'IS que paiera le groupe sera de 300.

Au cumul, entre N et N + 1, le groupe aura payé autant d'impôts, soit 550, sur les deux années, qu'il soit intégré ou non. Seules les dates de versement auront changé. Dans ce cas, le régime de l'intégration apporte un avantage de trésorerie.

6 Par ailleurs, il convient de noter que, parfois, le régime de groupe peut aboutir à faire supporter au groupe une charge d'impôt supérieure au cumul des impôts que les sociétés auraient dû verser en l'absence d'intégration. Cette situation peut se présenter du fait de l'existence, à côté des avantages du régime, de certaines règles plus pénalisantes que celles applicables en droit commun. Dans ce cas, le groupe qui a opté devra payer le surplus d'impôt sans pouvoir renoncer, au moins pour cet exercice, au régime de groupe. Toutefois, l'apport de l'intégration fiscale doit être apprécié sur une période moyenne ou longue et non pas sur un seul exercice.

Quelques avantages importants du régime

Le régime est accessible sur option par tous les secteurs économiques

7 Une simple option (accompagnée de certains documents, *voir § 124*) est suffisante pour pouvoir intégrer un groupe. Encore faut-il réunir les conditions d'application du régime !

Il s'agit d'un régime à vocation interprofessionnelle car aucune condition d'appartenance à un secteur n'est exigée par le législateur. Ainsi, le fait pour un groupe d'appartenir à un secteur d'activité particulier (immobilier, banques, assurances, industrie...) n'est pas un obstacle en lui-même à l'intégration fiscale. De même, un groupe qui serait composé de filiales exerçant dans des secteurs différents peut opter pour l'intégration fiscale pour l'ensemble des sociétés.

Le régime permet de pratiquer le cumul des résultats des différentes sociétés du groupe

8 Il s'agit de l'avantage le plus important du régime. Le cumul se réalise tant dans le domaine du résultat imposable à taux courant que des plus-values ou moins-values qui relèvent du régime du long terme.

À noter que, actuellement, si le résultat d'une société intégrée comprend, en application des règles de droit commun, le résultat d'une ou de plusieurs sociétés ou d'un groupement non soumis à l'IS (SNC, SCI...) n'ayant pas opté pour l'IS, c'est le résultat incluant ce montant qui peut être cumulé.

Les distributions internes au groupe sont facilitées

9 Cette amélioration du traitement des distributions se manifeste du fait de l'allégement fiscal que l'intégration permet d'obtenir sur ces opérations.

10 En droit commun, si l'associé soumis à l'IS détient au moins 5 % du capital de la société distributrice, il peut appliquer le régime mère-fille pour les produits de participation perçus (sous réserve du respect d'autres conditions ; *voir § 204*). Ce mécanisme, dont le principe date de 1920, permet d'éviter les mécanismes de double imposition en cas de distributions dans un groupe. Toutefois, il n'est pas entièrement neutre actuellement car l'associé est obligé de réintégrer au passage un montant égal, au plus, à 5 % des produits bruts perçus compte tenu du fait qu'une partie des charges ne peut être déduite du résultat de la société, puisque les produits ne sont pas imposables.

Pour les exercices ouverts depuis le 1er janvier 2016, si les sociétés distributrices et l'associé sont intégrés au titre de l'exercice de la distribution, alors le taux de la quote-part de frais et charges ainsi réintégrée dans la déclaration individuelle de la société intégrée percevant la distribution est de 1 % (et non plus de 5 %). Au total, la remontée des produits de participation se réalise donc dans l'intégration de manière moins coûteuse au regard de l'IS sans toutefois être totalement neutre fiscalement.

➜ Remarques.
Pour les exercices ouverts avant le 1er janvier 2016, le régime était plus avantageux car le taux de quote-part était de 5 %, mais il était pratiqué la neutralisation totale de cette quote-part lors de la détermination du résultat d'ensemble, sous réserve des distributions réalisées au cours du premier exercice d'intégration de la société distributrice.
Ce taux de quote-part de 1 % s'applique également pour les distributions perçues par des sociétés intégrées en provenance de filiales non françaises membres de l'espace économique européen et qui auraient pu être intégrées dans ce groupe si elles avaient été françaises.
Si l'un des associés intégrés détient moins de 5 % de la société distributrice intégrée, le mécanisme applicable, non modifié en 2016, permet de procéder à la neutralisation totale des effets fiscaux de cette distribution lors de la détermination du résultat d'ensemble, sous réserve de la distribution réalisée au cours du premier exercice d'intégration de la société distributrice.

Un régime qui facilite les cessions d'immobilisations entre sociétés intégrées

11 Lorsque des immobilisations sont cédées au sein du groupe, une plus-value (voire une moins-value) peut en résulter. En l'absence d'intégration, un impôt en découle malgré le fait que le bien soit toujours dans le groupe.

Le régime de l'intégration fiscale entraîne la neutralisation de cette plus-value dès lors que l'opération est interne au groupe intégré (CGI art. 223 F). Toutefois, cette neutralisation est provisoire. Si le bien est amortissable, il faudra réduire le montant de la dotation aux amortissements constaté chez l'acheteuse afin que ce dernier soit en rapport avec la valeur du bien avant toute cession. De même, et dans tous les cas, dès que le bien sort du groupe ou disparaît de l'actif immobilisé d'une société du groupe intégré (du fait de cession à l'extérieur ou encore du fait d'annulation, par exemple, s'il s'agit de titres), la plus-value non encore réintégrée devient imposable. Il en est de même si la société qui a cédé le bien ou celle qui l'a acquis sort du groupe intégré sauf pour les exercices ouverts à compter du 1er janvier 2006 et sous certaines conditions, en cas de fusions internes au groupe intégré. Ce mécanisme facilite la circulation des immobilisations à l'intérieur du groupe sans conséquence fiscale immédiate du point de vue des plus-values dégagées. Il est applicable également en cas de cessions internes de titres de participation ou de titres de placement.

→ **Remarques.**
Ce système s'applique également en cas de moins-value suite à des cessions d'immobilisations internes au groupe, ce qui empêchera, temporairement, la déduction fiscale pouvant en résulter. De plus, dans ce cas, s'il s'agit de biens amortissables, il ne sera pas possible d'augmenter, lors de l'élaboration du résultat du groupe, le montant de la dotation constaté chez l'acheteuse.
Si les immobilisations sont cédées à des prix différents de la valeur réelle des biens, cette neutralisation n'interdit pas à l'administration de procéder à des rehaussements au titre de minoration ou de majoration de prix.
En cas d'apports internes placés sous le régime de faveur des apports (CGI art. 210 A), le régime de l'article 223 F du CGI est inapplicable.

Un régime qui offre un filet de sécurité en matière d'abandons de créances et de subventions internes au groupe

12 Il est fréquent, à l'intérieur d'un groupe, qu'une société mère vienne au secours d'une filiale en difficulté en utilisant la technique des abandons de créances. La déduction des aides intragroupe, qu'elles soient à caractère financier ou commercial, est encadrée. Depuis les années 1980, la jurisprudence du Conseil d'État a fixé des modalités de raisonnement basées sur l'acte normal de gestion et, pour les aides à caractère financier réalisées par une société mère à sa filiale, a ajouté des critères liés au montant de la situation nette de la filiale. Pour les exercices clos depuis le 4 juillet 2012, la situation s'est considérablement aggravée car aucune aide à caractère financier n'est déductible (sous réserve de l'aide octroyée à une société soumise à une procédure de conciliation ou collective). En revanche, l'aide est toujours imposable chez la filiale qui en bénéficie (sous réserve toutefois de l'application de l'article 216 A du CGI).

De même, les facturations d'intérêts, de biens et de services à l'intérieur d'un groupe peuvent parfois être analysées par l'administration comme étant sous ou surévaluées. Dans ce cas, des rectifications de la part de l'administration sont possibles.

Lorsque ces relations ont lieu entre sociétés intégrées, ces effets fiscaux peuvent être neutralisés lors de la détermination du résultat du groupe, même si la réintégration fiscale a eu lieu lors d'un contrôle fiscal.

EXEMPLE

Un groupe est composé de deux sociétés, M et F1.

M octroie à F1 un abandon de créances de 1 000 par hypothèse non déductible pour 800 chez M et imposable chez F1.

	M	F1
Effet de l'abandon	– 1 000	+ 1 000
Réintégration de droit commun	+ 800	
Résultat individuel	**– 200**	**+ 1 000**

	M	F1
Neutralisation de l'effet de l'abandon	+ 200	– 1000
Résultat groupe	**0**	**0**

Toutefois, il convient de noter que cet avantage est assorti d'inconvénients non négligeables.

Si les sociétés concernées venaient à sortir de l'intégration au cours de l'un quelconque des cinq exercices qui suit celui où l'aide a eu lieu, l'avantage est repris, en quelque sorte, car il convient alors de réintégrer (ou déduire) au titre de l'exercice de sortie les montants en question.

EXEMPLE

(suite)

Si F1 sort de l'intégration en N + 3, par exemple, alors la société mère devra procéder dans la déclaration du groupe en N + 3 à la réintégration d'un montant de 1 000 et à la déduction d'un montant de 200, soit un effet net de + 800.

➜ À noter : La mère intégrante est tenue de fournir, tous les ans, un tableau récapitulatif (Cerfa 2058-SG-SD) des aides intragroupe réalisées au cours de l'exercice et d'exercices antérieurs.
Le recours aux clauses de retour à meilleure fortune reste possible pendant l'intégration et leurs effets peuvent être différents suivant les cas de figure.
Les subventions pouvant résulter de cessions internes au groupe d'immobilisations à des prix différents de la valeur réelle des biens sont soumises à un traitement plus contraignant.

Les opérations de restructuration interne peuvent également être facilitées grâce au régime de l'intégration fiscale

13 Un certain nombre d'inconvénients, que l'on peut noter lors de restructurations hors intégration, sont atténués du fait de l'intégration. Ainsi, pour ne citer que ceux-là :

– si une société du groupe a dégagé des pertes pendant l'intégration, le fait qu'elle soit absorbée par une autre société du groupe ne fait pas perdre au groupe le bénéfice du déficit dégagé pendant l'intégration, même si celui-ci n'est toujours pas utilisé, alors qu'en droit commun, une société déficitaire absorbée perd tous ses déficits encore reportables (sauf agrément) ;

– en cas de changement d'activité d'une société intégrée, les déficits qu'elle a dégagés pendant sa période d'intégration et qui sont encore reportables (pour le groupe) ne sont pas remis en cause, contrairement à la situation hors intégration. Ce principe s'appliquera même si la société déficitaire changeant d'activité est la société mère, à condition, toutefois, qu'elle ne sorte pas de l'intégration au cours de l'exercice ayant constaté ce changement.

Quelques inconvénients notables du régime

Un seuil de détention élevé pour intégrer une filiale

14 Les filiales doivent avoir leur capital détenu à au moins 95 % par les autres sociétés du groupe intégré pour pouvoir être dans le régime. Autrement dit, l'intégration est ouverte aux sociétés qui auraient pu, moyennant des aménagements non substantiels de l'actionnariat, devenir des établissements. Ce seuil est plus élevé que les seuils applicables dans d'autres pays pour leur régime d'intégration fiscale ou de consolidation fiscale. Citons le seuil de 75 % pour le Royaume-Uni, de plus de 50 % pour l'Allemagne, etc.

Une gestion pratique qui peut s'avérer complexe et parfois dangereuse

15 La gestion de ce régime peut s'avérer lourde et complexe. Plusieurs catégories de difficultés peuvent être évoquées :
– les difficultés propres aux conditions d'application du régime ; par exemple, le formalisme de l'option est parfois entaché d'erreur pouvant entraîner l'exclusion d'une filiale, voire la non-validité de l'option (société omise sur les documents, date de dépôt incertaine ou tardive, signature non habilitée, etc.) ;
– les difficultés propres à l'élaboration pratique de la déclaration d'intégration et à l'obligation d'avoir assimilé la logique des mécanismes de retraitements de l'intégration : cette difficulté peut être atténuée par l'utilisation de logiciels ;
– les difficultés tenant à la modification des raisonnements fiscaux applicables du fait de l'intégration fiscale ; compte tenu de ses particularités fiscales, ce régime entraîne souvent des raisonnements fiscaux différents de ceux du droit commun face à une situation donnée. Par exemple, l'absorption d'une société peut avoir des conséquences très différentes suivant que cette dernière est intégrée ou non. Une mauvaise appréciation dans le domaine peut entraîner soit un choix fiscal régulier mais moins intéressant qu'une autre solution, soit un choix fiscal irrégulier source de redressement potentiel.

Le traitement des déficits antérieurs à l'intégration est rendu pénalisant par rapport aux règles de droit commun

16 Afin d'éviter de donner au régime une portée rétroactive, les déficits antérieurs à l'intégration, encore reportables chez les sociétés qui entrent dans l'intégration, sont uniquement imputables sur leurs propres bénéfices.

Toutefois, le législateur a craint certains dérapages de ce principe logique par le biais d'opérations régulières. Il suffit, en effet, d'imaginer le cas d'une société appartenant à un groupe qui octroierait une subvention à une autre société intégrée disposant de déficits antérieurs à l'intégration. Chez cette dernière, il serait alors possible d'imputer sur le bénéfice résultant de cette subvention tout ou partie des pertes antérieures à l'intégration. Pour empêcher cette situation, le législateur a prévu la règle du plafonnement : elle interdit aux sociétés intégrées d'imputer leurs déficits antérieurs à l'intégration sur des bénéfices provenant de certaines opérations (telles que des plus-values sur cessions d'immobilisations internes au groupe, des subventions intragroupe perçues, des réévaluations libres, etc.).

Les provisions internes au groupe sont éliminées pour la déclaration du groupe

17 **Les dotations aux provisions constatées sur des créances détenues ou pour des risques encourus sur d'autres sociétés du groupe intégré ne peuvent pas être déduites du résultat du groupe. Il en est de même avec les dotations aux provisions pour dépréciation des titres représentatifs de sociétés du groupe.** Cette règle est destinée principalement à éviter que le groupe déduise à la fois les pertes des filiales et la dotation aux provisions constatées chez les associés pour tenir compte de ces pertes.

EXEMPLE

Un groupe est composé de deux sociétés, M et F1.

F1 dégage un déficit de 1 000 lors de l'exercice N.

M constate, de ce fait, une provision de 1 000 sur les créances qu'elle détient sur F1.

	M	F1
Résultat		– 1 000
Dotation aux provisions sur créances	– 1 000	
Résultat fiscal individuel	**– 1 000**	**– 1 000**
Neutralisation de la dotation dans la déclaration du groupe	+ 1 000	
Total	**0**	**– 1 000**
Résultat du groupe N	– 1 000	

De manière symétrique, les reprises de ces provisions ne seront pas imposables pour le groupe dès lors qu'elles interviennent pendant l'intégration.

EXEMPLE

(suite)

Lors de l'exercice N + 1, F1 réalise un résultat de + 300. De ce fait, M reprend pour 300 la provision.

	M	F1
Résultat		+ 300
Reprise de la dotation aux provisions sur créances	+ 300	
Résultat fiscal individuel	**+ 300**	**+ 300**
Neutralisation de la reprise dans la déclaration du groupe	– 300	
Total	**0**	**+ 300**
Résultat du groupe N + 1		+ 300
Résultat du groupe cumulé pour N et N + 1		– 700

Toutefois, si l'une au moins des sociétés concernées par la provision est sortie du groupe au moment de la reprise, la neutralisation n'est plus possible, quand bien même la dotation l'aurait été.

Cette dernière règle, dont la justification est complexe, peut aboutir à des situations déséquilibrées en défaveur du contribuable pour des montants importants lors des sorties de sociétés de l'intégration. Il s'agit là d'un point de friction non

négligeable du régime au détriment du contribuable. Toutefois, il convient de préciser que cet inconvénient est sans portée pratique pour ce qui concerne les reprises de provisions sur titres de participation relevant du taux de 0 %.

EXEMPLE

(suite)

F1 sort de l'intégration en N + 2. M reprend la provision.

	M
Reprise de provision intragroupe chez M	+ 700
Résultat N + 2	**+ 700**
Résultats cumulés N à N + 2	0

Dans ce cas, la perte de F1 de - 700 n'a, en définitive, pas été prise en compte dans le résultat cumulé du fait de ces règles applicables en cas de sortie. Il conviendrait, toutefois, de tenir compte de la moins-value dégagée, le cas échéant, lors de la cession des titres de F1 pour apprécier la portée exacte du passage de F1 dans l'intégration.

D'autre part, le taux qui frappe le montant de 700 sera un élément important pour la portée de cet inconvénient.

Les contrôles fiscaux des groupes intégrés : un droit de contrôle étendu

18 **Tout d'abord, la société mère d'un groupe intégré peut être contrôlée deux fois sur une même période, contrairement au principe de droit commun mentionné à l'article L. 51 du livre des procédures fiscales. En pratique, l'administration utilise peu cette possibilité.**

De même, lorsque le groupe est déficitaire, chaque société du groupe (bénéficiaire ou déficitaire) peut faire l'objet d'un contrôle comme si elle avait été déficitaire et cela, même si elle est sortie de l'intégration.

EXEMPLE

Exercice N	M	F1	F2
	– 1 000	+ 300	+ 400
Résultat du groupe		**- 300**	

Le déficit de 300 est utilisé en N + 5 par la mère pour la totalité.

Dans ce cas, l'administration peut contrôler, jusqu'au 31 décembre N + 8, les résultats N de chacune des sociétés du groupe, ce qui peut aboutir à une diminution du déficit utilisable par le groupe. Afin que les sociétés concernées (bénéficiaires ou déficitaires) puissent répondre aux demandes de l'administration, cela suppose qu'elles aient conservé leurs archives. Toutefois, les modifications du résultat N qui seraient alors apportées par l'administration ne peuvent pas entraîner, pour le groupe, un redressement sur N + 5 supérieur au montant de la charge de déficit effectivement imputée sur cet exercice, soit 300 dans notre exemple.

Ce point devra être pris en compte, à notre avis, dans la rédaction de la convention d'intégration fiscale qui lie la société mère du groupe à ses filiales afin que ces dernières puissent satisfaire aux nécessités d'un contrôle.

Les dispositifs de réintégrations de charges financières

19 Les entreprises françaises sont soumises à de nombreux dispositifs de réintégrations de charges financières ; on en dénombre au moins cinq. Certains d'entre eux ne donnent lieu à aucun traitement particulier dans l'intégration fiscale : il en est ainsi par exemple des réintégrations liées à la non-libération du capital ou encore au dépassement du taux fiscal pour les prêts octroyés aux associés et entreprises liées (CGI art. 39, I. 3° et 212, I). En revanche, certains de ces régimes de réintégrations de charges financières font l'objet de traitement particulier dans l'intégration fiscale ; il en est ainsi :

– du régime de la sous-capitalisation (CGI art. 212, II) car l'intégration fiscale permet d'apporter le cas échéant une correction favorable au contribuable et dont l'objectif est d'écarter les frais financiers issus des prêts internes au groupe intégré,

– du régime de réintégration forfaitaire de charges financières (surnommé le « rabot ») car l'intégration fiscale oblige à faire ce calcul en une seule fois au niveau de la déclaration du groupe (CGI art. 212 bis et 223 B bis) et non plus chez chaque société intégrée, ce qui peut représenter compte tenu des modalités de calculs et suivant les situations parfois un avantage ou souvent un inconvénient pour le groupe.

Enfin, il existe un régime de réintégration de charges financières spécifiques à l'intégration fiscale : l'amendement Charasse *(voir § 20)*.

L'« amendement Charasse »

20 La logique de ce texte est d'empêcher la déduction, dans l'intégration fiscale, des frais financiers résultant de l'achat des titres de filiales intégrées auprès de personnes (ou de sociétés contrôlées par ces personnes) contrôlant l'acheteur.

En pratique, avant d'intégrer une société, il faut se poser la question suivante : comment les titres de cette société ont-ils été acquis ?

Si ces titres ont été achetés à des personnes qui contrôlent directement ou indirectement la société détentrice de ces titres ou à des sociétés que ces personnes contrôlent (autrement dit, s'il y a eu « rachat à soi-même ») et que cette opération s'est réalisée au cours des neuf (ou quinze) derniers exercices, le dispositif de l'amendement Charasse est susceptible de s'appliquer en cas d'intégration de la société ainsi acquise.

Lorsqu'il s'applique, le dispositif prévoit la réintégration dans le résultat d'ensemble d'une fraction des charges financières dégagées par les sociétés du groupe intégré et cela pendant une période de neuf exercices, l'exercice de l'achat étant le premier (ce délai est de quinze exercices pour les achats de titres réalisés en cours d'exercices ouverts avant le 1/01/2007).

Ce dispositif peut se retrouver dans de nombreux cas. L'un des cas peut concerner la cession de société par une personne alors que cette dernière reste présente dans la nouvelle organisation.

EXEMPLE

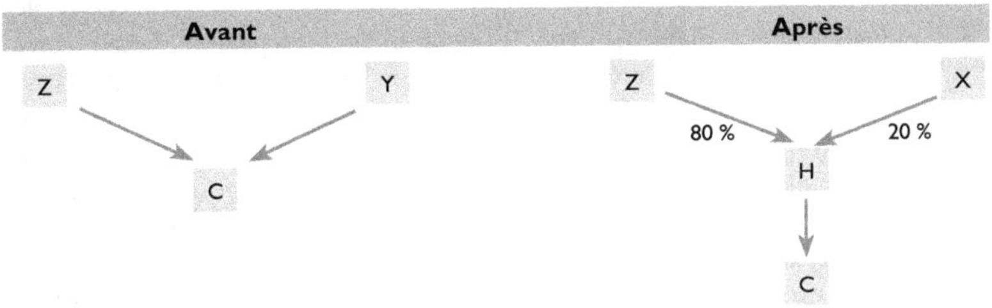

Si Z et Y ont cédé à titre onéreux les titres C à la société H et si H et C forment un groupe intégré, alors le dispositif est susceptible de s'appliquer en ce qui concerne la cession réalisée par Z dès lors qu'il contrôle H.

Dans ce cas, il faudra procéder pendant l'intégration, sur une période continue de neuf exercices (ou quinze si la cession par Z a été réalisée au cours d'exercices ouverts avant le 1/01/2007), l'exercice de la cession étant le premier, à la réintégration d'une fraction des charges financières du groupe en appliquant la formule suivante :

$$\frac{\text{Somme des charges financières des sociétés intégrées} \times \text{Prix d'acquisition des titres C auprès de Z}}{\text{Somme des dettes moyennes des sociétés intégrées}}$$

À noter que ce dispositif comporte certaines exceptions ou atténuations.

La sortie de filiales de l'intégration peut être source de complexité

21 Les filiales perdent leurs prérogatives fiscales qu'elles ont dégagées pendant l'intégration. Par exemple, une filiale qui dégage des pertes pendant l'intégration ressortira du régime de groupe sans ces déficits. Cela est logique du point de vue global, compte tenu du fait que ces déficits sont repris dans la déclaration du groupe et utilisés à ce stade. Toutefois, pour la filiale, la sortie peut être difficile à gérer car un retour au bénéfice après cette sortie peut la conduire à devoir payer un impôt au comptable de la DGFiP qu'elle n'aurait pas payé si elle n'avait jamais été intégrée. Pour tenter d'atténuer ce problème financier, il est souvent prévu une indemnisation de la filiale lors de la sortie, dans les conventions d'intégration fiscale conclues entre les filiales et la mère intégrante. Ces clauses sont toutefois d'application délicate car le montant de l'indemnisation est délicat à fixer. Concernant leur traitement fiscal, la jurisprudence du Conseil d'État considère que de telles indemnisations, si elles répondent à certaines conditions, sont neutres fiscalement.

À noter que, si la filiale redevient bénéficiaire pendant l'intégration, ce problème d'indemnisation ne se pose généralement pas car, tant qu'elle est intégrée, un grand nombre de conventions prévoit que la filiale verse à la mère du groupe intégré l'impôt qu'elle aurait dû verser si elle n'avait jamais fait partie du groupe.

→ **Remarque.** Contrairement à la règle générale, pour les exercices clos à compter du 1/01/2008, la sortie d'une filiale, consécutivement à une procédure collective, lui permet sous certaines conditions, de retrouver droit au report de tout ou partie des pertes qu'elle a dégagées pendant l'intégration fiscale. Dans cette hypothèse, les pertes reportables du groupe sont diminuées à due concurrence.

Conclusion

22 Le législateur a élaboré, avec le régime de l'intégration fiscale, une véritable construction cohérente capable d'apporter une réponse aux difficultés posées au groupe en matière d'IS. Et, bien que la neutralité fiscale parfaite ne soit pas encore atteinte (un certain nombre de frottements perdurent encore) lors du bilan global, il est certain que le régime est intéressant pour les groupes composés d'entités juridiques distinctes. Mais il faut bien être conscient que ces avantages ne sont pas, comme certains pourraient se l'imaginer dans une approche trop rapide, des cadeaux de l'État aux entreprises ; ces régimes n'ont pour effet que de rééquilibrer une situation qui ne l'est pas au départ, en permettant simplement aux groupes de s'approcher de la charge d'impôt normale qui doit peser sur eux.

Le coin des néophytes

Question 1 : Pourquoi des groupes, si cela pose tant de problèmes ?

Réponse :

En effet, si les différentes sociétés d'un groupe étaient composées sous forme d'établissement, les problèmes mécaniques évoqués ci-dessus n'existeraient pas. Les critères qui poussent à retenir plusieurs sociétés, juridiquement indépendantes, obéissent à des motifs différents.

Nous en évoquerons trois.

Premier motif : les règles concernant les déductibilités des charges financières en cas d'achat de titres de sociétés soumises à l'IS par des personnes physiques

Actuellement, la législation ne permet pas (ou alors d'une manière limitée et sous certaines conditions) à un particulier de déduire les charges financières issues d'un emprunt souscrit pour acquérir les titres d'une société soumise à l'IS ; si l'achat porte sur le fonds de commerce ou sur des parts de sociétés non soumises à l'IS (avec l'exercice d'une activité professionnelle dans la société), cela est possible. Cette différence de traitement s'explique, du moins techniquement, par le caractère opaque des sociétés de capitaux qui permet au législateur de qualifier de pertes en capital les charges engagées par les propriétaires personnes physiques pour de telles acquisitions et cela, faute de pouvoir démontrer qu'il ne s'agit pas de frais professionnels. Sur le plan de la logique économique, cette différence de traitement est moins évidente.

Toujours est-il que, dans ce cas, la procédure suivie par les personnes consiste bien souvent à créer une société qui emprunte et achète les titres de la société cible. Une option pour l'intégration fiscale chapeaute l'ensemble. Voilà comment plusieurs milliers de groupes (ou d'usines à gaz, souligne le professeur Cozian) se sont créés en France.

Deuxième motif : le développement avec « effet de levier »

Lorsque les activités doivent être détenues de manière significative par des personnes hors groupe, le fait de disposer de filiales indépendantes est une nécessité. Nous indiquerons d'ailleurs ultérieurement que ce type de situation est incompatible avec l'intégration fiscale. Cette situation se rencontre souvent lorsque l'on demande à un tiers extérieur d'apporter, sous forme de capital, des fonds tout en conservant le contrôle de la société (effet de levier).

Troisième motif : le développement externe des groupes

Le rachat de nouvelles activités ou d'activités complémentaires se réalise bien souvent par l'acquisition des actions ou des parts des sociétés dans lesquelles elles sont localisées, tant pour des motifs économiques (difficulté de cumuler des activités dans une même société), fiscaux (droit d'enregistrement plus clément, pas d'impact en général sur les pertes reportables, etc.), sociaux (personnel ne disposant pas nécessairement des mêmes droits, etc.) que stratégiques (plus grande facilité en cas de revente de l'activité).

Question 2 : Existe-t-il des régimes fiscaux (IS ou autres) permettant d'atténuer les difficultés fiscales propres aux groupes en dehors de l'intégration fiscale ?

Réponse :

En matière d'IS, jusqu'en 2011 existait le régime fiscal du bénéfice consolidé *(voir § 3)*. En matière de TVA a été mis en place à compter de 2012, le régime de consolidation des règlements de TVA *(voir § 1)*. En dehors de ces situations, il n'existe pas d'autre régime fiscal général. Il existe cependant des organisations juridiques et économiques dans les groupes dont le régime fiscal peut permettre d'atténuer plus ou moins les problèmes fiscaux propres aux groupes en matière d'IS.

Le régime des sociétés ou structures non soumises à l'IS (CGI art. 8, régime des GIE)

Il s'agit, par exemple, de SNC. Leur régime fiscal permet au résultat dégagé d'être imposé chez les associés au prorata de leur quote-part de participation au capital. Détenir une telle société permet donc à l'associé d'être imposé directement dans sa propre déclaration sur le résultat de la filiale ; le problème de la compensation des résultats est résolu. Demeure, en revanche, le problème des opérations intragroupe, au moins en partie. De même, le choix de ce type de structure peut apporter des inconvénients notables en matière de responsabilité des associés. Enfin, s'il faut transformer une société soumise à l'IS en société non soumise à l'IS, des conséquences fiscales peuvent en résulter (pertes des déficits reportables, réserves réputées distribuées).

La location-gérance

Elle autorise le locataire-gérant à comprendre, dans son propre résultat, les résultats dégagés par l'activité prise en location-gérance.

Les restructurations

Les fusions, apports partiels d'actifs, etc. sont des opérations qui permettent de transférer des activités d'une société sur l'autre. De nombreuses conséquences en résultent. Elles sont susceptibles d'entraîner des effets sur les pertes reportables lors de l'opération. De plus, il s'agit d'opérations ponctuelles.

Question 3 : Où trouver les textes sur l'intégration fiscale ?

Réponse :

Ces textes sont présents :

Dans le code général des impôts. Les articles 223-A à 223-Q du CGI ainsi que les articles 46 quater-0 A à Z à l'annexe III du CGI sont la base du régime.

Dans la documentation administrative de base (documentation applicable avant le 12/09/2012). Une partie spécifique numérotée 4-H-66 de cette documentation était consacrée à l'intégration fiscale. Les sous-parties 4-H-661 à 4-H-669 traitaient chacune d'un sujet de l'intégration.

Dans les instructions administratives (documentation applicable avant le 12/09/2012). Il y a eu plus de vingt instructions consacrées à l'intégration fiscale, sans compter les instructions portant sur d'autres sujets donnant des précisions sur ce régime.

Dans le bulletin officiel des finances publiques - Impôts (BOFiP-Impôts) (documentation applicable depuis le 12/09/2012) aux numéros BOFiP-IS-GPE-10 à 70.

Quant à la jurisprudence, elle s'est sensiblement développée au cours des dernières années. Quelques affaires importantes sur le plan des principes sont à noter *(voir § 213)*.

PARTIE 2

COMMENT DÉTERMINER LE PÉRIMÈTRE

Partie 2

COMMENT DÉTERMINER LE PÉRIMÈTRE ?

50 Le choix du périmètre est une opération délicate car plusieurs questions se posent : peut-on faire une intégration ? Si oui, est-il avantageux d'opter ?

Nous examinerons dans cette partie le premier aspect concernant la possibilité de réaliser une intégration.

En ce qui concerne les avantages ou inconvénients, il convient de se reporter à la partie 1.

Les conditions d'éligibilité à l'intégration : souples mais minutieuses

51 Il s'agit, à ce stade, de déterminer si les sociétés que l'on envisage de faire entrer dans le groupe répondent aux conditions pour pouvoir faire partie d'un groupe, soit en tant que mères, soit en tant que filiales. La notion de pourcentage intervient ultérieurement.

L'éligibilité au régime représente l'un des pièges classiques et doit bénéficier de toute l'attention des professionnels. Les rehaussements dans ce domaine sont peu discutables et souvent coûteux pour les groupes car c'est parfois l'intégration dans son ensemble qui peut être remise en cause.

Sous réserve d'exceptions prévues par les textes, sont éligibles au régime les sociétés françaises soumises à l'IS dans les conditions de droit commun. Par ailleurs, elles doivent disposer, sauf exception, d'un exercice de douze mois dont la date de clôture est alignée. Enfin, il est fait obligation aux sociétés intégrées de déposer leur déclaration dans les conditions du réel normal.

Première condition : être une société française soumise à l'IS dans les conditions de droit commun

52 Le régime est réservé aux sociétés françaises qui relèvent de l'IS dans les conditions de droit commun, que cela soit de plein droit (SA, SARL, SAS, etc.) ou sur option (SNC ou EURL ayant opté pour l'IS, etc.).

Certaines sociétés peuvent ne pas répondre à ces conditions. C'est le cas, pour ne citer qu'elles, des sociétés constituées en vue de reprendre une activité en redressement judiciaire bénéficiant d'une exonération ; ces dernières ne pourront pas faire partie d'un groupe intégré. En revanche, afin d'éviter d'exclure de l'intégration des sociétés qui bénéficient d'un régime de faveur pour des motifs particulièrement sensibles, certaines de ces sociétés ou structures sont, malgré tout, acceptées dans l'intégration.

EXEMPLES

(liste non exhaustive)

Les PME bénéficiant du régime d'abaissement du taux de l'IS (CGI art. 219, I.b) pour une fraction de leur résultat pourront, malgré le fait qu'elles soient soumises partiellement à un taux spécifique d'IS, faire partie d'un groupe intégré *(voir Thème spécifique 1, §§ 601 à 615)*.

Les sociétés implantées dans des zones franches urbaines (CGI art. 44 octies et 44 octies A) sont admises au régime. Le bénéfice d'ensemble exonéré est la somme des exonérations applicables au bénéfice de chaque société du groupe implantée en zone franche urbaine sans dépasser, toutefois, ni la limite maximale d'exonération de ce régime applicable à une seule société, ni le bénéfice d'ensemble. Un régime similaire s'applique pour les zones de restructuration de la défense (CGI art. 44 terdecies) ou les bassins d'emploi à redynamiser (CGI art. 44 duodecies).

De même, les sociétés implantées dans les départements d'outre-mer qui bénéficient du régime des zones franches d'activité (CGI art. 44 quaterdecies) sont éligibles au régime. Toutefois un mécanisme complexe en limite souvent la portée pour le groupe intégré.

PRÉCISIONS

- Bien que soumises à l'IS, certaines structures peuvent ne pas être des sociétés proprement dites. Une exclusion de l'intégration devrait en résulter, compte tenu de la rédaction du CGI. Toutefois, l'administration a apporté une tolérance et considère que peuvent faire partie de l'intégration, en tant que mères d'un groupe intégré, des structures qui ne sont pas des sociétés en tant que telles, dès lors qu'elles sont soumises à l'IS dans les conditions de droit commun (cas, par exemple, d'une association qui serait soumise à l'IS dans les conditions ordinaires sur l'intégralité de son résultat).
- Les sociétés non soumises à l'IS ne sont pas intégrables en l'état. Toutefois, si leur capital est détenu par des sociétés soumises à l'IS qui seraient intégrées, il est possible de constater que la quote-part de résultat de ces structures, étant incorporée dans le résultat fiscal des sociétés intégrées, une intégration de fait sera réalisée pour cette quote-part. Cette situation doit être, toutefois, modulée par le fait que seule la quote-part de résultat remonte chez l'associé et non pas la totalité du résultat. D'autre part, il ne sera pas possible, dans ce cas, de neutraliser les éventuelles opérations intragroupe réalisées avec cette société non soumise à l'IS.

Seconde condition : durée de l'exercice

53 **L'uniformité, mais non la monotonie, règne dans l'intégration : la durée de l'exercice des sociétés intégrées doit être de douze mois et la date de clôture commune à toutes les sociétés du groupe.**

PRÉCISIONS

- La durée de l'exercice peut être différente de douze mois dans quatre cas principaux :

– il est possible, d'une manière générale, de disposer d'un exercice différent de douze mois une seule fois pour une même période d'option : dans ce cas, la durée peut être inférieure ou supérieure à douze mois à condition que toutes les sociétés du groupe en fassent de même ;

– suite à certaines opérations de restructurations et notamment suite au rachat, à l'absorption ou à la scission totale ou partielle de la société mère intégrante par une autre société soumise à l'IS et cela même, par tolérance administrative, si la règle précédente a déjà été appliquée ;

– l'application d'une date de clôture variable est possible si elle n'entraîne qu'une variation minime de la durée des exercices sociaux et sous réserve que la date variable soit uniforme pour toutes les sociétés du groupe (ex. : clôture au dernier lundi du mois de décembre pour toutes les sociétés du groupe) ;

– pour les exercices ouverts depuis le 1er janvier 2009, suite au rachat d'une filiale intégrée à des sociétés intégrées consécutivement à une procédure collective.

• Si un exercice est de plus de douze mois et si aucune clôture n'intervient au cours de chaque année civile (ex. : ouverture le 1er janvier 2017 et clôture le 30 juin 2018 ; aucun exercice n'est clos au cours de l'année civile 2017), une déclaration intermédiaire doit être produite au titre du 31 décembre de l'année civile concernée avec, le cas échéant, une liquidation de l'impôt provisoire (CGI art. 37).

Conseil pratique

En cas de création de société que l'on souhaite intégrer, il faut prévoir, dans les statuts, une première date de clôture alignée avec la date de clôture des autres sociétés intégrées, et cela, afin de disposer le plus rapidement possible, d'un premier exercice aligné de douze mois permettant d'intégrer la société au plus tôt.

Une contrainte spécifique : déposer des déclarations dans les conditions du réel normal

54 **Les sociétés intégrées doivent déposer les déclarations afférentes au régime du réel normal** (CGI art. 223 Q).

Conseil pratique

Malgré ce texte, l'option ou l'accord pour faire partie d'un groupe intégré ne vaut pas, même implicitement, option pour le régime du réel normal. Par conséquent, il faut faire procéder à l'option pour le régime du réel normal, avant l'entrée dans l'intégration, les sociétés qui n'y seraient pas soumises du fait d'une insuffisance de chiffre d'affaires. Une option pour le réel normal doit également être produite, dans les conditions ordinaires, dans le cas où les sociétés auraient un chiffre qui viendrait à s'abaisser en dessous de ce seuil en cours d'intégration.

La détermination de la société mère

55 La société mère se définit en fonction du degré d'indépendance dont elle dispose vis-à-vis de chacune des sociétés françaises soumises à l'IS qui la détient.

La société mère ne doit pas avoir son capital détenu directement, ou indirectement, à au moins 95 % par une autre société française soumise à l'IS dans les conditions de droit commun (cette règle s'applique également si la société détentrice est une coopérative visée à l'article 214 du CGI et cela malgré le fait qu'elle ne soit pas soumise à l'IS dans les conditions de droit commun).

Ainsi, une société française qui serait éligible au régime et dont le capital serait détenu à plus de 5 % par des personnes physiques pourra, sur ce critère, devenir mère d'un groupe intégré. Il en sera de même d'une société française qui serait éligible et qui serait détenue à plus de 5 % par des sociétés étrangères (dans le cas de détention par des sociétés non françaises situées dans l'Espace économique européen, *voir § 64*).

Exemples

1) M et F1 sont éligibles au régime. Alors :
- si X est une personne physique, M peut être mère ;

- si X est une société française soumise à l'IS éligible, M ne peut pas être mère ; dans ce cas, c'est X qui peut l'être ;
- si X est une société française non soumise à l'IS, alors M peut être mère.

2) X et Y sont des sociétés soumises à l'IS et PP des personnes physiques, alors M peut être société mère car son capital est détenu à plus de 95 % mais par deux sociétés différentes soumises à l'IS, alors qu'aucune d'entre elles ne détient au moins 95 %.

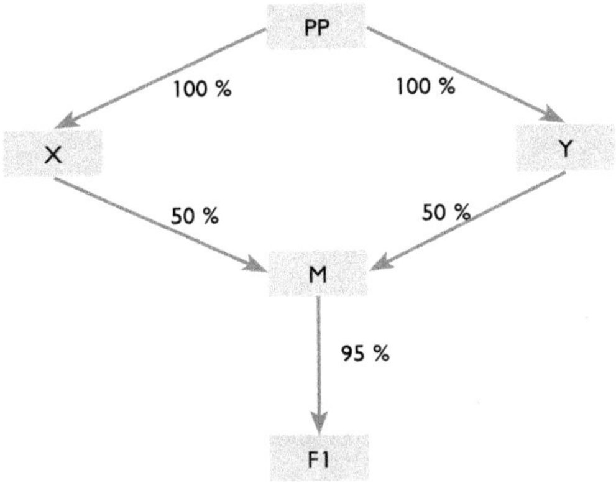

En cas de détention indirecte, il faut multiplier les différents pourcentages entre eux.

Exemple

1) X, Y et Z sont des sociétés soumises à l'IS. Alors, M ne peut être société mère car son capital est détenu par Z directement à 10 % et indirectement à 45 % X 98 % par l'intermédiaire de X et à 45 % X 99 % par l'intermédiaire de Y, soit 98,65 % au total.

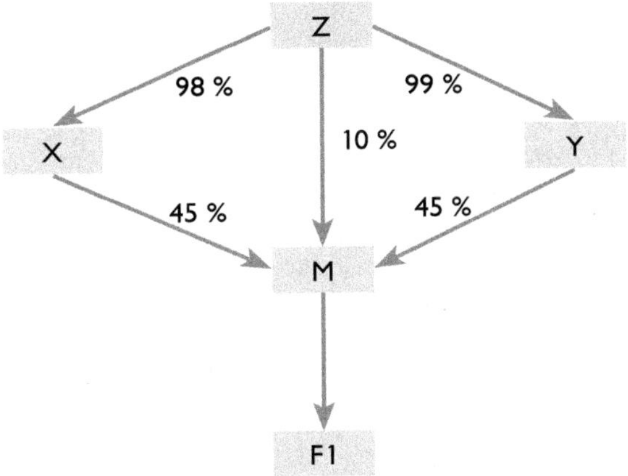

Toutefois, il ne faut pas tenir compte des pourcentages détenus par l'intermédiaire de sociétés non soumises à l'IS.

EXEMPLE

2) X et Z sont des sociétés soumises à l'IS, mais Y est une SNC non soumise à l'IS. Alors, M peut être société mère car son capital est détenu par Z directement à 10 % et, indirectement par l'intermédiaire de sociétés soumises à l'IS, à 45 % X 98 % par l'intermédiaire de X, soit 54,10 % au total.

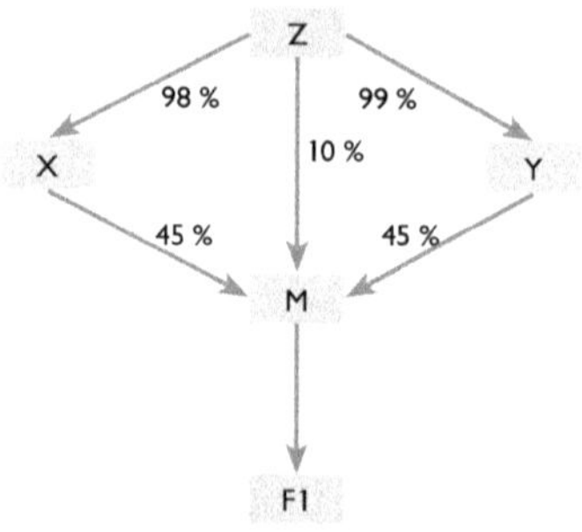

Enfin, pour les exercices ouverts depuis le 1/01/2010, il ne faut pas retenir les pourcentages détenus par une personne par l'intermédiaire d'une société soumise à l'IS dès lors que cette dernière ne serait pas elle-même détenue à au moins 95 %, directement ou indirectement, par cette personne.

EXEMPLE

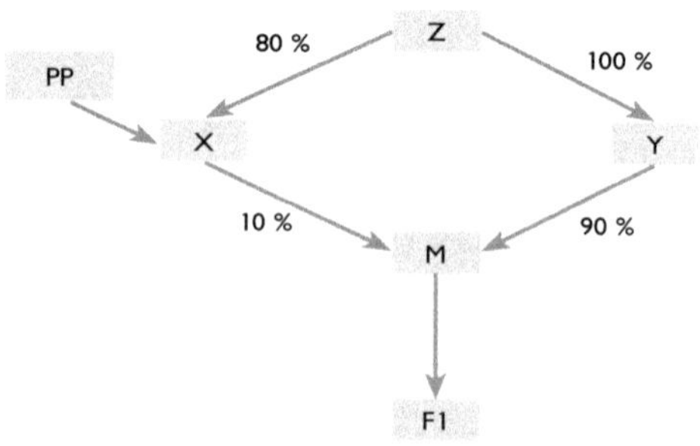

Toutes les sociétés sont soumises à l'IS.

Pour déterminer si M peut être mère, il convient de considérer qu'elle est détenue par Z :
- par Y à 90 X 100 % = 90 % ;
- par X à 0 % ; en effet, X n'est pas détenue elle-même, directement ou indirectement, à au moins 95 % par Z. Les pourcentages de détention détenus par l'interposition de X ne sont donc pas à retenir.

Soit au total : 90 % et M peut donc être mère de F1.

→ **Remarque.** Avant ce texte, il convenait de prendre en compte le pourcentage qui transite par X soit 10 X 80 % = 8. Ce qui entraînait une détention de Z dans M de 90 + 8 = 98 %, ce qui empêchait M d'être mère.

Précision

Dans le cas où le capital de la société mère serait détenu pour fraction par des salariés ou des mandataires dans les conditions exposées au paragraphe 59, le calcul du seuil de 95 % se réalise en excluant ces détentions.

Dans le cas où le capital de la société mère viendrait à être détenu à au moins 95 % par une autre personne morale soumise à l'IS, il existe des textes spécifiques *(voir § 353)*.

La détermination des filiales

56 Les filiales éligibles doivent avoir leur capital détenu directement à au moins 95 %, de manière continue pendant la période d'application du régime, par les autres sociétés du groupe intégré. Dans le cas de détentions par l'interposition de sociétés étrangères situées dans l'Espace économique européen, voir nos développements spécifiques paragraphe 59. Le régime de groupe vise donc les sociétés qui auraient pu, moyennant généralement des aménagements mineurs dans la composition des associés, être des établissements au sens juridique.

Exemples

(1) Toutes les sociétés sont éligibles.

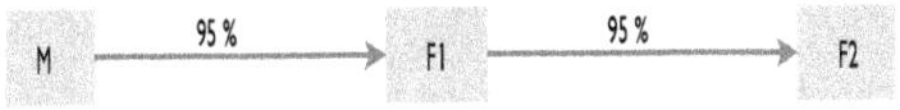

Si M peut être mère, alors :

F1 est intégrable.

F2 aussi, à condition que F1 soit effectivement intégrée.

(2) Toutes les sociétés sont éligibles.

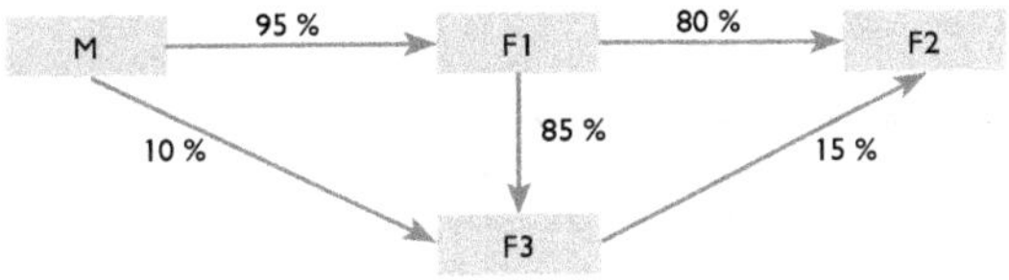

Si M peut être mère, alors :

F1 est intégrable car son capital est détenu à au moins 95 % par M.

F3 est intégrable (si F1 est intégrée) car son capital est détenu directement à au moins 95 % par d'autres sociétés intégrées (à 10 % par M et à 85 % par F1, soit 95 % au total).

F2 est intégrable (si F1 et F3 sont intégrées) car son capital est détenu à au moins 95 % par d'autres sociétés intégrées (à 15 % par F3 et à 80 % par F1, soit 95 % au total).

Il convient de remarquer, toutefois, que les détentions d'une société par une société intégrable, mais non retenue dans l'intégration, ne peuvent pas compter dans l'appréciation du seuil de 95 % de cette société X.

EXEMPLE

(suite du cas (2) ci-dessus)

La renonciation volontaire à l'intégration de F3, par exemple, empêcherait l'intégration de F2.

3) Les quatre sociétés de l'organigramme ci-dessous sont éligibles au régime.

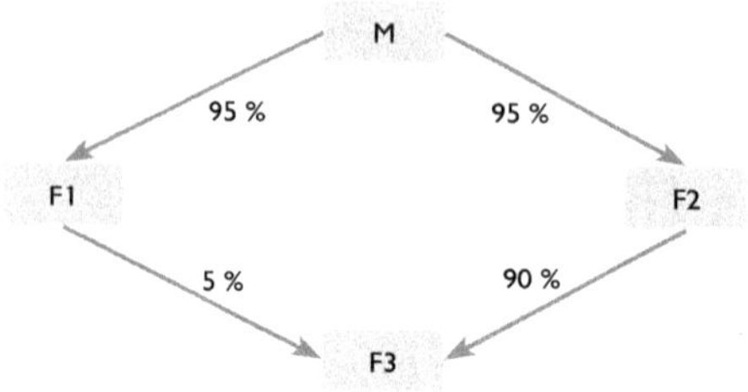

Dans ce cas, si M peut être mère, alors :
- F1 et F2 peuvent être intégrées ;
- F3 peut être intégrée mais à condition que F1 et F2 le soient afin d'atteindre le seuil de 95 %.

PRÉCISIONS

- Le calcul doit être réalisé (tant pour la détermination de la société mère que pour les filiales), s'il existe des catégories d'associés jouissant de droits différents, pour les droits de vote et pour les droits à dividendes ; en effet, le seuil de 95 % s'entend à la fois dans les deux catégories de droits.
- Les détentions des filiales s'entendent en pleine propriété ; les actions ou parts démembrées ne peuvent donc compter dans le calcul.
- Si les filiales sont détenues par des sociétés non françaises, *(voir §§ 59 à 74)*.
- Pour les exercices clos depuis le 31/12/14, il est possible d'intégrer une filiale dont les titres ont été transférés dans un patrimoine fiduciaire, si certaines conditions sont respectées (CGI art. 223 A, al. 5).

CAS PARTICULIERS

- En cas d'acquisition d'une filiale appartenant à un groupe intégré le jour de l'ouverture de l'exercice de cette filiale, il est possible pour la société acheteuse d'intégrer sa nouvelle filiale dès l'exercice d'achat, si elle-même dispose d'une date d'ouverture identique (tolérance administrative mentionnée dans le BO 4 H-2-05, §§ 31 à 33 reprise au BOFiP-IS-GPE-10-20-10-§ 200-06/05/2015).

EXEMPLE

M1, F1 et M2 ont pour date de clôture le 31 décembre. F1 est intégrée dans le groupe M1.

1er cas : M2 n'est pas intégrée. Elle achète 95 % de F1 le 1er janvier N. Il est alors possible à M2 de former un groupe intégré avec F1 dès le 1/01/N.

2e cas : M2 a déjà pour filiale intégrée F2 qui clôture donc également au 31 décembre. M2 ou F2 achète 95 % de F1 le 1/01/N. Il est alors possible d'intégrer F1 dans le groupe intégré M2/F2 dès le 1/01/N.

Ces solutions seraient impossibles si les dates de clôture et d'ouverture des différentes sociétés n'étaient pas identiques.

• En outre, en cas de cession des titres d'une filiale le dernier jour d'un exercice, cette filiale sort en principe du groupe au premier jour de cet exercice. Toutefois, il est admis de maintenir la filiale dans le groupe au titre de cet exercice, sous réserve que toutes les autres conditions prévues à l'article **223 A** du CGI soient remplies (tolérance administrative figurant au BOFiP-IS-GPE-10-20-10-§ 230-02/03/2016).

• Dans le cas où des salariés détiennent dans certaines conditions une fraction du capital des filiales, il est prévu de ne pas retenir ces détentions lors de la détermination des filiales. Ainsi, si une filiale émet **1 000** titres, dont **70** sont détenus par des salariés et **930** par la société mère du groupe, cette dernière est réputée détenir la filiale à **930/(1 000 – 70) = 100 %**, ce qui, dans ce cas, permet d'atteindre le seuil de **95 %**.

• Attention, ce dispositif est encadré par de nombreuses conditions parmi lesquelles :

– seuls les titres acquis par les salariés dans le cadre du dispositif des options de souscription ou d'achat de titres, des attributions gratuites de titres, des attributions gratuites de titres aux possesseurs de **PEE** sont concernés ;

– les mandataires détenteurs sont exclus de ce dispositif s'il s'agit des options de souscription ou d'achat de titres et admis pour les autres régimes s'il s'agit d'émission de titres ;

– dès la cessation des fonctions, le dispositif ne s'applique plus ; un délai de régularisation est accordé jusqu'à la date de dépôt limite de la déclaration de résultat.

Conseils pratiques

• Pour déterminer les filiales dans les groupes complexes, il est conseillé de raisonner comme suit : à partir de la société mère, déterminer dans une première étape quelles sont les sociétés détenues directement par elle à au moins 95 %. Si ces sociétés sont intégrées, alors elles constituent avec la société mère un premier bloc. Pour la seconde étape du raisonnement, il convient de déterminer quelles autres sociétés sont détenues directement à au moins 95 % par le bloc composé des sociétés déterminées à l'étape n° 1 et ainsi de suite.

Cette méthode, qui consiste à raisonner par vagues successives, permet de dénouer facilement les organigrammes les plus rebelles.

Un groupe est composé des entités suivantes :

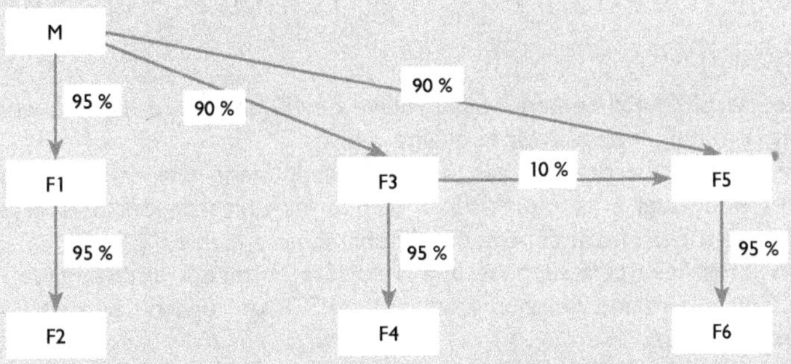

Les pourcentages non indiqués sont représentatifs de détention par des personnes physiques.

Quels sont les groupes intégrés possibles ?

Réponses :

Première étape : conditions d'éligibilité.

Il faut déterminer les sociétés qui sont soumises à l'IS dans les conditions de droit commun (consultation de la dernière déclaration fiscale) et dont les durées d'exercice et la date de clôture sont conformes (consultation des statuts).

Il est considéré, dans notre exemple, que toutes les sociétés sont éligibles.

Deuxième étape : détermination d'une première mère intégrante.

La société M est la première société pouvant être mère.

Troisième étape : choix des filiales de M.

Les filiales de M peuvent être F1 et F2, mais pas F3.

Quatrième étape : choix d'une mère dans les sociétés non intégrées dans la première phase.

Choix d'une autre mère : F3.

Cinquième étape : choix des filiales de F3. Seul le choix de F4 est possible.

Sixième étape : choix d'une autre mère : F5.

F5 peut être mère depuis 2010 *(voir § 55)* car elle est détenue par M à 90 %. Le pourcentage indirect de M dans F5, qui transite par F3 n'est pas retenu depuis 2010 car F3 n'est pas elle-même détenue à au moins 95 %, directement ou indirectement, par M.

Septième étape : choix des filiales de F5. Seul le choix de F6 est possible.

• Consulter les statuts des filiales intégrées pour être certain qu'il n'existe pas de catégories particulières d'actions ou de parts pouvant faire baisser le seuil de 95 % en droits de vote et en droits à dividende.

• Il convient de se poser un certain nombre de questions avant toute intégration : voir notre tableau récapitulatif *(voir § 76)*.

Cas particulier : le groupe au sens économique comporte des sociétés non françaises

57 Le régime de l'intégration fiscale est réservé aux sociétés françaises. La question du rôle des sociétés étrangères se pose toutefois dans certains cas de figure.

Cas de sociétés étrangères disposant d'établissements stables en France

58 Dans ce cas, si l'établissement stable relève de l'IS en France dans les conditions de droit commun, il peut avoir la qualité de :

– mère intégrante : dans ce cas, il faut qu'il détienne une ou plusieurs filiales intégrées françaises à au moins 95 % et que les titres de ces dernières soient positionnés au bilan fiscal déposé par l'établissement stable ;

– filiales intégrées : cela suppose que la société étrangère disposant de l'établissement soit elle-même détenue à au moins 95 % par une ou plusieurs sociétés françaises intégrées *(voir § 56)*.

EXEMPLE

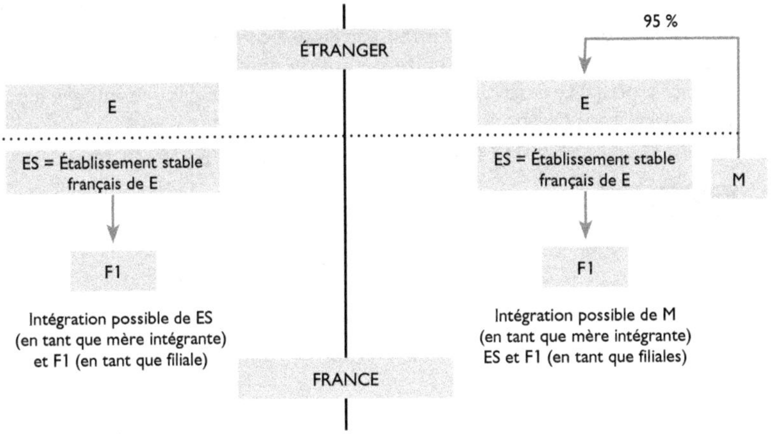

Cas où le groupe comporte des sociétés intermédiaires situées dans l'Espace économique européen

59 **Les dispositions légales applicables dans ce cas ont considérablement évolué suite à une jurisprudence de la Cour de justice des communautés européennes** (CJCE 27 novembre 2008, aff. 418/07, Sté Papillon).

Le principe est le suivant : si des sociétés européennes interposées sont passibles d'un impôt équivalent à l'IS français, alors leurs détentions sont prises en compte pour la détermination des filiales intégrées françaises. En revanche, le résultat réalisé à l'étranger par ces sociétés interposées n'est pas pris en compte dans le résultat d'ensemble.

Les modalités d'application de ce principe sont décrites ci-après.

Concernant la détermination du périmètre d'intégration

Un statut spécifique : la société « intermédiaire »

60 Disposent du statut de société « intermédiaire » les sociétés interposées répondant aux principales conditions suivantes :
– être situées dans l'Espace économique européen, sauf dans les pays n'ayant pas signé avec la France une convention destinée à lutter contre la fraude ou l'évasion fiscale.
– être soumises à une imposition équivalente à l'IS français ;
– être détenues de manière continue, directement ou indirectement (par des sociétés intégrées ou d'autres sociétés « intermédiaires ») à au moins 95 % par la société mère intégrante. Pour le calcul du seuil de 95 %, les mêmes principes que pour les sociétés intégrées sont appliqués ;
– avoir donné leur accord ;
– avoir la même date d'ouverture et de clôture que les sociétés intégrées (sauf si la réglementation du pays leur interdit le respect de cette condition).

Détermination de la société mère française en présence de sociétés « intermédiaires »

61 Si une société française M est détenue par une autre société française X à au moins 95 % du fait d'une détention par l'interposition d'une ou de plusieurs sociétés « intermédiaires », alors cette détention entraîne :
– soit, la possibilité de réaliser (ou de conserver) un groupe intégré à partir de la détentrice française M ;
– soit, la possibilité de réaliser un groupe intégré à partir de X.

Exemple

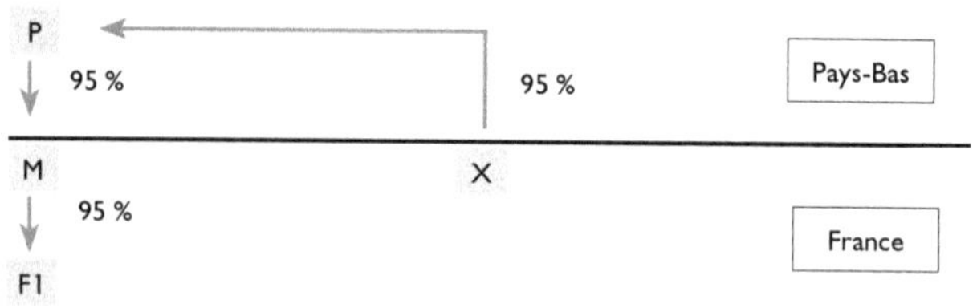

P est une société « intermédiaire ».

M est détenue à au moins 95 % indirectement par X, M peut :
- soit être filiale avec F1 de la société mère intégrante X ;
- soit être mère intégrante avec F1.

Détermination des sociétés filiales françaises en présence de sociétés « intermédiaires »

62 Si une société française F1 est détenue par une autre société française X à au moins 95 % par l'interposition d'une société « intermédiaire », alors cette détention entraîne la possibilité pour X d'intégrer la filiale F1 :

Exemple

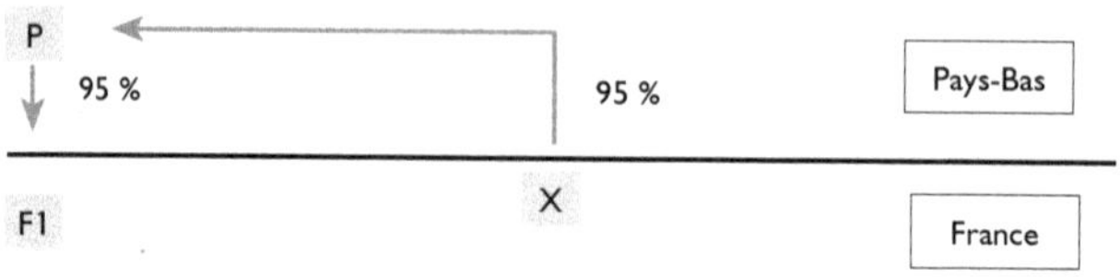

P est une société « intermédiaire ».

X peut former un groupe intégré avec F1.

Il en est de même si la détention transite successivement par plusieurs sociétés « intermédiaires ».

Dans l'exemple ci-dessus, si X détient 95 % de P qui détient 95 % de A située en Allemagne qui elle-même détient 95 % de F1, X peut encore intégrer F1 en tant que filiale.

En revanche, si A est située dans un pays hors EEE (par exemple, les États-Unis), alors l'intégration de F1 avec X n'est plus possible.

Précisions

• En présence de sociétés « intermédiaires », des formalités spécifiques existent. Il convient ainsi de produire notamment :

– lors et dans le délai de l'option initiale *(voir § 102)*, la liste des sociétés devenant « intermédiaires » et les accords de ces dernières ;

– lors et dans le délai de chaque mise à jour *(voir §§ 105 à 108)*, la liste (état 2029-B bis-SD) mise à jour des sociétés « intermédiaires », les accords des nouvelles sociétés « intermédiaires » et la liste des sociétés perdant leur qualité de sociétés « intermédiaires » ;

– lors de l'entrée de sociétés « intermédiaires » en cours d'exercice (cela est possible dans les trois mois suivant la date d'acquisition de titres de sociétés intégrées) : l'accord de ces sociétés « intermédiaires » et la liste mise à jour des sociétés « intermédiaires » ;

– lors et dans le délai de la liquidation de l'impôt du groupe : production de l'état 2029-B-SD avec mention de la liste des sociétés « intermédiaires » et des sociétés « intermédiaires » perdant cette qualification ;

– lors et dans le délai du dépôt de la déclaration du groupe : état spécifique 2058-PAP-SD pour les sociétés intégrées relatant leurs opérations avec les sociétés « intermédiaires ».

• Peut être qualifiée de société intermédiaire, l'établissement stable d'une société non française, dès lors qu'il répond aux conditions mentionnées ci-dessus et inscrit les titres des sociétés concernées à l'actif de son bilan fiscal.

Concernant la détermination du résultat d'ensemble

Non-prise en compte des résultats étrangers

63 Seule la détention intermédiaire est prise en compte, mais pas le résultat réalisé à l'étranger.

Il ne s'agit pas, en effet, de permettre d'intégrer le résultat d'une société « intermédiaire » mais uniquement de prendre en compte sa détention indirecte pour déterminer le périmètre français.

Les neutralisations des opérations internes

64 Les opérations réalisées entre les sociétés françaises intégrées et les sociétés « intermédiaires » ne font pas l'objet de neutralisations systématiques dès lors que le résultat des sociétés « intermédiaires » n'est pas retenu dans le résultat d'ensemble.

En revanche, compte tenu des risques de double déduction de perte ou de double imposition, certaines neutralisations, non développées dans le présent ouvrage (voir l'intégration fiscale, 12e édition, chapitre 9-3, P. Morgenstern), sont mises en place par les textes. Des déclarations spécifiques 2058-PAP-SD doivent être complétées.

Exemple

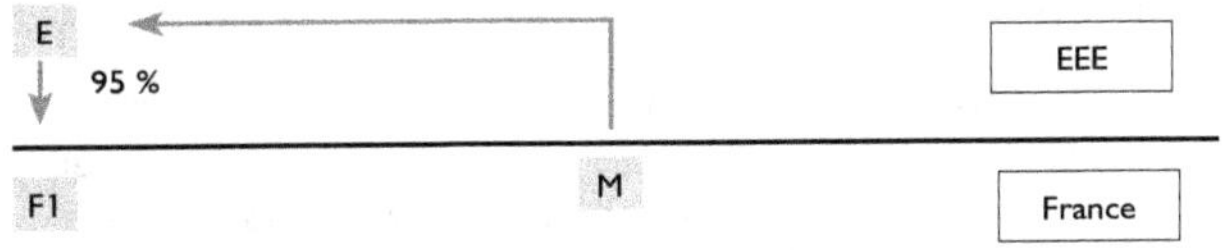

M et F1 forment un groupe intégré.

Si F1 est déficitaire, ce résultat est repris par le groupe M-F1.

Si E constate une dépréciation de ce fait, alors M peut être amenée à son tour à déprécier ses créances par exemple sur E. Cette dépréciation est susceptible d'entraîner une charge déduite du résultat d'ensemble, ce qui a pour conséquence la prise en compte, une seconde fois, de la perte de F1.

Cette provision doit alors faire l'objet d'une neutralisation sauf si le groupe apporte la preuve que cette dotation ne forme pas double emploi avec la perte de F1, ce qui peut s'avérer complexe.

Cas où la société mère capitalistique est étrangère et située dans l'Espace économique européen : l'intégration fiscale horizontale

Le principe d'un groupe à deux têtes

65 La question de savoir si des sociétés françaises détenues par une même société mère située à l'étranger pouvaient ou non constituer entre elles un groupe intégré s'est posée à plusieurs reprises en pratique. La réponse à cette question est en principe négative dès lors que les différentes sociétés du groupe, donc y compris la mère, doivent être soumises à l'IS.

Toutefois, ce principe trouve ses limites lorsque la société détentrice est située dans un pays de l'Union car de nature à constituer une entrave au principe du libre établissement dans cet espace.

Aussi, consécutivement à une jurisprudence de la CJUE (CJUE 12 juin 2014, aff. 40/13), la législation française a évolué lorsque la société mère capitalistique est non française et située dans l'espace économique européen.

Peuvent, sous certaines conditions, constituer un groupe intégré entre elles, les sociétés françaises détenues par une même entité située dans l'EEE (nommé pour l'occasion par les textes fiscaux « entité mère non résidente » soit EMNR). Dans ce cas, l'une des sociétés françaises est désignée (avec des règles particulières), comme étant la mère intégrante (elle est nommée alors « société mère »).

De tels groupes comportent alors deux têtes : l'une, non intégrée, située dans l'EEE (l'EMNR) ; l'autre, intégrée, située en France (la société mère). On parle alors d'un groupe d'intégration fiscale horizontale (IFH) car la société mère intégrante française peut être, d'un point de vue capitalistique, la société sœur de ses filiales intégrées.

En d'autres termes, la caractéristique principale de l'IFH est que la société mère intégrante française n'est pas nécessairement la mère capitalistique de ses filiales intégrées.

En cela, ces groupes sont différents des groupes classiques (« groupes verticaux »).

Les règles principales de constitution de l'IFH

66 Ainsi, une société française M détenue à au moins 95 % par une société étrangère (nommée entité mère non résidente soit EMNR) située dans l'espace économique européen peut, sous certaines conditions, devenir la « société mère » intégrante d'un groupe d'intégration fiscale dite horizontale.

Les filiales intégrées du groupe d'intégration horizontale peuvent être les sociétés françaises éligibles à l'intégration fiscale et qui sont détenues directement ou indirectement à au moins 95 % par l'entité mère non résidente EMNR.

Cette situation est également possible, sous certaines conditions, si EMNR détient M à au moins 95 % par l'interposition d'une autre société étrangère E située dans l'espace économique européen, elle-même détenue à au moins 95 % par EMNR : dans ce cas, cette société interposée est désignée par le terme « société étrangère » (à noter qu'il peut exister plusieurs sociétés étrangères successives).

EXEMPLE

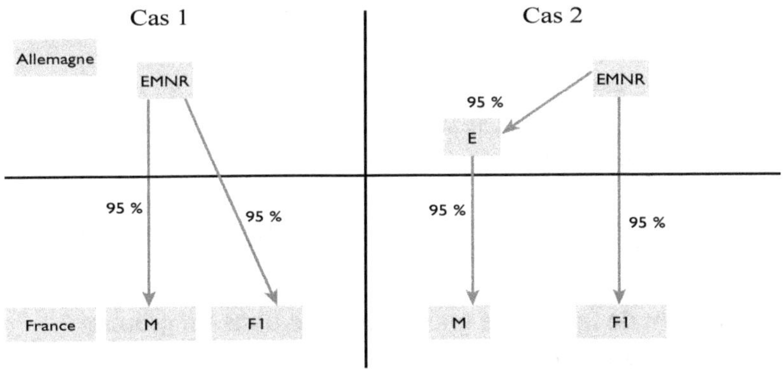

CAS 1 et CAS 2 : Si certaines conditions sont réunies, M peut devenir mère intégrante avec F1 comme filiale.

→ **Remarque.** Il est possible aussi pour F1 de devenir mère intégrante avec M comme filiale *(voir § 70)*.

PRÉCISIONS

- Une telle option est prévue à l'article 223 A al. 2 du CGI et distincte de l'option pour l'intégration classique prévue à l'article 223 A al. 1 du CGI. L'entité mère non résidente EMNR et les sociétés étrangères doivent répondre à certaines conditions et donner leur accord ;
- Si l'entité mère non résidente EMNR ou si la société mère M ne répond plus aux conditions pour avoir ce statut, cela entraîne la sortie du groupe intégré horizontalement ;
- L'EMNR et les sociétés étrangères doivent répondre à certaines conditions pour être éligibles.

Conditions relatives à l'EMNR et aux sociétés étrangères

Conditions communes

67 Ces sociétés doivent :
- être situées dans l'espace économique européen ;
- disposer d'une date de clôture identique aux sociétés intégrées ;
- être soumises à un impôt équivalent à l'IS ;
- donner leur accord.

En outre, il peut s'agir d'un établissement stable d'une société étrangère (peu importe le pays de cette société) dès lors qu'il répond aux conditions ci-dessus ; mais dans ce cas, les titres des sociétés intégrées doivent figurer à l'actif du bilan fiscal de cet établissement stable.

Conditions propres à l'EMNR

68 Cette société ne doit pas avoir son capital détenu à au moins **95 %** directement ou indirectement par une autre société française soumise à l'IS ou une autre société non française susceptible d'être une EMNR.

Les modalités de calcul pour apprécier ce seuil de **95 %** sont identiques à celles retenues pour apprécier les seuils des sociétés mère de groupes verticaux *(voir §§ 55 et 56)*.

Conditions propres aux sociétés étrangères

69 Ces sociétés doivent avoir leur capital détenu directement ou indirectement à au moins **95 %** par l'EMNR.

Les modalités de calcul pour apprécier ce seuil de **95 %** sont identiques à celles retenues pour apprécier les seuils des filiales intégrées des groupes verticaux *(voir §§ 55 et 56)*.

Détermination de la société mère française dans un groupe d'intégration horizontale

70 La société mère française d'un groupe d'intégration fiscale horizontale est la société éligible à l'intégration et dont le capital est détenu directement par l'EMNR ou/et les sociétés étrangères à au moins 95 %.

Si plusieurs sociétés du groupe répondent à cette condition, la désignation de la société mère parmi ces sociétés, résulte d'une décision de gestion *(voir exemple ci-dessus)*.

En revanche, les sociétés françaises éligibles à l'intégration mais qui ne répondent pas à cette condition ne peuvent être société mère.

EXEMPLE

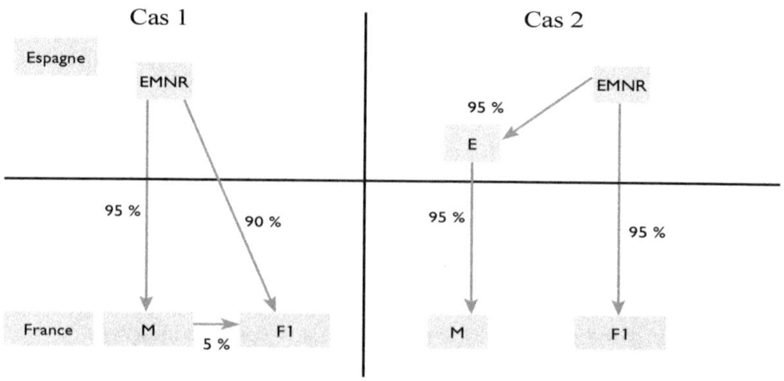

CAS 1 : F1 ne peut être la société mère du groupe horizontal ; elle peut être le cas échéant filiale du groupe M - F1.

CAS 2 : M ou F1 peut être désigné comme société mère du groupe horizontal.

Détermination des filiales intégrées d'une IFH

71 Les filiales intégrables dans ce cas sont les sociétés éligibles à l'intégration *(voir §§ 51 et s.)* qui sont détenues à au moins 95 % directement ou indirectement par l'entité mère non résidente. Cette détention peut être réalisée :

– directement par « l'entité mère non résidente », ou/et par l'interposition des « sociétés étrangères » ;
– ou/et par l'interposition de la société mère intégrante qui a été retenue ;
– ou/et par l'interposition des autres sociétés intégrées ;
– ou/et par l'interposition de sociétés « intermédiaires » *(voir § 60)*.

EXEMPLE

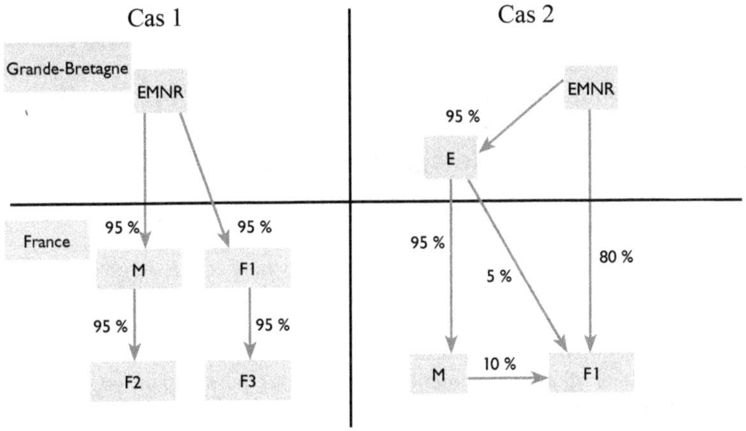

CAS 1 :
- M peut être mère d'un groupe composé de F1, F2 et F3 comme filiales intégrées ;
- ou F1 peut être mère d'un groupe composé de M, F2 et F3 comme filiale intégrée.

CAS 2 : M peut être désigné comme société mère du groupe horizontal avec F1 comme filiale.

L'option pour une intégration fiscale horizontale

72 L'option pour l'intégration fiscale horizontale :

– est possible si les autres conditions sont réunies même si la société mère intégrante détient directement ou indirectement à au moins 95 % toutes les filiales intégrées ; cela constitue alors un mode d'option différent entraînant certaines conséquences différentes par rapport à une intégration verticale (notamment retraitements des opérations réalisées avec l'EMNR),
– n'est pas obligatoire ; il peut être retenu une intégration fiscale verticale à la place si les conditions sont respectées.

Dans un groupe au sens économique, il peut coexister des intégrations verticales et horizontales si les conditions sont respectées ; en revanche, une même société intégrée ne peut jamais faire partie simultanément de deux groupes intégrés distincts.

Sur le plan textuel, il s'agit d'une option (prévue au CGI art. 223, al. 2) différente de l'intégration verticale (prévue au CGI art. 223 A, al. 1).

Hormis cette différence de référence à mentionner dans l'option, les grands principes de l'option et des mises à jour sont identiques avec ceux applicables dans l'intégration fiscale verticale *(voir §§ 76 et s.)*. En revanche, la mère intégrante et les filiales concernées doivent produire en plus les accords de l'EMNR et le cas échéant des sociétés étrangères.

Les retraitements

73 Les opérations réalisées entre d'une part, les sociétés intégrées et d'autre part, l'EMNR et les sociétés étrangères sont susceptibles de faire l'objet d'un retraitement lors de la détermination du résultat d'ensemble.

Les principes sont similaires (sous réserve de quelques aménagements), à ceux retenus pour les retraitements réalisés entre sociétés intégrées et sociétés intermédiaires. Un document spécifique 2058-PAP-SD doit être complété.

Les sorties d'un groupe d'intégration horizontale

74 Les sorties de sociétés intégrées et les conséquences qui en découlent suivent les mêmes principes que pour les groupes verticaux.

Il en est de même pour la sortie du groupe dans son ensemble. Toutefois, pour ce dernier cas, la sortie peut résulter également de la perte de qualification de l'EMNR ainsi que du changement d'option (groupe vertical vers groupe horizontal ou l'inverse) même si la société mère intégrante est identique. Toutefois, dans le cas particulier d'un changement d'option pour passer d'un groupe vertical à un groupe horizontal, le législateur a créé des mesures d'atténuations spécifiques (CGI art. 223 L, **6.j**) lesquelles n'empêchent pas la sortie du groupe mais en atténuent certains effets.

Par ailleurs, le législateur a étendu et adapté si besoin les mesures d'atténuations applicables aux sorties spécifiques des groupes *(voir partie 7)*. Ainsi et par exemple, le dispositif de transition applicable en cas de rachat du capital d'une société mère intégrante à au moins **95 %** (CGI art. 223 L, 6.d) est étendu sous certaines conditions dans le cas du rachat à au moins **95 %** d'une EMNR ; il en est de même, toujours sous certaines conditions, en cas d'absorption d'une EMNR par une autre société (CGI art. 223 L, **6.c**). Il en est ainsi également en cas de scission voire de scission partielle.

Le choix des filiales

75 Les groupes ont une certaine marge de manœuvre pour choisir les filiales qui doivent entrer dans le groupe intégré. En effet, il n'est pas obligatoire d'intégrer toutes les filiales qui peuvent l'être. Le choix doit, toutefois, être pratiqué au plus

tard à la fin du 3e mois (sauf délais particuliers) du premier exercice d'intégration des sociétés concernées. Une modification des choix peut intervenir, sous certaines conditions, à chaque exercice. Mais pour qu'un groupe intégré puisse exister, il faut qu'il existe au moins une filiale.

Ces choix sont conditionnés par la situation fiscale des sociétés et les avantages espérés de l'intégration fiscale. Il convient donc d'analyser les différentes règles applicables dans l'intégration fiscale pour déterminer si le choix d'une filiale est judicieux ou non.

Généralement, notamment dans les groupes de faible taille, le choix sera peu complexe et, bien souvent, l'intégration de toutes les filiales est retenue. Il en sera ainsi, par exemple, en cas d'intégration d'une mère emprunteuse constituée spécialement pour acquérir une filiale.

Mais cette règle ne peut pas revêtir un caractère systématique et une analyse est toujours nécessaire. Ainsi, il existe des situations dans les groupes de PME où la question se pose. C'est le cas des groupes composés de filiales pouvant bénéficier du régime prévoyant un taux de 15 % sur un résultat de **38 120 €** applicable aux PME, alors que le groupe intégré ne pourrait en bénéficier pleinement *(voir Thème spécifique 1, §§ 601 à 615)*.

Toutefois, si une société française intégrable n'est pas retenue dans le groupe, il n'est pas possible de tenir compte des titres qu'elle détient elle-même pour apprécier si une autre société est intégrable *(voir § 56)*.

Tableau récapitulatif et schématique pour déterminer un groupe intégré

76 Trois étapes : éligibilité, périmètre maximal, périmètre définitif.

Actions	Principales questions à se poser (liste non exhaustive)	§§ à consulter pour répondre à ces questions
	Quelles sont les entités du groupe éligibles ?	
Détermination des sociétés éligibles	Conditions d'éligibilité respectées ?	51 à 54
	Détermination du périmètre maximal	
Détermination de la société mère et des filiales possibles, compte tenu des pourcentages de détention	Conditions de détention respectées ?	55 à 68
	Détermination du périmètre définitif (quelques questions importantes mais non exhaustives)	
Choix définitif des sociétés	• Existe-t-il des pertes reportables : difficulté possible pour imputer ultérieurement les déficits en question ?	155 à 159
	• Des pertes fiscales sont-elles attendues par les sociétés ?	8 et 160 à 168
	• Des subventions intragroupe sont-elles prévues avec ces filiales ?	213 à 217
	• Des cessions d'immobilisations sont-elles prévues à l'intérieur du groupe ?	218 à 221
	• Les filiales versent-elles des jetons de présence ?	202
	• Comment les titres des filiales ont-ils été acquis depuis les neuf (ou quinze) derniers exercices (amendement Charasse) ?	239 à 246
	• Les reclassements que l'on envisage avant l'intégration n'entraînent-ils pas l'amendement Charasse ?	239 à 246
	• Les sociétés du groupe sont-elles soumises à la limitation forfaitaire des charges financières (CGI art. 223 B bis) ?	769 à 771
	• Les sociétés du groupe sont-elles soumises au texte afférent à la sous-capitalisation (CGI art. 212) ?	752 à 759
	• Distributions prévues ?	204 à 208 et partie 5
	• Les sociétés que l'on souhaite exclure n'entraînent-elles pas des sorties d'autres sociétés ?	56
	• Le régime des PME (CGI art. 219, I.b) est-il applicable ?	601 à 915

Le coin des néophytes

Question 1 : PEUT-ON MODIFIER LA DATE DE CLÔTURE D'UNE SOCIÉTÉ INTÉGRÉE ?

Réponse :

Une telle opération entraîne, en principe, la sortie des sociétés concernées. Il est toutefois possible, sous certaines conditions, de modifier, une seule fois pour une même période d'option de cinq exercices, la date de clôture de toutes les sociétés du groupe *(voir §§ 53 et 111)*.

Question 2 : À QUELLE DATE DOIT-ON APPRÉCIER LES CONDITIONS D'INTÉGRATION ?

Réponse :

Les conditions doivent être respectées de manière continue pendant tout l'exercice, à défaut de quoi la société concernée sortirait de l'intégration, même si les conditions sont à nouveau respectées à la clôture. Il existe toutefois quelques rares exceptions à ce principe : la société mère détenue à au moins 95 % par une autre société soumise à l'IS au cours d'un exercice peut continuer, sous certaines conditions, l'intégration de son groupe si le taux est repassé à moins de 95 % à la clôture ; dans ce cas, des justifications doivent alors être fournies à l'administration *(voir § 353)*. De même, il est possible d'intégrer, dans certaines conditions, une filiale acquise le premier jour d'ouverture de son exercice *(voir § 56)*. Il est également possible d'intégrer, dès le début de l'exercice, des sociétés acquises en cours d'exercice auprès d'un autre groupe intégré et consécutivement à une procédure collective *(voir § 381)*.

Question 3 : EST-IL OBLIGATOIRE D'INTÉGRER UNE SOCIÉTÉ QUI RÉPOND AUX CONDITIONS ?

Réponse :

Le régime est optionnel. De plus, il est possible d'exclure volontairement certaines filiales *(voir § 75)* mais, dans ce cas, les titres détenus par cette société ne peuvent être retenus pour le calcul du seuil de 95 % des autres filiales.

Question 4 : QUELS SONT LES EFFETS DE L'INTÉGRATION FISCALE SUR LES AUTRES IMPÔTS QUE CEUX VISÉS PAR LE RÉGIME ?

Réponse :

Le fait d'opter pour l'intégration fiscale peut avoir parfois des effets collatéraux sur certains autres impôts que ceux visés par le régime. Il en est ainsi en matière de droit d'enregistrement : en cas de cession de droits sociaux (autres que les titres représentatifs de sociétés à prépondérance immobilière) entre société du même groupe au sens de l'intégration fiscale, il y a une exonération de droit d'enregistrement (notons que cette exemption existe aussi pour les cessions de droits sociaux entre sociétés d'un même groupe même non intégré).

De même, de manière assez surprenante, les règles de détermination du périmètre d'intégration sont parfois utilisées pour calculer d'autres impôts. Ainsi, en matière de CVAE, pour les exercices ouverts à compter du 1er janvier 2018, lorsqu'une entreprise remplie les conditions fixées à l'article 223 A du CGI pour être intégrée, le taux effectif d'imposition de la CVAE (CGI, art. 1586 quater, I bis) se détermine à partir de la somme de son chiffre d'affaires et de celui des sociétés qui remplissent également les conditions pour être membres du même groupe. Toutefois, cette règle n'est pas applicable lorsque la somme des chiffres d'affaires est inférieure à 7 630 000 € ; de même, cette règle ne s'applique pas pour déterminer si une société est au-dessous du seuil d'imposition à la CVAE.

À noter : avant cette date, c'était le fait d'avoir opté pour l'intégration qui obligeait à déterminer un taux effectif d'imposition en fonction du chiffre d'affaires cumulé des sociétés du groupe intégré ; mais ce dernier a été déclaré non constitutionnel et a été remplacé par le Législateur par le texte plus général mentionné ci-dessus.

PARTIE 3

QUAND ET COMMENT OPTER ?

Partie 3

QUAND ET COMMENT OPTER ?

(hors sociétés « intermédiaires » et intégration « fiscale horizontale ») (1)

100 Cette procédure doit être scrupuleusement respectée. Tout manquement (option tardive, signature de personnes non habilitées, etc.) peut être gravement pénalisant. Citons le cas de ce groupe, composé de cinq sociétés, dont l'une était lourdement déficitaire. L'intégration de cette dernière n'a pas pu se réaliser au motif d'un oubli malencontreux de cette société lors des formalités.

Le formalisme accompagne l'intégration pendant toute sa durée. Aussi, nous analyserons ces obligations à chaque stade de la vie du groupe.

NOTE : (1) Pour les formalités spécifiques aux sociétés étrangères intermédiaires, voir paragraphe 68 et aux EMNR et sociétés étrangères *(voir § 72)*.

Quand faut-il produire les formalités ?

101 Pendant près de quinze ans, les formalités concernant le périmètre et sa mise à jour devaient être produites à l'administration avant le début de l'exercice au titre duquel elles devaient produire leurs effets.

Cette situation a été assouplie pour les exercices clos depuis le 31 décembre 2003.

Depuis cette date, l'ensemble des formalités concernant le périmètre bénéficie d'un délai supplémentaire en pratique d'au moins « trois mois » car doit être produit au plus tard à la fin du délai de dépôt des déclarations de résultats de l'exercice précédent (ce délai est en effet de trois mois après la date de clôture).

De plus, dans les cas particuliers des dates de clôture fixées au 31 décembre, un délai supplémentaire est fixé au plus tard au deuxième jour ouvré suivant le 1er mai. L'administration a précisé que ce délai supplémentaire pouvait également être retenu pour apprécier la date limite de dépôt des formalités d'option.

Ainsi, un groupe qui souhaite opter pourra déposer les formalités d'option comme suit :
– cas d'une date de clôture le 30 juin : dépôt des formalités au plus tard le 30 septembre N pour une intégration qui démarre le 1er juillet N ;
– cas d'une date de clôture le 31 décembre : dépôt des formalités au plus tard le 30 mars N plus le délai supplémentaire accordé pour le dépôt des déclarations de résultats des exercices clos le 31 décembre N – 1 (pour les exercices clos le 31 décembre 2016, ce délai allait (sauf tolérance spécifique), par exemple, jusqu'au 18 mai 2017) pour une intégration qui démarre le 1er janvier N.

Ce principe s'applique aux différentes formalités suivant les modalités précisées dans les paragraphes suivants.

Remarque

Dans les paragraphes suivants, sera utilisée l'expression « dans les trois mois de la date de clôture (sauf délais particuliers) », la formule « délais particuliers » visant le cas des délais accordés aux entreprises qui clôturent le 31 décembre et prévus à l'article 223 du CGI.

Que faut-il faire lors de la première option ?

102 **La société mère devra produire**, au plus tard à la fin du troisième mois (sauf délais particuliers) du premier exercice d'option, à son centre des impôts, une option pour l'intégration fiscale suivant le texte obligatoire suivant (1).

> Je, soussigné,... (nom, prénom), agissant en qualité de... (qualité) de la société... (désignation) dont le siège social est à... (ville, adresse), déclare que cette société se constitue seule redevable de l'impôt sur les sociétés et des contributions additionnelles à l'IS dus par le groupe formé par elle-même et les sociétés qui figurent sur la liste ci-jointe, en application des dispositions de l'article 223 A, alinéa 1, du code général des impôts.
> Conformément à ces dispositions, la durée d'application de la présente option est de cinq exercices à compter du... (date d'ouverture du premier exercice d'application).
> Les attestations, par lesquelles les sociétés filiales membres du groupe donnent leur accord, sont ci-jointes.
> Fait à ..., le ...
> Le... *(qualité)*
> *(signature)*
> *(nom, prénom)*

NOTE : (1) Il s'agit du modèle général applicable pour les intégrations classiques visées à l'alinéa 1 de l'article 223 A du CGI. Ce modèle est différent pour les options prévues à un autre alinéa tels que l'intégration fiscale horizontale (CGI art. 223 A, al. 2) ou encore les options propres aux groupes d'assurances combinant ou aux groupes bancaires mutualistes.

Cette option sera accompagnée obligatoirement :

– de la liste des filiales intégrées. Cette liste doit préciser la dénomination, l'adresse du siège social ou du principal établissement et le pourcentage de détention du capital par la mère et par les autres filiales intégrées en droits de vote et en droits à dividendes si nécessaire. Cette liste peut être produite sous la forme du Cerfa 2029-B bis qui reprend les informations suivantes.

Dénomination	Adresse du siège social ou du principal établissement	% de détention du capital par la mère*	% de détention du capital par les filiales intégrées*	Total*
* Si les droits de vote et les droits à dividende sont différents, il convient de mettre le plus petit des deux.				

– de l'accord des filiales mentionnées ci-dessous *(voir § 103)* ;

– le cas échéant, de la notification de la modification de la durée du premier exercice d'intégration si celle-ci est différente de douze mois *(voir § 111)*.

103 **Chaque société filiale devra produire**, au plus tard à la fin du troisième mois (sauf délais particuliers) du premier exercice de son intégration, à son centre des impôts, son accord pour faire partie du groupe intégré suivant le texte obligatoire suivant.

Je, soussigné ... (nom, prénom), agissant en qualité de ... (qualité) de la société ... (désignation) dont le siège social est à ... (ville, adresse), autorise la société ... (désignation), dont le siège social est à ... (ville, adresse), à se constituer seule redevable de l'impôt sur les résultats de ladite société en vue de la détermination du résultat d'ensemble du groupe, conformément aux dispositions de l'article 223 A du code général des impôts, et ce à compter de l'exercice ouvert le ... (date d'ouverture du premier exercice d'intégration de la filiale concernée).
Cette attestation est valable pour la durée d'application restant à courir de l'option pour le régime de groupe prévu à l'article 223 A du code général des impôts, formulée par la société désignée ci-dessus.
Fait à ..., le ...
Le ... *(qualité)*
(signature)
(nom, prénom)

Conseils pratiques

L'option et les accords doivent être réalisés sur papier à en-tête et signés par les personnes qui ont le pouvoir pour engager la société dans ce domaine (président, directeur général, gérant).

Le dépôt doit pouvoir être prouvé ; produire ces documents en recommandé avec AR accompagnés d'un courrier listant les documents transmis ou par dépôt direct avec un reçu mentionnant la liste des documents déposés, signé par le service des impôts lors du dépôt.

L'accord des filiales est à établir en double exemplaire : l'un à déposer par la société mère, l'autre par la filiale.

Que faut-il faire au titre du deuxième exercice et de chaque exercice suivant ?

104 Au plus tard avant la fin du troisième mois (sauf délais particuliers) de chacun des exercices d'intégration, il convient d'agir en fonction de la situation.

Premier cas : le groupe est reconduit en l'état, sans modification de la durée de l'exercice suivant et aucune sortie n'est intervenue au cours de l'exercice cessant

105 Dans une telle hypothèse, le périmètre est reconduit tacitement en l'état. En pratique, compte tenu de la mise en place d'un Cerfa 2029-B-bis concernant la composition du groupe pour l'exercice suivant, ce document sera à produire même si le groupe n'évolue pas.

Deuxième cas : le périmètre d'intégration est modifié pour l'exercice suivant par rapport à la dernière liste déposée

→ **Remarque.** Le deuxième cas peut devoir être couplé avec le troisième cas.

Dans ce cas, la société mère et, dans certains cas, les filiales doivent déposer des documents.

Obligation de la société mère

107 Elle doit réaliser une procédure de mise à jour du périmètre l'obligeant à produire les documents énumérés ci-après au plus tard à la fin du troisième mois (sauf délais particuliers) de l'exercice suivant.

La procédure de mise à jour de périmètre pour un exercice N donné se réalise à l'aide de deux formalités distinctes et de portée fiscale inégale :

– *une formalité substantielle* (CGI, ann. III art. 46 quater 0-ZD) à produire sur un état 2029-B bis en début d'exercice N : cette formalité consiste à déclarer la liste des sociétés intégrées et des sociétés sortantes au titre de l'exercice suivant N ; c'est sur la base de cette seule déclaration que le périmètre N est opposable à l'administration et au contribuable ; en effet, c'est sur cette liste que figurent notamment les filiales entrantes et les filiales sortantes de manière volontaire ; cette liste est à produire au plus tard à la date limite de dépôt de la déclaration de l'exercice cessant N – 1 ;

– *une formalité ayant valeur d'annexe à la déclaration annuelle* (CGI, ann. III art. 46 quater 0-ZG) à produire sur un état 2029-B au début de l'exercice N : cette formalité consiste à déclarer la liste définitive des sociétés intégrées et des sociétés sortantes au titre de l'exercice écoulé N – 1 ; cette déclaration a valeur de récapitulatif définitif du périmètre d'un exercice donné mais ne constitue pas une formalité substantielle permettant d'intégrer ou non un groupe ou une filiale ; cette liste est à produire lors de la liquidation d'IS de l'exercice N – 1. Pour les sociétés sortantes, cette liste ne fait donc qu'entériner des sorties automatiques intervenues au cours de l'exercice écoulé N – 1.

Afin d'éviter toute confusion dans l'esprit du lecteur sur l'importance relative de ces déclarations, seule la formalité substantielle (c'est-à-dire en pratique l'état 2029-B bis et les documents qui doivent l'accompagner) est décrite dans cette partie. L'état 2029-B, quant à lui, est décrit au *paragraphe 123* dans l'exemple consacré aux seuls aspects déclaratifs.

La déclaration 2029-B bis comporte la liste des sociétés qui seront intégrées au titre de l'exercice suivant N et la liste des sociétés sortantes au titre de ce même exercice N.

Liste des sociétés membres du groupe au titre de l'exercice suivant

108 Cette liste revient à préciser quel sera le périmètre prévu au cours de l'exercice suivant N.

Pour le cas particulier des sociétés qui ne répondraient plus aux conditions d'intégration du fait d'événements intervenus entre l'ouverture de l'exercice N et la date de production de l'état 2029-B bis, *(voir § 109 ci-après)*.

Les intitulés de colonnes sont :

Sociétés du périmètre d'intégration fiscale	Adresse	1er exercice d'intégration (oui ou non)	Taux de détention par la société mère	
			directe	indirecte

Doivent être joints à cette mise à jour les accords des sociétés entrantes à compter du début de l'exercice suivant N.

Liste des sociétés qui cessent d'être membres du groupe au titre de l'exercice suivant.

109 Cette liste précise quelles sont les sociétés qui vont sortir au titre de l'exercice suivant N.

En fait, concernant les sorties, il convient de distinguer deux cas de figure principaux :

– la sortie obligatoire, lorsque les sociétés qui devaient être intégrées ne pourront pas l'être en N au motif qu'elles ne répondent plus aux conditions d'éligibilité (sur les motifs qui peuvent entraîner une telle sortie, voir paragraphe 228). Dans ce cadre, il peut s'agir :

- soit de sociétés sorties obligatoirement du fait d'un événement intervenu en N – 1. Dans ce cas, ces sociétés ne semblent pas devoir être portées sur le 2029-B bis produit au titre de N mais devront être mentionnées sur le 2029-B produit en N au titre du périmètre définitif N – 1 (voir exemple),
- soit de sociétés déjà sorties obligatoirement du fait d'un événement qui est déjà intervenu en N entre le début de l'exercice et la date de la production de cette liste 2029-B bis. Dans ce cas, il est possible d'indiquer ces sociétés dans les sociétés sortantes au titre de N dans la liste 2029-B bis produite au titre de N (mais cela ne nous semble pas obligatoire et la solution qui consiste à laisser ces sociétés dans la liste des sociétés que l'on souhaite intégrer en N nous semble également possible, étant entendu que, dans tous les cas, cette sortie sera mentionnée lors du dépôt de la déclaration 2029-B produit en N + 1 et concernant le périmètre définitif N) ;

– la sortie volontaire, qui résulte du fait que la société mère prend la décision de ne plus intégrer la filiale à compter de l'exercice naissant et cela, bien qu'elle puisse continuer à être intégrée. Dans cette hypothèse, la société filiale sortante devra également signifier sa sortie à son propre centre des impôts *(voir § 110)*.

Les intitulés de colonnes sont :

Dénomination des sociétés sortantes	Adresse

Précision

Le 2029-B bis devant être télédéclaré, il peut être nécessaire lors de la mise à jour des périmètres nécessitant de produire des documents supplémentaires (accords...) de faire de surcroît un envoi papier de ces documents.

Obligation de la société filiale

110 Les filiales entrant dans le groupe doivent déposer leur accord à leur centre des impôts suivant le modèle mentionné au paragraphe 103.

Les filiales sortant obligatoirement, du fait du non-respect des conditions d'intégration, n'ont rien à produire à leur centre des impôts.

Les filiales sortant volontairement, du fait d'une décision de la mère, devront produire de leur côté le document suivant à leur propre centre des impôts.

Texte obligatoire à produire sur papier à en-tête de la société filiale sortant volontairement d'un groupe intégré [à produire au plus tard à la fin du troisième mois (sauf délais particuliers) de l'exercice de sortie]
Je, soussigné, ... (nom, prénom), agissant en qualité de ... (qualité) de la société ... (désignation) dont le siège social est à ... (ville, adresse), déclare que les résultats de cette société cessent d'être pris en compte par la société ... (désignation) dont le siège social est à ... (ville, adresse), en vue de la détermination du résultat d'ensemble du groupe dont elle est la mère, à compter du ... (date d'ouverture de l'exercice de sortie).
Fait à ..., le ...
Le ... *(qualité)*
(signature)
(nom, prénom)

Troisième cas : la durée de l'exercice suivant est différente de douze mois

→ **Remarque.** Ce troisième cas peut être couplé avec le deuxième cas.

111 Il est possible de modifier une seule fois, pour une même période d'option, la durée d'un exercice *(voir § 53)*.

Dans ce cas, une notification de modification de durée doit être produite par la société mère et par les sociétés filiales au plus tard à la fin du troisième mois (sauf délais particuliers) de l'exercice concerné par le changement de durée.

Aucun modèle à ce jour n'a été produit par l'administration. Nous en fournissons un à titre indicatif et sous réserve de son remplacement ultérieur par un modèle mis en place par l'administration.

Je, soussigné, ... (nom, prénom), agissant en qualité de ... (qualité) de la société ... (désignation de la société) dont le siège social est à ... (ville, adresse), déclare que cette société ... (désignation de la société) notifie, conformément à l'article 223 A, alinéa 5 du code général des impôts, la modification de la date de clôture de l'exercice social dans les conditions suivantes :
date d'ouverture de l'exercice concerné : ...
date de clôture initiale avant modification : ...
nouvelle date de clôture de l'exercice concerné : ...
La durée de cet exercice sera donc de ... (nombre) mois.
Les filiales intégrées modifieront leur date de clôture dans les mêmes conditions (mention pour la société mère uniquement).
Fait à ..., le ...
Le ... *(qualité)*
(signature)
(nom, prénom)

Par ailleurs, la société mère et les sociétés filiales doivent procéder à ce changement en effectuant les formalités de droit commun (inscription, modification au registre du commerce et des sociétés, mise à jour des statuts auprès du centre des impôts...) et ce, dans des délais réguliers.

Que faut-il faire lors du renouvellement de l'option ?

112 Chaque période d'option dure cinq exercices.

Compte tenu du fait que le renouvellement est tacite, il se traite, en pratique, suivant la même procédure que celle applicable lors du changement d'exercice mentionné ci-avant, sauf en cas de dénonciation de l'option. Au plus tard à la fin du troisième mois (sauf délais particuliers) du premier exercice de renouvellement de l'option, il convient d'agir en fonction de la situation.

Premier cas : rien ne change

113 Cela signifie que l'option est reconduite, que la durée du premier exercice de renouvellement n'est pas modifiée et que le périmètre de l'exercice cessant et de l'exercice naissant n'évolue pas.

Dans une telle hypothèse, l'option est reconductible tacitement. La société mère produit alors les mêmes documents que pour une mise à jour d'un exercice sans évolution de périmètre *(voir § 105)*.

Deuxième cas : le périmètre évolue

→ **Remarque.** Ce deuxième cas peut être couplé avec le troisième cas.

Cela signifie que l'option est reconduite, mais que le périmètre est modifié.

Obligations de la société mère

115 En conséquence, la société mère doit produire une procédure de mise à jour du périmètre comprenant la liste mise à jour, la liste des sociétés sortantes et les accords des sociétés entrantes *(voir § 107)*.

Obligations des sociétés filiales

116 Les filiales entrantes doivent également produire leur accord à leur centre des impôts.

Les filiales qui sortent volontairement, à compter du premier exercice de renouvellement, soit par décision de la mère, soit du fait de leur propre renonciation à faire partie du groupe, doivent produire l'état mentionné ci-dessus *(voir § 110)*.

Troisième cas : la durée du premier exercice de renouvellement de l'option est modifiée

→ **Remarque.** Ce troisième cas peut être couplé avec le deuxième cas.

117 Cela signifie que l'option est reconduite et que la durée du premier exercice d'intégration sera de plus ou moins de douze mois pour toutes les sociétés intégrées.

Il est en effet possible de modifier la date de clôture des sociétés intégrées uniquement une seule fois au titre de chaque période de renouvellement. La durée de l'exercice peut alors être de plus ou moins de douze mois. En conséquence :

– toutes les sociétés intégrées doivent aligner leurs dates. La filiale qui ne s'aligne pas serait considérée comme sortante ;
– la mère et les filiales doivent se manifester et notifier la modification de la date de clôture.

Dans ce cas, une notification de modification de durée de l'exercice doit être produite par la société mère et les filiales dans les conditions déjà exposées ci-dessus *(voir § 111)*.

Quatrième cas : l'option n'est pas reconduite

118 Dans ce cas, il convient de produire une dénonciation de l'option par la société mère au plus tard à la fin du troisième mois (sauf délais particuliers) du premier exercice qui suit la fin de la période d'option.

> **Texte obligatoire de <u>dénonciation</u> de l'option à produire sur papier à en-tête de la société mère**
> Je, soussigné,... (nom, prénom), agissant en qualité de... (qualité) de la société... (désignation) dont le siège social est à... (ville, adresse), déclare que cette société cesse de se constituer seule redevable de l'impôt sur les sociétés, des contributions additionnelles à l'IS et de l'imposition forfaitaire annuelle dus par le groupe formé par elle-même, en application des dispositions de l'article 223 A du code général des impôts, à compter du... (date d'ouverture du premier exercice au titre duquel le régime de groupe ne s'applique plus).
> Fait à ..., le ...
> Le... *(qualité)*
> *(signature)*
> *(nom, prénom)*

Les filiales n'ont rien à produire en principe, mais il peut être judicieux en pratique qu'elles en informent leurs centres des impôts.

Conseil pratique

Une telle dénonciation peut entraîner de nombreuses conséquences, directes ou indirectes. Elle doit être précédée d'une étude sur les conséquences d'une telle sortie du groupe.

Exemples de formalités

Hypothèses

119 Un groupe est composé d'une mère M et de trois filiales F1, F2 et F3 dont la date de clôture est le 30 juin.

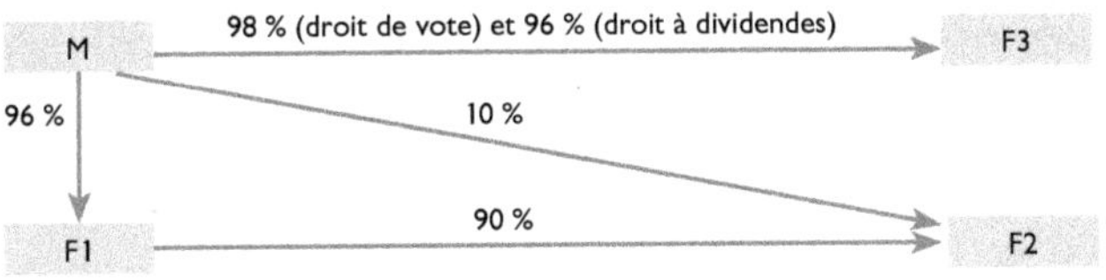

Le groupe entre dans l'intégration le 1/07/N.

Le formalisme à produire est le suivant au plus tard le 30 septembre N *(voir § 120)*.

En janvier N + 1, la société F1 est cédée à l'extérieur du groupe et les titres de F2 sont reclassés dans le groupe. Toutefois, la mère n'envisage plus d'intégrer F2 dès N + 1. En revanche, M a acheté 99 % des titres de la société F4 et compte l'intégrer dès N + 1. Le groupe est donc composé, à compter du 1/07/N + 1, des sociétés M, F3 et F4. Le formalisme à respecter avant le 30 septembre N + 1 est mentionné ci-après *(voir §§ 122 et 123)*.

Solutions

Au plus tard le 30 septembre N

120 M doit déposer à son centre des impôts :
– l'option comme suit (sur papier à en-tête de M) :

> Je, soussignée, Michèle Martin, agissant en qualité de directrice générale de la société M dont le siège social est 3, avenue de la Pelouse à Montrouge, déclare que cette société se constitue seule redevable de l'impôt sur les sociétés et des contributions additionnelles à l'IS dus par le groupe formé par elle-même et les sociétés qui figurent sur la liste ci-jointe, en application des dispositions de l'article 223 A, alinéa 1 du code général des impôts.
> Conformément à ces dispositions, la durée d'application de la présente option est de cinq exercices à compter du 1/07/N.
> Les attestations par lesquelles les sociétés filiales membres du groupe donnent leur accord sont ci-jointes.
> Fait à Montrouge, le 20/09/N
> La directrice générale
> Signature manuscrite de Mme Michèle Martin

– la liste des sociétés intégrées complétée comme suit (en pratique le modèle Cerfa 2029-B bis) :

Société du périmètre	Adresse	Premier exercice d'entrée	Taux de détention par la société mère	
			Directe	Indirecte
M		OUI	-	-
F1		OUI	96 %	-
F2		OUI	10 %	90 %
F3		OUI	96 % (1)	-

(1) Mettre le pourcentage le plus faible en cas de droits de vote différents des droits à dividendes.

– les accords de toutes les filiales intégrées mais dont seul l'accord de F1 est reproduit ici (papier à en-tête de F1) :

> Je, soussigné, Luc Fournier, agissant en qualité de gérant de la société F1 dont le siège social est à Menton, 165, rue du Trésor, autorise la société M, dont le siège social est à Montrouge, 3, avenue de la Pelouse, à se constituer seule redevable de l'impôt sur les résultats de ladite société en vue de la détermination du résultat d'ensemble du groupe, conformément aux dispositions de l'article 223 A, alinéa 1 du code général des impôts et ce, à compter du 1/07/N.
> Cette attestation est valable pour la durée d'application restant à courir de l'option pour le régime de groupe, prévu à l'article 223 A, alinéa 1 du code général des impôts, formulée par la société désignée ci-dessus.
> Fait à Menton, le 20/09/N
> Le gérant
> Signature manuscrite de M. Luc Fournier

Procédure de mise à jour du périmètre avant le 30 septembre N + 1

121 Les états à produire avant le 30 septembre N + 1 (sauf délais particuliers) sont les suivants.

À produire par M

122 • Liste mise à jour du périmètre (2029-B bis cadre I)

Liste des sociétés intégrées au titre de l'exercice ouvert le 1/07/N + 1 et clos le 30/06/N + 2

Société du périmètre	Adresse	Premier exercice d'entrée	Taux de détention par la société mère	
			Directe	Indirecte
M		NON	-	-
F3		NON	96 %	-
F4		OUI	99 %	-

• Accord de F4 à joindre (même modèle que celui présenté pour F1 au début de l'intégration).

• Liste des sociétés sortantes au titre de l'exercice suivant et produite avant le 30/09/N + 1 dans le cadre de la mise à jour du périmètre d'intégration du groupe M pour l'exercice ouvert le 1/07/N + 1 (2029-B bis cadre II).

Dénomination	Adresses
F2	

À produire les filiales

123 • F4 produit son accord à son centre des impôts.

La société F2 devra produire sur papier à en-tête à son centre des impôts un document signifiant sa sortie comme suit.

> Je, soussigné, Bertrand Noël, agissant en qualité de directeur général de la société F2 dont le siège social est à Paris, 56, rue du Mont-Thabor, 75001, déclare que les résultats de cette société cessent d'être pris en compte par la société M dont le siège social est à Montrouge, 3, avenue de la Pelouse, 94360, en vue de la détermination du résultat d'ensemble du groupe dont elle est la mère, à compter du 1er juillet N + 1.
> Fait à Paris, le 25 septembre N + 1
> Le directeur général
> Signature manuscrite de M. Bertrand Noël

➜ **Remarque.** Lors de la liquidation de l'IS de l'exercice clos le 30/06/N + 1, soit au plus tard le 15/10/N + 1, il convient de produire également l'état 2029-B qui précise le périmètre définitif pour l'exercice clos le 30/06/N + 1. Cette formalité n'est pas substantielle comme la formalité décrite ci-dessus.

État 2029-B

Liste des sociétés membre du groupe au titre de l'exercice clos le 30/06/N + 1

Société du périmètre d'intégration fiscale	Adresse	Premier exercice d'entrée dans le groupe	Taux de détention par la société mère	
			Directe	Indirecte
M		OUI		
F2		OUI	10 %	90 %
F3		OUI	96 %	

Liste des sociétés sortantes du groupe au titre de l'exercice clos le 30/06/N+1

Société du périmètre d'intégration fiscale	Adresse
F1	

Tableau récapitulatif des formalités d'option et de mise à jour de périmètre (hors présence de sociétés intermédiaires - voir § 60)

Hypothèses

124 Entrée dans l'intégration le 1/01/N.

Les mots soulignés représentent chacun une formalité distincte.

Étapes	Date limite de production des documents	Formalités de la mère (à son centre des impôts)	Formalités des filiales (à leur centre des impôts)	Références de l'ouvrage à utiliser
A	31/03/N (1)	Option		§ 102
		Liste des sociétés		§ 102
		Accords des filiales	Accords des filiales	§ 103
B		Liste mise à jour pour N + 1 (2029-B bis)		§ 107
		Accords des nouvelles filiales	Accords des nouvelles filiales	§ 107
	31/03/N + 1 (1)	Liste des sociétés sortantes :		§ 110
		– sortie obligatoire		
		– sortie volontaire	Dénonciation de l'accord	§ 110
		Notification de changement de date de clôture		§ 117
		ou		
		2029-B bis reconduit si pas de changement pour N + 1		§ 105

Étapes	Date limite de production des documents	Formalités de la mère (à son centre des impôts)	Formalités des filiales (à leur centre des impôts)	Références de l'ouvrage à utiliser
C	15/05/N + 1	Liste définitive pour N (Cerfa 2029-B)		§ 123
D	31/03/N + 2 (1)	Idem B et C	Idem B	
E	31/03/N + 3 (1)	Idem B et C	Idem B	
F	31/03/N + 4 (1)	Idem B et C	Idem B	
G	31/03/N + 5 (1)	Cas 1 - renouvellement sans changement de périmètre et de date de clôture	Production du 2029-B bis sans changement	§ 113
	31/03/N + 5 (1)	Cas 2 - renouvellement sans changement de date de clôture mais le périmètre évolue : Idem B et C (2)	Idem B	§§ 114 et 116
	31/03/N + 5 (1)	Cas X - renouvellement avec changement de clôture en N + 5 : Notification par la société mère du changement de date de clôture Formalités classiques de changement de date de clôture (2)	Notification de changement de date de clôture	§ 117
	31/03/N + 5 (1)	Cas 4 - pas de renouvellement Dénonciation de l'option		§ 118
	15/05/N + 6	Liste définitive pour N + 5 (Cerfa 2029-B)		§ 123
H	31/03/N + 6 (1)	Idem B et C	Idem B	
I	31/03/N + 7 (1)	etc.	etc.	

(1) Sauf délais particuliers ; c'est le cas pour les exercices clos le 31 décembre.
(2) Les cas 2 et X peuvent être combinés.

Le coin des néophytes

Question : Est-il possible de rectifier un dépôt de formalité d'option ou de mise à jour erroné ?

Réponse :

Non. Passé la date limite du dépôt concerné, aucune rectification ou complément n'est possible.

Question : À quelle date limite le dépôt doit-il être réalisé ?

Réponse :

La question de l'appréciation de la date limite pour produire ces documents a pu faire l'objet de différents litiges par le passé notamment sur la qualité du prestataire chargé de véhiculer le document. L'article L. 286 du LPF dans sa dernière rédaction qui date de 2016 a réglé en bonne partie le problème en précisant notamment que « toute personne tenue de respecter une date limite ou un délai pour présenter une demande, déposer une déclaration, exécuter un paiement ou produire un document auprès d'une autorité administrative peut satisfaire à cette obligation au plus tard à la date prescrite au moyen d'un envoi de correspondance, le cachet apposé par les prestataires de services postaux autorisés... faisant foi... ». Les prestataires autorisés étant ceux visés au titre de l'article L. 3 du code des postes et des communications électroniques. Lorsqu'il s'agit d'envoi électronique, c'est la date figurant sur l'accusé de réception ou, le cas échéant, sur l'accusé d'enregistrement adressé à l'usager par la même voie qui fait foi.

PARTIE 4

OBLIGATIONS DES SOCIÉTÉS DU GROUPE

Partie 4

OBLIGATIONS DES SOCIÉTÉS DU GROUPE

Deux étapes

150 Le processus d'élaboration d'une intégration fiscale se réalise en deux temps.

❶ Dans une première étape, chaque société, y compris la société mère, va devoir :

– déterminer son propre résultat en vue du calcul du résultat d'ensemble. Ce calcul va se réaliser, en pratique, sur la liasse « classique » (composée des états Cerfa 2050 à 2059, plus le 2065), mais avec un certain nombre de règles différentes de celles du droit commun. Le résultat déterminé sur cette déclaration est repris pour calculer le résultat d'ensemble. Lors de son établissement, il sera nécessaire d'utiliser un état spécial, dit « Fiche de plafonnement 2058 FC » ;

– compléter une liasse « bis » (composée de deux tableaux Cerfa 2058 A bis et 2058 B bis), qui va permettre de calculer le résultat comme si la société n'avait jamais été intégrée. Ce résultat n'entre pas directement dans le processus d'élaboration de l'intégration fiscale. Il va permettre, pour l'essentiel, d'une part, de calculer l'impôt interne dont la filiale est redevable vis-à-vis de la société mère et, d'autre part, de déterminer, le cas échéant, le montant de la participation des salariés de la société concernée.

❷ Dans une seconde étape, le service d'intégration fiscale va devoir procéder au calcul du résultat du groupe. Cette seconde étape est développée dans la partie « Détermination du résultat d'ensemble ».

La présente partie a donc pour vocation de développer uniquement la première étape.

Pour ce faire, nous nous interrogerons immédiatement sur le pourquoi d'une double déclaration pour chaque société intégrée, puis sur la manière de calculer chacun de ces résultats.

Pourquoi chaque société doit-elle procéder à la détermination d'un double résultat ?

Deux rôles = deux résultats

151 Ce principe du double résultat, établi sur deux liasses différentes pour chaque société intégrée, donne souvent lieu à une confusion importante.

Pourtant, ce principe, jugé complexe par certains, est indispensable car chaque société intégrée assume deux rôles distincts : tantôt membre d'un groupe, tantôt société à part entière. Un résultat est nécessaire pour chaque rôle.

Prenons un exemple simplificateur pour comprendre cette situation.

EXEMPLE

Une société intégrée entre dans l'intégration et dégage en N, qui est le premier exercice d'intégration, un déficit comptable et fiscal de 1 000 et un bénéfice comptable et fiscal de 1 000 pour le second exercice d'intégration.

Si la société n'était pas intégrée, les résultats fiscaux qu'elle dégagerait seraient les suivants :
- exercice N : - 1 000 ;
- exercice N + 1 : + 1 000, mais sous déduction de la perte née en N, soit, en définitive, un résultat de zéro.

152 Si les sociétés intégrées continuaient à calculer leur résultat de cette manière dans l'intégration, il en résulterait que la société mère reprendrait un résultat de – 1 000 pour le calcul du groupe en N et un résultat de zéro en N + 1. Or, ce dernier tient compte d'un déficit N qui est déjà remonté dans le groupe en N et utilisé ou en report dans le groupe intégré.

Il faudrait donc, pour éviter que le groupe utilise deux fois cette perte de 1 000 née en N, procéder à la modification du résultat de N + 1 lors de la reprise par la mère pour qu'il redevienne un montant de 1 000. Cette modification ne serait certes pas impossible mais serait difficile à suivre et source d'erreurs importantes, notamment dans des cas complexes sur plusieurs exercices. C'est, notamment, pour éviter la confusion qui pourrait résulter d'une telle démarche que les sociétés intégrées doivent calculer leurs résultats de l'exercice N + 1 qui seront utilisés par la mère intégrante sans tenir compte de la perte dégagée en N. Et, pour être certain que ce déficit ne peut pas être imputé en N + 1 par la filiale, la perte de N ne pourra pas être reportée sur la déclaration fiscale 2058 B.

Toutefois, si cette société est filiale, elle va également avoir besoin de connaître son résultat de zéro pour N + 1. En effet, lorsqu'elle devra constater son impôt sur les sociétés vis-à-vis de la mère intégrante, si elle se basait sur le résultat de 1 000 en N + 1, cela l'obligerait à constater un IS en N + 1 de 333. Or, les conventions d'intégration fiscale prévoient, la plupart du temps, l'obligation pour cette société de constater un IS basé sur le résultat de zéro en N + 1, car c'est ce montant qui aurait été constaté en l'absence d'intégration fiscale. En conséquence, ce résultat de zéro est également indispensable.

D'où l'idée de créer deux déclarations, l'une qui mentionnera le résultat de 1 000 en N + 1 et l'autre le résultat de zéro.

Les déclarations utilisables pour chacun des résultats

153 En pratique, le résultat de 1 000 sera calculé sur la déclaration classique composée des états Cerfa 2050 à 2059 et le résultat de zéro, comme si la société était imposée séparément, sera déterminé sur la liasse bis (créée par l'administration pour les besoins de l'intégration), composée des états 2058 A bis et 2058 B bis. Ce choix déclaratif permet, en fait, à chaque société intégrée de pouvoir sortir de l'intégration avec sa déclaration classique sans être obligée de modifier en aucune façon les éléments qui s'y trouvent, notamment les pertes reportables, d'où une sécurité et une facilité accrues, même en cas de sortie. En un mot : une déclaration toujours prête pour la sortie !

En effet, si la société ci-dessus sort de l'intégration dès N + 1, il faudra qu'elle calcule son impôt vis-à-vis du receveur. Si cette société réalise en N + 1 un résultat de 1 000, elle devra payer au receveur des impôts un impôt basé sur un résultat de

1 000 ; elle ne pourra pas, en effet, cette fois, utiliser le déficit de 1 000 généré en N pour calculer son impôt car ce dernier reste, sauf cas particulier, acquis définitivement à la société mère. Le déficit de 1 000 né pendant l'intégration n'étant pas reporté sur le Cerfa 2058 B propre à cette déclaration classique, la sortie pourra se réaliser sans modifier les éléments y figurant. Quant à la déclaration « bis », elle n'est plus opérationnelle après la sortie vis-à-vis de l'État.

En réalité, cet exemple, volontairement simplificateur, ne tient pas compte d'autres motifs qui ont poussé le législateur à obliger les sociétés intégrées à élaborer un double résultat. Nous découvrirons également ces autres motifs dans les paragraphes suivants.

Détermination du résultat des sociétés intégrées en vue du calcul du résultat d'ensemble

Ou comment compléter la liasse classique Cerfa 2050 à 2059 et la 2065 (+ le 2058 FC)

154 En principe, le résultat des sociétés intégrées à reprendre pour le calcul du résultat du groupe doit être déterminé suivant les règles de droit commun. C'est ce que nous indique le code général des impôts, à l'article 223 A.

En réalité, cela n'est vrai que partiellement.

En effet, le résultat des sociétés intégrées va devoir être calculé avec certaines règles qui ne sont pas de droit commun mais spécifiques à l'intégration.

Sur un plan pratique, ce calcul se réalise sur la déclaration classique que toute société remplit, même en l'absence d'intégration fiscale.

Toujours est-il que ce calcul nécessite de connaître des règles particulières, lesquelles concernent essentiellement les sociétés en pertes. Des dispositions spécifiques existent ainsi sur les points suivants :
- les modalités d'imputation des pertes antérieures à l'intégration fiscale ;
- le traitement des pertes nées pendant l'intégration.

Mais il existe également d'autres aspects dont nous indiquerons l'essentiel.

Les modalités d'imputation des pertes antérieures à l'intégration fiscale par chaque société

Le principe

155 Lorsqu'une société entre dans l'intégration avec des pertes encore reportables (cela pourra être des déficits ou encore des moins-values à long terme), la question de leur utilisation est délicate. En effet, il ne saurait être question de permettre à ces pertes de pouvoir s'imputer sur les bénéfices que pourraient dégager d'autres sociétés du groupe pendant l'intégration. Si cela s'avérait pos-

sible, il suffirait d'entrer une société riche de déficits dans un groupe composé de sociétés dégageant des bénéfices pour y parvenir. Les sociétés déficitaires se négocieraient alors à des prix astronomiques, le tout sur le dos de l'État. C'est pourquoi le législateur précise, sans aucune ambiguïté, que les déficits subis par une société du groupe, au titre d'exercices antérieurs à son entrée dans le groupe, ne sont imputables que sur son bénéfice (CGI art. 223 I, 1).

Mais ce principe, à lui seul, est insuffisant pour éviter complètement de telles imputations.

En effet, si l'imputation directement sur le résultat d'autres sociétés est écartée par cet article du CGI, une telle imputation pourrait, dans certains cas, se réaliser indirectement.

Prenons le cas d'un groupe qui démarre l'intégration en N et est composé de trois sociétés : M, F1 et F2.

La société F1 entre dans l'intégration avec un déficit reportable de – 1 000.

En N, toutes les sociétés réalisent un résultat de zéro, sauf F2 qui réalise un bénéfice fiscal de + 1 000.

En l'état, et d'après le principe évoqué ci-dessus, le résultat du groupe doit être de 1 000 et l'IS de 333, car il n'est pas possible d'imputer directement le déficit de – 1 000 né avant l'intégration chez F1 sur le bénéfice de F2.

Toutefois, si le groupe procédait à une opération de subvention de M au profit de F1 pour un montant de 1 000, le résultat de M serait alors de – 1 000 (en supposant le caractère déductible de cette subvention acquise), le résultat de F1 serait alors de + 1 000 avant imputation des pertes reportables et celui de F2 serait toujours de + 1 000.

En l'absence d'autres textes spécifiques à l'intégration, rien n'empêcherait F1 d'imputer son déficit de 1 000 sur son bénéfice créé par la subvention intragroupe reçue. Le résultat serait alors de zéro pour elle.

Au total, le groupe aurait au cumul un résultat de zéro et aucun impôt ne serait dû. Le résultat d'ensemble est alors identique à celui que le groupe aurait obtenu en imputant le déficit antérieur à l'intégration de 1 000 de F1 sur le bénéfice né pendant l'intégration de F2.

Aussi, afin d'éviter que de telles opérations au caractère interne marqué permettent une telle imputation indirecte, le législateur a été obligé de mettre en place des textes spécifiques. C'est l'objet de la règle dite « du plafonnement ».

La règle du plafonnement (CGI art. 223 I, 4)

156 Pour les motifs évoqués ci-dessus, la règle du plafonnement a pour objectif d'éviter que certaines sociétés puissent imputer leurs pertes antérieures à l'intégration sur des bénéfices issus de certaines opérations. Pour ce faire, chaque société va être obligée, au moment où elle procédera à cette imputation, de neutraliser de son résultat fiscal les profits résultant de certaines opérations énumérées de manière exhaustive par le législateur. À noter que, dans un cas particulier, il convient de neutraliser également les pertes dégagées *(voir § 158)*.

La liste des profits (et, dans un cas, des pertes) à neutraliser comporte des opérations qui sont fréquentes, surtout dans les grands groupes : les abandons de créances internes, les subventions internes et les cessions d'immobilisations internes au groupe intégré. Elles comportent également des opérations moins fréquentes : les écarts de réévaluations libres et certains effets d'opérations de fusions ou d'apports partiels d'actifs.

Sur un plan pratique, ces neutralisations sont réalisées sur un état Cerfa spécifique, le 2058 FC (« FC » = fiche de calcul du plafonnement), qui est un état obligatoire à déposer par chaque société intégrée avec sa propre déclaration fiscale. Cet état permet de calculer le résultat fiscal plafonné, c'est-à-dire celui que la société aurait eu si elle n'avait pas bénéficié des opérations spécifiquement visées par le législateur. Le résultat ainsi obtenu est nommé « résultat fiscal plafonné » ; il permet uniquement de déterminer quel montant de pertes antérieures à l'intégration peut être imputé chez chaque société intégrée. C'est le seul rôle joué par ce résultat fiscal plafonné. En pratique, ce résultat plafonné n'apparaît pas en tant que tel sur la déclaration 2058 A. Il ne sera d'aucune utilité si la société ne dispose pas de pertes reportables antérieures à l'intégration (malgré tout, dans ce cas, il convient de compléter la fiche 2058 FC pour information). Il permet donc uniquement de limiter l'imputation de la perte antérieure à l'intégration sur les états 2058 A et 2058 B de la société. Le tableau 2058 FC ne sert plus pour la suite de l'intégration.

Précisions

- Outre l'application de la règle du plafonnement, l'imputation des déficits antérieurs à l'intégration sur le résultat plafonné est soumise également aux limites de l'imputation générale fixée par l'article 209-I du CGI, en place dès les exercices clos depuis le 21 septembre 2011, et dont les seuils ont évolué pour les exercices clos à compter du 31 décembre 2012 *(voir § 253)*.

Ainsi, pour les exercices clos à compter du 31 décembre 2012, les déficits antérieurs à l'intégration fiscale ne peuvent s'imputer que sur un résultat plafonné au sens de l'article 223 I-4 du CGI et, de surcroît, dans la limite d'un million d'euros plus 50 % du bénéfice plafonné qui excède ce plafond.

- La majoration du plafond d'un million d'euros au titre des abandons de créances consentis à une société en difficulté *(voir § 253)* peut s'appliquer sur la déclaration 2058-A en l'état actuel des textes (BOFiP-IS-GPE-20-10-§ 150-02/03/2016), étant précisé que seule la société en difficulté qui bénéficie de l'abandon de créances peut majorer cette limite du montant de l'abandon qui lui a été consenti (précision apportée dans le cadre de la loi de finances pour 2017, loi 2016-1917 du 29 décembre 2016, art. 17).

La neutralisation des profits résultant des abandons de créances internes au groupe intégré pour le calcul du résultat plafonné

157 Cette neutralisation consiste à soustraire du résultat fiscal les effets positifs provoqués sur ce résultat par les abandons de créances et subventions internes reçus d'autres sociétés du groupe intégré. Autrement dit, l'objectif est de calculer le résultat fiscal des sociétés qui bénéficient d'aides tel qu'il aurait été si aucune opération d'abandons ou de subventions intragroupe intégré n'avait été réalisée.

Les montants à soustraire du résultat fiscal concernent :
– les abandons de créances intragroupe reçus et les subventions directes reçues et imposées. Ces montants sont faciles à détecter car ils sont lisibles dans la comptabilité de la société et ils sont généralement imposés dans le résultat fiscal ;

cerfa

N° 10240 * 22

Formulaire obligatoire (article 223 A à U du code général des impôts)

Liberté • Égalité • Fraternité
RÉPUBLIQUE FRANÇAISE

N° 2058-FC-SD 2018

DIRECTION GÉNÉRALE
DES FINANCES PUBLIQUES

RÉGIME FISCAL DES GROUPES DE SOCIÉTÉS

FICHE DE CALCUL DU PLAFONNEMENT DES RÉSULTATS ET DES PLUS-VALUES NETTES À LONG TERME POUR L'IMPUTATION DES DÉFICITS ET MOINS-VALUES ANTÉRIEURS À L'ENTRÉE DANS LE GROUPE

(À souscrire par chaque société du groupe)

Dénomination de la société

N° SIRET

Adresse du service des impôts des entreprises où est déposée la déclaration de résultats :

Exercice ouvert le : clos le : Néant [ ] *

EXEMPLAIRE DESTINÉ À L'ADMINISTRATION

Plafonnement des plus-values nettes à long terme d'imputation (Art. 223 I 4 du CGI)		**19 %** (1)	**15 %**	**0 %**
Plus ou moins-values nettes à long terme déterminées par l'entreprise	1			
Plus-values à long terme résultant de certaines cessions et non retenues pour la détermination de la plus ou moins-value nette à long terme d'ensemble y compris les plus-values de transfert de titres de compte à compte dont le report d'imposition cesse du fait de la cession	2			
Plus-values à long terme provenant de cessions hors du groupe d'immobilisations non amortissables ayant fait l'objet d'un apport qui a bénéficié des dispositions de l'article 210 A du CGI à hauteur de la plus-value d'apport	3			
Moins-values à long terme résultant de cessions relevant de l'article 223 F du CGI	4			
Plus-values nettes à long terme utilisées pour l'imputation des déficits et moins-values nettes à long terme antérieurs : 1 – (2 + 3) + 4	5			

Plafonnement du bénéfice d'imputation (Art. 223 I 4 du CGI)		
Résultat fiscal avant imputation des déficits reportables (Bénéfice : 2058 A-SD ligne XI) (ou déficit : 2058 A-SD ligne XJ)	6	
Abandons de créances et subventions directes et indirectes	7	
Plus-values à court terme et résultats provenant de certaines cessions et non retenues pour la détermination du résultat d'ensemble y compris les résultats de transfert de titres de compte à compte dont le report d'imposition cesse du fait de la cession	8	
Plus-values à court terme provenant de cessions hors du groupe d'immobilisations non amortissables ayant fait l'objet d'un apport qui a bénéficié des dispositions de l'article 210 A du CGI à hauteur de la plus-value d'apport	9	
Plus-values sur immobilisations amortissables dégagées lors d'un apport qui a bénéficié du régime de l'article 210 A du CGI et qui sont réintégrées par la société bénéficiaire de cet apport	10	
Réévaluations libres	11	
Pertes provenant de cessions relevant de l'article 223 F du CGI	12	
Bénéfice utilisé pour l'imputation des déficits antérieurs : 6 – (7 + 8 + 9 + 10 + 11) + 12	13	

N° 2058-FC-SD – (SDNC-DGFiP) – Janvier [illegible]

(1) pour les cessions de titres de sociétés à prépondérance immobilière cotées, pour les exercices ouverts à compter du 31 décembre 2007.

* Des explications concernant cette rubrique sont données dans la notice.

Remarque

Ces montants peuvent parfois ne pas avoir été compris dans le résultat fiscal, dans ce cas, une déduction extra-comptable a été réalisée sur l'état 2058-A lorsque la société applique l'article 216 A du CGI (1) ; dans de telles hypothèses, aucune neutralisation ne doit avoir lieu pour le calcul du résultat plafonné.

(1) Non-imposition de certains abandons de créances intragroupe reçus en cas d'engagement, dans certaines conditions, d'augmentation de capital en numéraire.

– les subventions indirectes reçues. Il s'agit des avantages dont la société a bénéficié du fait, par exemple, de sous-facturation ou de non-facturation vis-à-vis d'autres sociétés intégrées. Le cas le plus fréquent est celui des prêts intragroupe dont bénéficierait une société du groupe et dont les intérêts ne sont pas facturés ou sous-facturés (prêt à taux zéro de la société mère à la filiale, par exemple). Mais il peut s'agir d'autres prestations ou cessions, telles que des prestations sous-facturées (loyers, travaux administratifs, etc.) ou même, dans les cas extrêmes, de cessions d'immobilisations réalisées entre sociétés du même groupe intégré et cédées pour des prix minorés ou majorés. Dans ce cas, inutile de les chercher dans la balance comptable car, par définition, ils n'ont pas été comptabilisés explicitement. Malgré cette non-comptabilisation, il convient de soustraire du bénéfice fiscal l'avantage indirect obtenu par la société du groupe qui a bénéficié de cette opération. Cela étonne d'ailleurs parfois le professionnel cartésien de devoir soustraire du résultat fiscal un montant non comptabilisé. En réalité, la neutralisation permet d'obtenir le résultat fiscal que l'on aurait eu si la prestation avait été facturée correctement dès l'origine. Cela, toujours dans le but de ne pas permettre une imputation de pertes antérieures à l'intégration sur des bénéfices issus d'avantages internes au groupe.

À ce propos, il convient de préciser qu'il ne s'agit pas d'interdire une telle imputation sur les bénéfices dégagés par les opérations courantes de l'entreprise. Cela serait, bien entendu, trop pénalisant et peu crédible économiquement. Ainsi, par exemple, si une société vend des produits à une autre société du groupe intégré, il sera possible, bien évidemment, d'imputer les pertes antérieures à l'intégration disponibles chez la société vendeuse sur le bénéfice dégagé du fait de ces opérations dès lors que le prix de transfert est un prix normal au sens fiscal. Mais, attention, si la cession interne comportait un prix surévalué par rapport au prix normal acceptable sur le plan fiscal, alors le bénéfice qui proviendrait de ce surprix (et qui correspond, en fait, à une subvention perçue), et uniquement cette fraction, ne pourrait pas être utilisé pour imputer des pertes antérieures à l'intégration car il s'agirait alors de subventions internes au groupe.

→ **Dernière précision.** Seuls les effets positifs de ces opérations d'aides sont soustraits du résultat fiscal. Au contraire, les effets négatifs engendrés par ces opérations ne sont pas ajoutés pour déterminer le résultat plafonné des sociétés qui octroient l'abandon ou la subvention.

Exemple

(en euros)

La filiale F1 est entrée dans l'intégration le 1/01/N.

Elle dispose, à cette date, d'un déficit reportable de 30 000 figurant sur sa déclaration 2058-B.

La filiale F1 a bénéficié, en N, de sa société mère M :
- d'un abandon de créances intragroupe de 1 000 qui a été non déduit chez M, mais imposé chez F1 ;

- d'un prêt d'argent de 10 000 à 0 % ; le taux normal du marché est, par hypothèse, de 5 % ;
- d'un loyer annuel pour 5 000, alors que le prix normal du loyer aurait dû être de 11 000.

Par ailleurs, les autres opérations de l'exercice laissent ressortir un résultat comptable de 28 700 incorporant une TVS (taxe sur les véhicules de sociétés) non déductible pour 150. Aucun amortissement par simplification n'a été constaté.

Le résultat plafonné de M sera, du seul fait de ces opérations, identique à son résultat fiscal ordinaire car M n'a reçu aucune subvention intragroupe. Les déficits antérieurs à l'intégration, présents le cas échéant chez M, seront imputés sur ce résultat fiscal.

En revanche, le résultat fiscal plafonné de F1 devra faire l'objet d'un calcul particulier comme suit.

Le résultat comptable de F1 est de :

Abandon reçu	1 000
Prêt d'argent	0
Loyer annuel	– 5 000
Résultat des autres opérations	28 700
	24 700

État 2058 FC

Résultat fiscal		24 850
Subventions reçues	(a)	– 7 500
Résultat plafonné		**17 350**

État 2058 A

	Codes Cerfa		
Résultat comptable avant IS		24 700	
TVS		150	
Résultat fiscal avant toute imputation	(XI)	**24 850**	
Imputation de déficit	(XL)	17 350	(imputation du déficit de 30 000 limité au résultat plafonné du 2058 FC) (b)
Résultat fiscal définitif	(XN)	**7 500**	(montant de résultat repris par la société mère du groupe pour l'intégration)

État 2058 B

Déficit ordinaire reportable

Début exercice	Imputation	Solde
30 000	17 350	12 650

État 2058 A bis
(pour mémoire)

	Codes Cerfa		
Résultat comptable avant IS		24 700	
Réintégrations		150	
Résultat fiscal avant toute imputation	(F2)	**24 850**	
Imputation de déficit	(F6)	24 850	(imputation du montant de 30 000 limité au résultat de 24 850)
Résultat fiscal définitif	(F8/F9)	0	(montant de résultat utilisé pour calculer l'impôt dû par F1 à la société mère [hypothèse d'une convention classique dite de « neutralité »])

État 2058 B bis (pour mémoire)

Début exercice	Imputation	Solde
30 000	24 850	5 150

(a) 7 500 = abandon reçu : 1 000 + taux insuffisant du prêt (5 % de 10 000) : 500 + loyer insuffisant : 6 000 (soit 11 000 – 5 000).
(b) En outre, cette imputation est soumise le cas échéant aux limites générales issues de l'article 209-I du CGI *(voir § 156 précisions)*.

Neutralisation des plus ou moins-values sur cessions internes au groupe intégré d'actifs immobilisés pour le calcul du résultat plafonné et de la plus ou moins-value à long terme plafonnée

158 Cette neutralisation consiste à soustraire (ou à ajouter, cette fois) du résultat fiscal (ou de la plus ou moins-value nette à long terme) les effets positifs (ou négatifs) provoqués sur ce résultat (ou sur cette plus ou moins-value nette à long terme) par les opérations de cessions d'immobilisations internes au groupe intégré. Les opérations visées sont les mêmes que celles décrites dans la partie relative aux cessions d'immobilisations intragroupe *(voir § 218)*.

Pour l'essentiel, il s'agit des opérations portant sur des actifs immobilisés amortissables (matériel, constructions, etc.) ou non amortissables (terrains, marques, brevets, fonds de commerce, etc.). Sont concernées également les cessions internes au groupe de titres de participation et de placement.

Là encore, l'objectif est de calculer le résultat fiscal tel qu'il aurait été si aucune opération de cessions d'immobilisations intragroupe n'avait été réalisée chez la cédante.

Les montants à neutraliser concernent, en principe, la plus ou moins-value acquise par le bien depuis son entrée au bilan de la société cédante, et ce même si elle s'est formée au fil du temps avant que la société ne soit entrée dans l'intégration, du moment que la cession intervient pendant l'intégration. Au contraire, ne sont pas à soustraire les résultats dégagés par les cessions internes de stocks, par exemple.

Précisions

- Dans le cas où la plus-value fiscale serait différente de la plus-value comptable, la neutralisation sera égale, suivant les cas, soit à la plus-value comptable, soit à la plus-value fiscale *(voir § 218)*.
- La neutralisation concerne tant le résultat fiscal que la plus ou moins-value nette à long terme de l'entreprise ; ce dernier cas concerne, en fait, uniquement les cessions de titres de participation dégageant des plus ou moins-values relevant du régime du long terme (1). Ce calcul devra être réalisé alors pour chaque taux de plus-value à long terme (taux à 0 %, 19 %).

Le calcul, même pour le taux à 0 %, résulte du fait que la plus ou moins-value relevant de ce taux fait l'objet d'un calcul complet, même si elle est imposée à 0 % *in fine* *(voir § 257)*.

Note : (1) Ces plus-values à long terme relèveront soit d'un taux de 0 %, sous réserve d'une quote-part de 12 % du résultat brut des plus-values de cession qui sera imposable au taux courant, soit d'un taux de 19 %.

Exemple

(en euros)

La filiale F2 est entrée dans l'intégration le 1/01/N.

Elle dispose d'un déficit reportable de 50 000 figurant sur sa déclaration 2058 B.

La filiale F2 a cédé à la société intégrée F3 :
- un terrain pour 100 000, en dégageant une plus-value de 80 000 ;
- du matériel et de l'outillage pour 10 000, en dégageant une plus-value de 500. Le bien est amorti sur 4 ans chez F3 ;
- du matériel de transport pour 50 000, en dégageant une moins-value de 8 000.

Par ailleurs, les autres opérations de l'exercice laissent ressortir un résultat comptable de 40 000 comprenant des provisions non déductibles pour 5 000. Aucun amortissement par simplification n'a été constaté.

Le résultat comptable de F2 est de :

Cession du terrain	80 000
Cession du matériel	500
Cession du matériel de transport	– 8 000
Résultat des autres opérations	40 000
	112 500

État 2058 FC

Résultat fiscal	117 500
Plus-value	– 80 500
Moins-value	+ 8 000
Résultat plafonné	**45 000**

État 2058 A

	Codes Cerfa		
Résultat comptable avant IS		112 500	
Provision non déductible		5 000	
Résultat fiscal avant toute imputation	(XI)	**117 500**	
Imputation de déficit	(XL)	45 000	(imputation du déficit de 50 000 limité au résultat plafonné du 2058 FC (1)
Résultat fiscal définitif	(XN)	**72 500**	(montant de résultat repris par la société mère du groupe pour l'intégration)

État 2058 B

Déficit ordinaire reportable		
Début exercice	Imputation	Solde
50 000	45 000	5 000

État 2058 A bis
(pour mémoire)

	Codes Cerfa		
Résultat comptable avant IS		112 500	
Réintégrations		5 000	
Résultat fiscal avant toute imputation	(F2)	**117 500**	
Imputation de déficit	(F6)	50 000	(imputation du montant de 50 000 limité au résultat de 117 500) (2)
Résultat fiscal définitif	(F8/F9)	**67 500**	(montant de résultat utilisé pour calculer l'impôt dû par F1 à la société mère [hypothèse d'une convention classique dite de « neutralité »])

État 2058 B bis **(pour mémoire)**

Déficit ordinaire reportable		
Début exercice	Imputation	Solde
50 000	50 000	0

(1) En outre, la limite de droit commun de l'article 209-I du CGI ne joue pas sur le bénéfice plafonné de 45 000 qui est inférieur à 1 million d'euros.

(2) La limite de droit commun de l'article 209-I du CGI ne joue pas sur le bénéfice de 50 000 qui est inférieur à 1 million d'euros.

EXEMPLE

Hypothèses :

Idem exemple 1, sauf que :
- les données sont en milliers d'euros ;
- l'exercice N est clos le 31/12/2012 ;
- F2 n'est pas en procédure collective.

Solutions :

Les différences avec l'exemple 1 concernent les montants de déficits imputés car les limites de droit commun mentionnées à l'article 209-I du CGI vont jouer du fait que les bénéfices d'imputation excèdent un million d'euros.

En outre, pour un exercice clos le 31/12/2012, ces limites de droit commun sont fixées à un million d'euros plus 50 % du bénéfice qui excède cette limite *(voir § 253)*.

Ainsi :
- sur la ligne XL de la déclaration 2058-A et sur le 2058-B de F2, il sera imputé un déficit de 23 000 000 euros (a) ;
- sur la ligne F6 de la déclaration 2058-A bis et sur le 2058-B bis de F2, il sera imputé un déficit de 50 000 000 euros (b).

(a) Imputation d'un déficit de 50 000 000 euros sur un bénéfice plafonné de 45 000 000 d'euros dans la limite de 1 000 000 d'euros plus 50 % (45 000 000 - 1 000 000) = 23 000 000 euros, soit une imputation de 23 000 000 d'euros.

(b) Imputation d'un déficit de 50 000 000 euros sur un bénéfice de 117 500 000 euros dans la limite de 1 000 000 d'euros plus 50 % (117 500 000 - 1 000 000) = 59 250 000 euros, soit une imputation de 50 000 000 d'euros.

Les autres neutralisations à opérer pour le calcul du résultat plafonné

159 Il s'agit :

– de l'écart de réévaluation libre pratiquée par une société intégrée pendant sa période d'intégration. Dans ce cas, cet écart étant imposable dans le résultat fiscal, il sera procédé à la neutralisation de cet écart ;

– des plus-values sur biens amortissables étalées suite à des apports reçus dans le cadre du régime de faveur des fusions depuis le 1er janvier 1989 ;

– des plus-values en sursis sur biens non amortissables devenues imposables du fait de la cession des biens, issus eux-mêmes d'apports reçus depuis le 1er janvier 1989 dans le cadre du régime de faveur des fusions.

Les modalités d'utilisation et de présentation des pertes nées pendant l'intégration fiscale

Le principe

160 Le résultat (et la plus ou moins-value nette à long terme) dégagé par chaque société intégrée sur sa déclaration classique (y compris celui de la société mère), qu'il soit bénéficiaire ou déficitaire, est, du point de vue fiscal, repris dans la déclaration d'ensemble. Autrement dit, les sociétés perdent la libre disposition de leur résultat dès sa constatation.

En conséquence, les pertes dégagées sur la déclaration 2058 A :

– ne sont pas reportables pour cette société sur sa déclaration 2058 B ;

– ne peuvent donner lieu à option pour un report en arrière des déficits (même sur les bénéfices dégagés avant l'intégration).

Le principe est le même pour chaque plus ou moins-value nette à long terme relevant d'un taux différent.

Les pertes nées pendant l'intégration chez les sociétés intégrées ne sont pas reportées en avant sur la déclaration de suivi des pertes (Cerfa 2058 B)

161 Ne sont pas reportés sur la déclaration 2058 B les déficits dès lors qu'ils sont nés pendant l'intégration.

Au contraire, ces documents de suivi 2058 B et 2059 C comportent toujours les pertes nées avant l'intégration et qui sont encore reportables, ces dernières étant utilisées, au fur et à mesure, sur les bénéfices en tenant compte, toutefois, de la règle du plafonnement *(voir § 156)*.

De même, il n'est pas possible de reporter chaque moins-value nette à long terme relevant d'un taux différent (15 % ou 19 %) née pendant l'intégration, sur la déclaration 2059-C. On rappelle en outre que la moins-value relevant du taux de 0 % n'est, en tout état de cause, jamais reportable.

Sur les déclarations 2058 A bis et 2058 B bis, au contraire, les pertes nées pendant l'intégration sont reportées sur la déclaration 2058 B bis et utilisables par chaque société pour calculer, par la suite, leur résultat comme si elles avaient été imposées séparément. Il en est de même de chaque moins-value nette à long terme reportable.

EXEMPLE

F1 est entrée dans l'intégration le 1/01/N.

Elle dispose de déficits reportables pour 500 au 1/01/N.

En N, le résultat comptable et fiscal de F1 est de - 17 000.

État 2058 A

Résultat fiscal avant toute imputation	(XI)	– 17 000	
Résultat fiscal définitif	(XO)	– 17 000	→ Montant du résultat repris par la société mère du groupe pour l'intégration

État 2058 B

Déficit ordinaire reportable		
Ouverture	500	
Déficit de l'exercice	0	→ Le déficit de 17 000 n'est pas reporté sur cette déclaration car il est remonté dans la déclaration du groupe
Déficit reportable	500	

État 2058 A bis (pour mémoire)

Résultat fiscal avant toute imputation (F 3)	– 17 000
Résultat fiscal (F 9)	– 17 000

État 2058 B bis (pour mémoire)

Déficit reportable		
Ouverture	500	
Déficit de l'exercice	17 000	→ Le déficit de 17 000 est reporté sur cette déclaration dont l'objet est de déterminer la situation telle qu'elle se présenterait en l'absence d'intégration
Déficit reportable	17 500	

Les déficits individuels des sociétés nées pendant l'intégration ne peuvent pas être reportés en arrière

162 Cette impossibilité de reporter en arrière les déficits individuels nés pendant l'intégration chez les sociétés du groupe s'applique, quelle que soit l'origine du bénéfice d'imputation (qu'il soit né pendant ou avant l'intégration de la société).

Précisions

- En pratique, cela signifie que la ligne ZL du Cerfa 2058 A de chaque société du groupe doit être vierge.
- Sur les déclarations 2058 A bis et 2058 B bis, l'administration ne semble plus s'opposer à ce que des filiales optent, de manière purement conventionnelle, pour le report en arrière des déficits. Dans ce cas, la créance conventionnelle en résultant est entre la filiale et la mère intégrante.
- En revanche, la société mère peut le cas échéant reporter en arrière le déficit d'ensemble *(voir § 254)*.

Les autres règles concernant la liasse « classique »

Établissement des cadres spécifiques

163 Sont à compléter notamment les cadres suivants :

Cerfa 2065 cadre A

164 • Date d'entrée dans l'intégration (il s'agit du premier jour d'entrée).
• Les coordonnées de la société mère intégrante (pour les filiales uniquement).

Cerfa 2058 C, cadre « régime de groupe »

165 • Le résultat dégagé et issu de la déclaration 2058 A bis (zones SA, SK, SL et SM).
• La colonne « Imputations » (SC) doit reprendre les montants globaux de crédits d'impôt imputables sur l'IS chez chaque société.
• Le résultat du groupe peut n'être complété que par la société mère (zones SD, SN, SO et SP).
• La colonne « imputations » (zone SF) pour le groupe reprend la somme des crédits d'impôts imputables sur l'IS du groupe.

Cas de certains déficits issus de sociétés de personnes de location

166 La possibilité de déduire la quote-part de certains déficits issus de sociétés de personnes de location détenues par une société intégrée s'apprécie en fonction du résultat d'ensemble (BOFiP-BIC-AMT-20-40-10-20-§ 330-12/09/2012).

Comment présenter l'assiette à 0 % dans les déclarations individuelles des sociétés intégrées ?

Chez les filiales

167 **Les filiales doivent compléter leur liasse 2058 A, comme en droit commun.**

EXEMPLE

Une filiale F1 dégage, au titre d'un exercice, un résultat comptable de 10 000 dans lequel est comprise une plus-value à long terme de 3 000 relevant du taux de 0 % dégagée suite à la cession de titres de participation détenus depuis plus de deux ans.

État 2058 A bis de F1

Résultat comptable		10 000
Déduction plus-value nette à long terme imposée à 0 %		3 000
Réintégration quote-part 12 %		360
Résultat fiscal avant toute imputation	(XI)	**7 360**
Imputation de déficit	(XL)	0
Résultat fiscal	(XO)	**7 360**

→ Montants repris par la mère pour la détermination du résultat et de la plus ou moins-value nette à long terme d'ensemble

État 2059 A de F1

Détermination des plus ou moins-values à long terme	Taux 0 %
Cession de titres	3 000

Chez la société mère

168 **La société mère doit compléter sa liasse 2058 A en tenant compte de sa situation personnelle.**

EXEMPLE

La société mère M de la filiale F1 mentionnée ci-dessus dégage elle-même les opérations suivantes :
- résultat comptable avant IS : 30 000 ;
- plus-values à long terme sur cessions de titres de participation à des sociétés non intégrées : 500 (taux à 0 %) ;
- dotations aux provisions sur titres de sociétés intégrées : 800 (taux à 0 %).

Il n'existe pas d'autres filiales.

État 2058 A de M

Résultat comptable		30 000
Réintégration moins-value nette à long terme		300
Réintégration quote-part 12 % (500 × 12 %)		60
Résultat fiscal avant toute imputation	(XI)	**30 360**
Imputation de déficit	(XL)	0
Résultat fiscal	(XO)	**30 360**

→ Montants repris par M pour la détermination du résultat et de la plus ou moins-value nette à long terme d'ensemble

État 2059 A de M

Détermination des plus ou moins-values à long terme	
Cession de titres	500
Dotation aux provisions	– 300
Moins-value nette à long terme	**+ 200**

→ Ce montant relevant du taux de 0 %, aucun report sur aucune déclaration n'est possible

Détermination du résultat des sociétés intégrées comme si elles étaient imposées séparément

Ou comment compléter les déclarations 2058 A bis et 2058 B bis

169 Chacune des sociétés intégrées doit, en plus de la liasse classique, compléter une liasse, nommée « bis », qui est composée de deux tableaux.

Le résultat dégagé sur cette liasse va permettre de réaliser les opérations suivantes :

– principalement :
  - calcul de l'impôt sur les sociétés et des contributions dus par la filiale à la mère intégrante (en fonction du type de convention retenu),
  - calcul de la participation des salariés ;

– plus rarement le calcul des droits à imputation sur l'IS du groupe des créances « carry back » acquises auprès des filiales par la mère intégrante.

Les modalités d'établissement de cette liasse sont, sur le plan des principes, identiques aux calculs réalisés si la société n'avait jamais été intégrée dans le présent groupe. Ainsi :

– si une société intégrée dispose de déficits antérieurs à l'intégration, ces derniers pourront s'imputer suivant les règles de droit commun ; le principe spécifique du plafonnement de l'article 223-I-4 du CGI évoqué ci-dessus *(voir § 157)* n'a donc pas à s'appliquer. En revanche, les limites d'imputation des déficits de droit commun prévues à l'article 209-I du CGI, en place pour les exercices clos depuis le 21/09/11, s'appliquent *(voir § 156 précisions)* ;

– si une société dégage des pertes pendant l'intégration, ces dernières sont reportées sur la déclaration 2058 B bis et utilisées, par la suite, sur les résultats dégagés sur la déclaration 2058 A bis comme elles l'auraient été en l'absence d'intégration.

Modalités pratiques d'établissement

170 La déclaration 2058 A bis se présente, sur le plan de la forme, comme l'état 2058 A, sous réserve que les détails des réintégrations et des déductions soient regroupés sous forme d'une seule ligne et cela, afin d'éviter un report inutile (ce détail n'étant pas nécessaire à ce stade).

Mais le plus important résulte du fait que les lignes représentant des décisions de gestion et concernant les plus-values à long terme et le taux courant (par exemple, modalités d'imputation sur les pertes reportables) pourront être sensiblement différentes d'une déclaration à l'autre. Cela, notamment, du fait que les pertes reportables disponibles ne sont pas nécessairement d'un montant équivalent entre les déclarations (principe du non-report des déficits nés pendant l'intégration sur la déclaration 2058 B alors que sur la déclaration 2058 B bis, ces montants sont reportés ; règles d'imputation des pertes antérieures à l'intégration qui devront tenir compte, sur la déclaration 2058 A, de la règle spécifique du plafonnement de l'article 223-I-4 du CGI *(voir § 156)* alors que cela n'est pas le cas sur la déclaration 2058 A bis).

2058 A	**2058 A bis**	
Résultat comptable	Résultat comptable	Identique entre les deux déclarations (1)
Réintégrations : • •	Somme des réintégrations • Réintégration quote-part au taux de 4 % • (1) Réintégration charges financières (« rabot »)	
Déductions : • •	Somme des déductions (hors plus-value à long terme) • (1) Déductions des intérêts différés nés pendant l'intégration	
• Plus-values à long terme : . imposées . imputées sur les moins-values . imputées sur les déficits	Plus-values à long terme : . imposées . imputées sur les moins-values . imputées sur les déficits	Partie pouvant être différente entre les deux déclarations
Résultat fiscal avant imputation	Résultat fiscal avant imputation	
Déficits antérieurs à l'intégration imputés	Déficits imputés	
Résultat fiscal	Résultat fiscal	

(1) Sous réserve, le cas échéant, des intérêts différés (CGI art. 212) nés pendant l'intégration fiscale et devenus déductibles sur la déclaration 2058-A bis ou encore de l'effet du « rabot » sur les charges financières *(voir § 769)* ou encore du différentiel de 4 % de la quote-part de frais et charges *(voir § 170 exemple)*.

EXEMPLE

M et F1 sont intégrées depuis le 1/1/N. F1 distribue au cours de N + 1, au total 5 000 de dividendes nets.

M détient 100 % de F1 et applique le régime mère-fille. Elle doit, dans sa propre déclaration fiscale, procéder à la déduction des dividendes perçus.

Toutefois, F1 doit également réintégrer une quote-part de frais et charges au taux de 1 %. Ce taux étant spécifique à l'intégration, elle doit tenir compte d'un taux de quote-part de frais et charges de 5 % sur la déclaration 2058 A bis au lieu du taux de 1 % retenu pour la détermination de la déclaration 2058 A (voir § 206). En pratique, le 2058-A bis reprenant les lignes du 2058-A, il convient de compléter en réintégrant 4 % (5 % - 1 %) sur une ligne spécifique du 2058-A bis.

Traitement chez M	2058 A	2058 A bis
2058 A		
Résultat comptable	5 000	5 000
Réintégration différentielle quote-part de 4 %		200
Régime mère-fille :		
dividendes neutralisés quote-part de frais et charges réintégrées	- 5 000 + 50 (1)	- 5 000 + 50 (1)
Résultat fiscal individuel	+ 50	+ 250
(1) 5 000 X 1 %		

Les exemples d'établissement de ces états sont présentés au paragraphe 158.

Le coin des néophytes

Question : Si l'on veut savoir de combien une filiale intégrée dispose de pertes reportables, quel document utiliser ?

Réponse :

Le Cerfa 2058 B est le plus important car il recense les pertes encore actives vis-à-vis de l'État.

Le Cerfa 2058 B bis, au contraire, recense des pertes servant uniquement à établir un certain nombre de calculs tels que le montant de l'IS dû par les filiales à la mère intégrante pendant l'intégration ; il s'agit, en fait, de pertes « conventionnelles » non utilisables pour le calcul de l'IS dû par la filiale au comptable de la DGI en cas de sortie de l'intégration.

D'ailleurs, en cas de sortie de l'intégration, les déclarations 2058 B bis et A bis ne sont plus opérationnelles.

cerfa
N° 10234 * 22
Formulaire obligatoire (article 223 A à U du code général des impôts)

Liberté • Égalité • Fraternité
RÉPUBLIQUE FRANÇAISE

N° 2058-A-*bis*-SD 2018
DIRECTION GÉNÉRALE DES FINANCES PUBLIQUES

RÉGIME FISCAL DES GROUPES DE SOCIÉTÉS

DÉTERMINATION DU RÉSULTAT DE LA SOCIÉTÉ COMME SI ELLE ÉTAIT IMPOSÉE SÉPARÉMENT

(À souscrire par chaque société du groupe)

Dénomination de la société :

N° SIRET :

Néant ☐ *

Adresse du service des impôts des entreprises où est déposée la déclaration de résultats :

Exercice ouvert le : clos le :

I - RÉINTÉGRATIONS	Bénéfice comptable de l'exercice (report de la ligne WA du 2058-A-SD)	E 1	
Réintégrations (report des lignes WD à Y3 du 2058 A-SD)		E 2	
Réintégrations des charges financières selon l'article 212 *bis* du CGI		E 9	
Réintégration de 4 % du produit des participations concernées par le taux réduit de la quote-part de frais et charges mentionnée en ligne 2A du tableau 2058-A-SD		Z 7	
	TOTAL I	E 3	
II - DÉDUCTIONS	Perte comptable de l'exercice (report de la ligne WS du 2058-A-SD)	E 4	
Déductions (report des lignes WT, WU, WZ et XA à Y2 du tableau 2058-A-SD)		E 5	
Déductions des intérêts différés selon l'article 212 du CGI, nés pendant la période d'appartenance au groupe		E X	
Plus-values nettes à long terme	• imposées au taux de 19 %	E Y	
	• imposées au taux de 15 %	E 6	
	• imposées au taux de 0 %	E Z	
	• imputées sur les moins-values nettes à long terme	E 7	
	• imputées sur les déficits antérieurs	E 8	
	• autres plus-values imposées au taux de 19 % (art. 210 E, 210 F (1), 238 *bis* JA, 208 C et 219-IV du CGI)	I 9	
III - RÉSULTAT FISCAL	TOTAL II	F 1	

Résultat fiscal avant imputation des déficits reportables	Bénéfice (I – II)	F 2		
	Déficit (II – I)	F 3		
Déficit de l'exercice reporté en arrière*		F 4		
Déficits antérieurs imputés sur les résultats de l'exercice (à détailler au cadre I du tableau n° 2058-B-*bis*)*		F 6		
Résultat fiscal	Bénéfice	F 8		
	Déficit	F 9		

* Des explications concernant cette rubrique sont données dans la notice.

1) Le taux réduit d'impôt sur les sociétés s'applique aux cessions à titre onéreux réalisées à compter du 1er janvier 2012.

1er EXEMPLAIRE DESTINÉ À L'ADMINISTRATION

N° 2058-A-BIS-SD – (SDNC-DGFiP) - Décembre 2017

cerfa
N° 10929 * 20
Formulaire obligatoire
(article 223 A à U
du code général des impôts)

Liberté • Égalité • Fraternité
RÉPUBLIQUE FRANÇAISE

N° 2058-B-*bis*-SD 2018

DIRECTION GÉNÉRALE
DES FINANCES PUBLIQUES

RÉGIME FISCAL DES GROUPES DE SOCIÉTÉS

ÉTAT DE SUIVI DES DÉFICITS ET AFFECTATION DES MOINS-VALUES À LONG TERME COMME SI LA SOCIÉTÉ ÉTAIT IMPOSÉE SÉPARÉMENT

(À souscrire par chaque société du groupe)

Néant ☐ *

Dénomination de la société :

Adresse du service des impôts des entreprises où est déposée la déclaration de résultats :

Exercice ouvert le :
clos le :

Rappel de la plus ou moins-value de l'exercice relevant du taux de 19 %	
Rappel de la plus ou moins-value de l'exercice relevant du taux de 15 %	
Rappel de la plus ou moins-value de l'exercice relevant du taux de 0 %	
Gains nets d'ensemble retirés de la cession d'éléments d'actif exclus du régime des plus ou moins-values à long terme (art. 219 I a *sexies*-0 du CGI)	

1er EXEMPLAIRE DESTINÉ À L'ADMINISTRATION

I - SUIVI DES DÉFICITS*

Déficits restant à reporter au titre de l'exercice précédent (1)	M5	
Déficits imputés	J9	
Déficits reportables	M6	
Déficits nés au titre de l'exercice	H8	
Total des déficits restant à reporter	H9	

(1) Report de la ligne H9 du tableau 2058-B-bis-SD déposé au titre de l'exercice précédent.

II - ÉLÉMENTS ASSUJETTIS AU RÉGIME FISCAL DES MOINS-VALUES À LONG TERME

Origine		Moins-values			Imputations sur les plus-values à long terme à 19 % ou à 15 %	Imputations sur le résultat de l'exercice	Solde des moins-values à reporter col : 2 + 3 + 4 - 5 - 6
		À 19 % ou à 15 %	À 16,5 %	À 19 % ou à 15 % imputables sur le résultat de l'exercice (article 219 I a *sexies*-0 et 219 I a *sexies*-0 *bis* du CGI) (1)			
1		2	3	4	5	6	7
Moins-values nettes	N			(2)			
				(3)			
Moins-values nettes à long terme subies au cours des 10 exercices antérieurs (montant restant à déduire à la clôture du dernier exercice)	N – 1			(2)			
				(3)			
	N – 2			(2)			
				(3)			
	N – 3			(2)			
				(3)			
	N – 4			(2)			
				(3)			
	N – 5			(2)			
				(3)			
	N – 6			(2)			
				(3)			
	N – 7			(2)			
				(3)			
	N – 8			(2)			
				(3)			
	N – 9			(2)			
				(3)			
	N – 10			(2)			
				(3)			

(1) L'article 219 I-a *sexies*-0 du CGI, admet sous conditions, l'imputation des moins-values antérieures sur cessions de certains titres exclus du régime du long terme pour la détermination des résultats des exercices clos à compter du 31 décembre 2006, dans certaines limites.

(2) Moins-values à long terme afférentes aux titres de SPI non cotés (article 219 I-a *sexies*-0 *bis* du CGI).

(3) Moins-values à long terme relevant de l'article 219 I-a *sexies*-0 du CGI.

* Des explications concernant cette rubrique sont données dans la notice groupe n° 2058-not-sd et la notice 2032-sd.

N° 2058-B-BIS-SD – (SDNC-DGFiP) - Décembre 2017

Principales obligations déclaratives des filiales pour la détermination du résultat d'ensemble

Tableau récapitulatif des principaux documents relatifs à l'assiette de l'IS

171 À compléter par les filiales intégrées à titre individuel (liste non exhaustive) (J)

Documents	À transmettre à la société mère	À déposer au centre des impôts (A) (B)	À télétransmettre (C) (D)
Obligations des filiales			
Documents concernant l'entrée et la sortie volontaires du périmètre			
• Accord des filiales, dénonciation de l'accord	1 original	1 original (E)	Dépôt papier
Déclarations annuelles courantes			
• Liasse fiscale de chaque société :			
– états Cerfa 2050 à 2059 I	1 copie	1 original	Obligatoire
– 2065 en double exemplaire	1 copie	2 originaux	Obligatoire
• États 2058 A bis et 2058 B bis	1 copie	1 original	Obligatoire
• État 2058 FC	1 copie	1 original	Obligatoire
• Déclaration du groupe :			
– état 2058 ER propre à la filiale		1 copie	Obligatoire (F)
– état 2058 ES des sociétés « sortantes »		1 copie	Obligatoire (F)
Cas particulier			
• États de suivi du déficit imputable sur une base élargie (cas notamment de la fusion, scission, scission partielle ou acquisition du capital de la mère) (2029 E) *(voir §§ 358 à 365)*	1 double	1 original (G)	Obligatoire
• États des renseignements pour les sociétés implantées notamment en zone franche urbaine (CGI art. 44 octies A) (H)		1 original	Obligatoire
• États 2058-PAP des rectifications réalisées avec une société « intermédiaire » *(voir § 64)* ou une EMNR ou une « société étrangère » *(voir § 73)*.	1 original (I)	1 copie (I)	Obligatoire

(A) De chacune des sociétés du groupe.
(B) Délai de dépôt de la déclaration annuelle, sauf précisions.
(C) Pour les sociétés soumises à cette obligation ou qui ont opté.
(D) Informations indicatives susceptibles d'être modifiées par l'administration.
(E) Au plus tard à la fin du troisième mois de l'exercice, sauf délais particuliers.
(F) Pas de télétransmission pour les filiales relevant de la DGE.
(G) Uniquement pour les filiales intégrées qui seraient porteuses d'un déficit imputable sur une base élargie *(voir § 358)*.
(H) États différents pour la filiale concernée et la mère.
(I) Uniquement si les résultats de la société sont concernés par ces rectifications.
(J) Ne sont pas indiqués notamment les états afférents aux charges financières.

Application : exemple général

172 Un groupe est composé de M (société mère) et de F1 et F2 depuis le 1/01/N. Les données concernant ces sociétés (en euros) sont les suivantes.

Situation au 1/01/N	M	F1	F2
Déficits reportables		8 000	74 000
Opérations réalisées au cours de l'exercice N :			
• M a accordé un abandon de 5 000 à F1, non déductible.			
• F1 a cédé une immobilisation à F2 en dégageant une plus-value imposable à taux courant de 2 000.			

Les documents présentés ci-après sont avant toute écriture d'IS.

Situation au 1/01/N	M	F1	F2
Exercice N			
Balance comptable avant IS			
Produits :			
. CA	4 000	8 255 000	200 000
. Produits financiers (dividendes)	80 000		
. Subventions reçues		5 000	
. Prix de cession d'immobilisation		8 000	
Charges :			
. Achats	0	6 000 000	130 000
. Autres charges externes	5 800	1 155 000	72 000
. Dotations aux amortissements	300	1 000 000	8 000
. Frais financiers	900	30 000	
. Subventions accordées	5 000	0	
. Prix de revient des immobilisations vendues		6 000	
Résultat comptable avant IS	**72 000**	**77 000**	**– 10 000**

2058 A	Lignes Cerfa	M	F1	F2
Résultat comptable	WA	72 000	77 000	– 10 000
Réintégrations : . subventions non déductibles	WQ	5 000		
Déductions : . régime mère-fille . dividendes : – 80 000 . quote-part : + 4 000 (a)	XA	76 000		
Résultat fiscal avant imputation	**XI/XJ**	**1 000**	**77 000**	**– 10 000**
Déficits ordinaires imputés	XL	1 000	70 000	
Résultat fiscal	**XN/XO**	**0**	**7 000**	**– 10 000**
(a) Distribution en provenance de sociétés françaises non intégrées par hypothèse.				

2058 FC	Lignes Cerfa	M	F1	F2
Résultat fiscal	6	1 000	77 000	
Subventions internes reçues	7		5 000	
Plus-values internes	8		2 000	
Bénéfice utilisé pour l'imputation des déficits antérieurs	13	**1 000**	**70 000**	
Commentaires. Le 2058 FC ne sert que pour répondre à la question : combien de pertes antérieures à l'intégration est-il possible d'imputer sur la déclaration 2058 A ? Par suite, il n'y a plus lieu d'utiliser ce document dans le processus déclaratif. Il sera déposé avec la liasse fiscale de chaque société.				

2058 B	Lignes Cerfa	M	F1	F2
Suivi des déficits				
Montant à l'ouverture	K4	8 000	74 000	
Déficits imputés	K5	1 000	70 000	
Montant à la clôture	YK	7 000	4 000	

2058 A bis	Lignes Cerfa	M	F1	F2
Résultat comptable	E1/E4	72 000	77 000	– 10 000
Réintégration	E2	5 000		
Déductions	E5	76 000		
Résultat fiscal avant imputation	**F2/F3**	**1 000**	**77 000**	**– 10 000**
Déficits imputés	F6	1 000	74 000	
Résultat fiscal	**F8/F9**	**0**	**3 000**	**– 10 000**
Commentaires. F1 constatera un IS vis-à-vis de la société mère sur la base du résultat de 3 000 (si la méthode de neutralité est retenue dans ce groupe).				

2058 B bis	Lignes Cerfa	M	F1	F2
Suivi des déficits				
Montant à l'ouverture	M5	8 000	74 000	
Déficits imputés	J9	1 000	74 000	
Déficits créés	H8			10 000
Montant à la clôture	H9	7 000	0	10 000

PARTIE 5

DÉTERMINATION DU RÉSULTAT D'ENSEMBLE

Partie 5

DÉTERMINATION DU RÉSULTAT D'ENSEMBLE

Le schéma déclaratif

200 Le calcul du résultat d'ensemble se réalise à l'aide de tableaux Cerfa entièrement conçus pour le régime de groupe.

Le principe consiste, en partant des résultats déterminés par les différentes sociétés du groupe (résultats dégagés sur la liasse « classique » mais avec les règles spécifiques de l'intégration), à neutraliser les opérations à caractère interne au groupe (à l'instar des travaux réalisés dans le cadre d'une consolidation comptable) et certains avantages particuliers.

En pratique, l'opération se réalise selon le cheminement suivant :

Les résultats fiscaux individuels de chaque société sont recopiés sur un état spécifique, l'état 2058 ER (ER = état des rectifications) ; un état 2058 ER est ouvert pour chaque société, y compris pour la société mère (en outre, il existe un état spécifique 2058-PAP des rectifications au titre des opérations réalisées entre des sociétés intégrées et des sociétés « intermédiaires » ou une EMNR ou une « société étrangère »)*(voir §§ 64 et 73)*.

Les différentes neutralisations à caractère intragroupe sont répertoriées sur les différentes lignes de l'état 2058 ER. Le cumul du résultat fiscal, plus ou moins ces différentes rectifications, fournit, au niveau du total de la déclaration 2058 ER, le résultat rectifié.

Lorsque les sociétés sortent du périmètre, les effets de ces sorties les concernant sont portés sur un état 2058 ES (ES = état de sortie). Un état 2058 ES est ainsi ouvert pour chaque société sortante.

Le résultat rectifié issu du 2058 ER et les effets des sorties issues du 2058 ES de chaque société concernée sont portés sur l'état 2058 TS (TS = tableau de synthèse). Le total de l'état 2058 TS est porté sur l'état 2058 RG (RG = résultat du groupe) sur lequel il est procédé aux différentes décisions de gestion fiscale (notamment, imputation des déficits d'ensemble, report en arrière du déficit d'ensemble, etc.) ainsi qu'à la réintégration, le cas échéant, des effets de l'amendement Charasse (en liaison avec un état libre dédié à ce dispositif), de certains effets liés à la quote-part de frais et charges afférente aux cessions de titres relevant du taux à 0 %, des effets liés à la réintégration forfaitaire des charges financières ou à la déduction, le cas échéant, des effets de la sous-capitalisation (en liaison avec l'état 2902) ou des effets issus de l'application du « rabot » des charges financières ou encore des effets liés à l'application de plafonnement pour le groupe de certaines mesures.

Enfin, une déclaration 2065 est établie (en double exemplaire), sur laquelle est reporté le résultat d'ensemble.

En marge de ce processus de base, un certain nombre d'états doivent également être complétés, dont l'objet est de produire des informations à l'administration, de regrouper ou de permettre le suivi dans le temps de données et notamment :

Déclaration du groupe

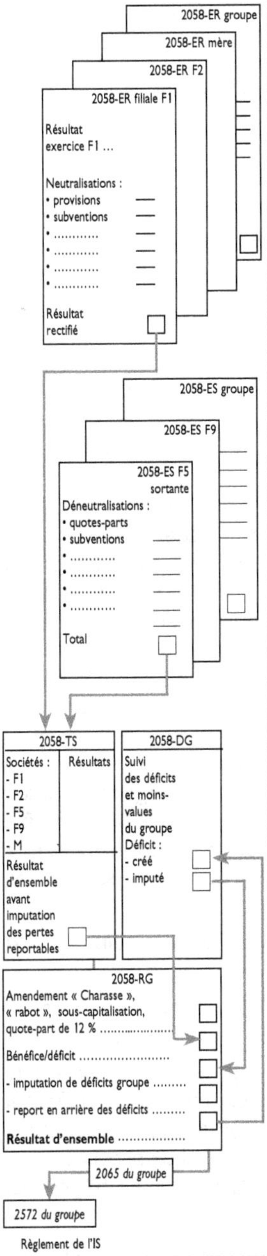

État CERFA 2058-ER

A. À compléter par société : un état 2058-ER :
- reprenant le résultat de l'exercice d'après l'état 2065 ;
- comportant les **neutralisations** positives et négatives de chaque société concernée : *subventions intragroupe, provisions intragroupe, etc.*

B. Cumul algébrique, ligne à ligne, pour obtenir le 2058-ER groupe.

(Procédure similaire pour chaque catégorie de plus ou moins-values à long terme.)

État CERFA 2058-PAP

À ne compléter qu'en présence d'opérations réalisées avec des sociétés intermédiaires, une EMNR ou une « société étrangère ».

État CERFA 2058-SG

État des subventions intragroupe : état récapitulatif des subventions internes réalisées au cours de l'exercice et antérieurement.

État CERFA 2058-PV

État des plus ou moins-values sur cessions d'immobilisations intragroupe.

État CERFA 2058-ES

A. À compléter un état 2058-ES pour chaque société « sortie » en cours d'exercice ; ce document comporte les déneutralisations positives et négatives applicables en ce cas : *réintégration ou déduction des subventions, des plus ou moins-values, etc.*

B. Cumul algébrique, ligne à ligne, pour obtenir le 2058-ES groupe.

(Procédure similaire pour les plus ou moins-values à long terme.)

États CERFA 2058-TS et 2058-DG

2058-TS : état de synthèse des éléments ci-dessus.

2058-DG : état de suivi des déficits et moins-values à long terme du groupe.

État CERFA 2058-RG

État du résultat (et des plus-values à long terme) d'ensemble.

(Accompagné le cas échéant d'un état libre afférent à l'amendement Charasse)

État CERFA 2902-SD

État du groupe relatif à la sous-capitalisation.

– l'état 2058 CG (CG = crédit d'impôt du groupe), dont l'objectif est de recenser, par société intégrée, les différents crédits d'impôt imputables sur l'IS qu'elles détiennent et qui sont imputables sur l'IS du groupe ;
– l'état 2058 DG (DG = déficit du groupe), dont l'objectif est de suivre dans le temps les déficits et moins-values nettes à long terme d'ensemble ;
– l'état 2058 SG (SG = subventions intragroupe), dont l'objectif est de mentionner les différentes opérations de subventions et abandons de créances intragroupe ;
– l'état 2058-PV (PV = plus-value), dont l'objectif est de mentionner les opérations de cessions d'immobilisations internes intragroupe ;
– l'état 2058-PAP (PAP = Papillon), dont l'objectif est d'isoler les rectifications réalisées entre les sociétés intégrées et les sociétés non françaises qualifiées de « sociétés intermédiaires », « d'EMNR » ou de « sociétés étrangères » *(voir §§ 59 à 74)*.

Voir schéma de la déclaration du groupe page précédente.

Les neutralisations de l'intégration fiscale

Ou comment compléter la déclaration 2058 ER

201 Le principe même d'un mécanisme tel que l'intégration fiscale s'apparente à une procédure du type « consolidation ». L'une des étapes importantes consiste à neutraliser les opérations intragroupe de manière à pouvoir dégager un résultat pour l'ensemble en ne tenant pas compte des résultats internes au groupe, c'est-à-dire ceux issus d'opérations non réalisées avec des tiers extérieurs au groupe intégré. Ces mécanismes se retrouvent également lorsque l'on établit des comptes consolidés. Toutefois, les modalités de neutralisation dans l'intégration fiscale pourront être différentes de celles applicables dans une consolidation comptable. Par exemple, les dividendes intragroupe perçus par une mère ne sont pas imposés en cas d'application du régime mère-fille, mais avec obligation de réintégrer dans le résultat fiscal un montant de quote-part de frais et charges ; le traitement dans l'intégration consiste alors à réduire le taux de cette quote-part de frais dans le résultat fiscal de la mère ayant perçu les produits ; en consolidation, c'est le montant des dividendes lui-même qu'il conviendra de neutraliser lors de l'élaboration des comptes consolidés.

Quels sont les profits ou pertes qui doivent ainsi être neutralisés lors de l'élaboration de la déclaration du groupe ?

Dans l'intégration fiscale, ces neutralisations se nomment aussi « rectifications » et se réalisent sur l'état 2058 ER (ER = état des rectifications).

En principe, sont concernées essentiellement les opérations ou écritures financières ou en capital à caractère interne au groupe mais qui modifient le résultat fiscal (ou chaque plus ou moins-value nette à long terme) des sociétés intégrées. Il en sera ainsi des dotations (ou reprises y afférentes) aux provisions intragroupe, des plus ou moins-values sur cessions internes d'actifs immobilisés, des subventions réalisées entre sociétés du groupe, etc.

Au contraire, les résultats issus de certaines opérations courantes, qui ont vocation à avoir un caractère interne lors de la clôture des comptes, ne sont pas neutralisés dans l'intégration fiscale. Il en est ainsi des profits sur stocks cédés à l'intérieur du groupe et

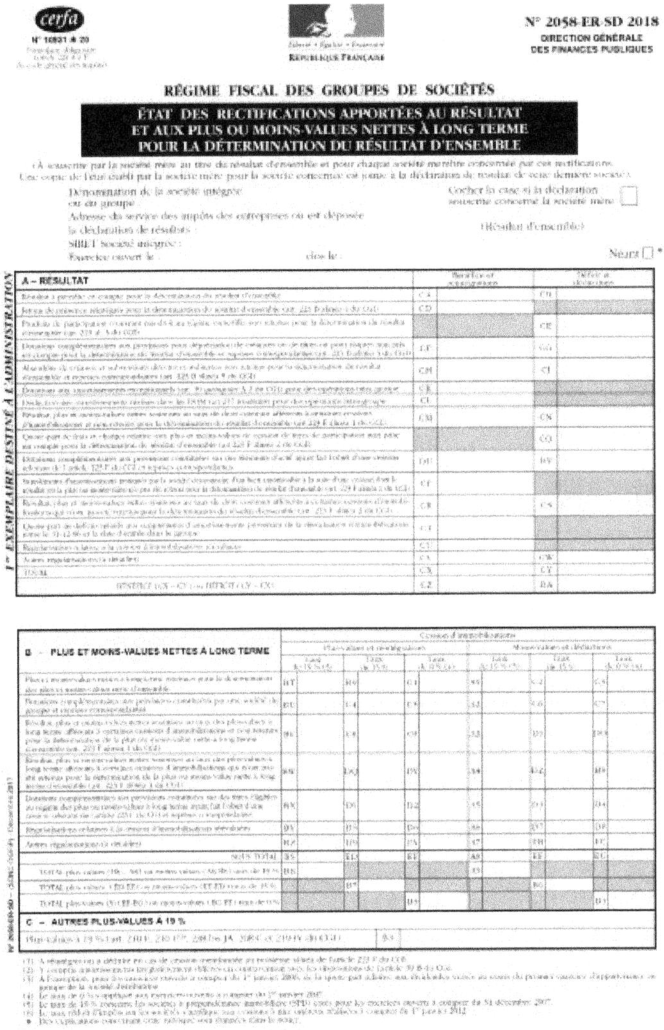

cerfa

N° 2058-ER-SD 2018

DIRECTION GÉNÉRALE DES FINANCES PUBLIQUES

RÉPUBLIQUE FRANÇAISE

RÉGIME FISCAL DES GROUPES DE SOCIÉTÉS

ÉTAT DES RECTIFICATIONS APPORTÉES AU RÉSULTAT ET AUX PLUS OU MOINS-VALUES NETTES À LONG TERME POUR LA DÉTERMINATION DU RÉSULTAT D'ENSEMBLE

Dénomination de la société intégrée ou du groupe :

Adresse du service des impôts des entreprises où est déposée la déclaration de résultats :

SIRET Société intégrée :

Exercice ouvert le : clos le :

Cocher la case si la déclaration souscrite concerne la société mère (Résultat d'ensemble)

Néant ☐ *

A – RÉSULTAT

B – PLUS ET MOINS-VALUES NETTES À LONG TERME

C – AUTRES PLUS-VALUES À 19 %

non encore revendus à l'extérieur du groupe lors de l'arrêté des comptes (remarque : en consolidation comptable, cette neutralisation est obligatoire mais, dans l'intégration fiscale, le législateur n'a pas jugé utile de le prévoir, car il a estimé qu'il s'agissait d'une neutralisation complexe à calculer et dont le caractère provisoire est très marqué).

À la liste de ces neutralisations, viennent s'ajouter, dans l'intégration fiscale également, d'autres opérations qui n'ont pas nécessairement un caractère interne au groupe mais dont les effets fiscaux ont été jugés par le législateur comme devant être neutralisés. Il en est ainsi des jetons de présence distribués par les filiales et de certaines opérations particulières.

En pratique, ces opérations sont rectifiées (c'est-à-dire neutralisées) dans la déclaration 2058 ER étudiée ci-après. Elles sont étudiées dans l'ordre de leur positionnement sur cette déclaration.

Les jetons de présence des filiales intégrées

202 Doivent être réintégrés les jetons de présences et tantièmes déduits du résultat des filiales intégrées (2).

Sont concernés tant les jetons ordinaires que les jetons spéciaux.

De même, peu importent les destinataires : sont concernés les administrateurs personnes physiques et morales qui font partie du groupe intégré ou non.

Autant dire que l'on évite, dans les filiales intégrées, d'attribuer des jetons de présence.

Cette réintégration est définitive.

EXEMPLE

Un groupe est composé de M et de F1.

F1 constate, à la fin de l'exercice N, un montant de 600 de jetons de présence dans le compte de charges à payer sur proposition du conseil et ce, pour trois administrateurs. La limite de déduction chez elle au regard des textes de droit commun est de 450.

M constate, au titre de N, un montant de 500 entièrement déductible chez elle et résultant d'une décision prise en N.

Ligne Cerfa	M	F1
Résultat comptable	– 500	– 600
2058 A		
Réintégrations diverses		150
Résultat fiscal XN/XO	**– 500**	**– 450**
2058 ER		
Jetons de présence		+ 450
Résultat rectifié	**– 500**	**0**

Guide pratique

203

Présence de jetons (1) en charges comptables chez les filiales → Positionner le montant sur la ligne CD « Jetons de présence » de l'état 2058 ER de la filiale concernée

(1) D'après balance comptable : compte 653 « Jetons de présence ».
(2) Dans les groupes intégrés horizontalement, les jetons déduits par la société mère intégrante sont également réintégrés.

Les distributions intragroupe

Rappel du droit commun

204 Le droit commun permet de lutter contre la double imposition des distributions internes à un groupe, mais pas totalement.

Ainsi, une filiale d'une société mère qui dégage un bénéfice de 1 200 entraîne un IS de 400.

Si le résultat net est distribué à la société mère, soit 800, ce montant constituera des revenus mobiliers chez cette dernière. Une imposition de ce montant chez elle aboutirait à faire supporter à nouveau l'impôt au solde, qui ressemblera alors à une peau de chagrin.

Aussi, le législateur a mis en place, dans le droit commun, un régime spécifique permettant d'éviter une seconde imposition chez la société mère : c'est le régime mère-fille prévu aux articles 145 et 216 du CGI (dont l'origine remonte à 1920).

Pour pouvoir bénéficier du régime mère-fille, les titres doivent :
– revêtir la forme nominative ou être déposés dans un établissement agréé par l'administration ;
– représenter au moins 5 % du capital de la société émettrice. Ce pourcentage s'apprécie à la date de mise en paiement du dividende ; les titres dépourvus de droit de vote ouvrent droit au régime si l'actionnaire détient au moins 5 % des droits de vote (CE 5 novembre 2014, n° 370650) ;
– appartenir à la société mère en pleine propriété ou en nue-propriété ;
– faire l'objet d'une conservation pendant deux ans même pour les titres souscrits à l'émission, étant précisé que certaines opérations de restructuration ne sont pas regardées comme rompant cette durée (sur les modalités d'application de cette obligation voir CE 15 décembre 2014, n° 380942) ;
– respecter les obligations de formalités indiquées ci-après.

Le non-respect d'une seule de ces conditions exclut les dividendes du régime mère-fille.

Dès lors que le régime est applicable, la société mère a, en théorie, le choix de l'appliquer ou non. En pratique, et notamment depuis la disparition de l'avoir fiscal, le choix pour ce régime mère-fille s'avère toujours nécessaire pour les distributions en provenance de sociétés françaises. Ce régime permet de rendre non imposable la totalité des dividendes perçus par la société mère. Toutefois, elle est tenue, malgré tout, de réintégrer dans son résultat fiscal la fraction de ses charges qui lui a permis de gérer et d'encaisser les dividendes en question, cela en vertu du principe par lequel les charges afférentes à des recettes non imposables ne sont pas déductibles. Pour éviter des calculs complexes et peu réalistes, cette fraction de charges non déductibles est calculée forfaitairement et fixée, par les textes en vigueur, actuellement à 5 % des dividendes bruts perçus (c'est ce qui est nommé la « quote-part de frais et charges »).

À noter que le régime mère-fille est également applicable aux revenus distribués régulièrement, même s'il ne s'agit pas de dividendes au sens du code de commerce ; il en est ainsi des distributions réalisées lors d'une assemblée autre que celle qui statue sur les comptes (distributions exceptionnelles de réserves, distributions d'un boni de liquidation, etc.). L'administration accepte également que ce régime puisse s'appliquer aux intérêts non déductibles sur compte courant (du fait de l'application de l'article 39-I-3 du CGI). Mais cette tolérance ne vaut pas pour les sommes réputées distribuées.

Dans le cas où le régime mère-fille n'est pas applicable, la double imposition ne peut être évitée.

Au total, que le régime mère-fille s'applique ou non, l'application des seules règles de droit commun ne permet pas d'éviter une double imposition dans des proportions plus ou moins importantes.

En revanche, si les distributions ont lieu entre sociétés intégrées, plusieurs dispositifs permettent, sous certaines conditions, de réduire voire de neutraliser le montant des sommes encore imposables après l'application du droit commun et il est nécessaire d'étudier les principales situations pouvant exister.

Ce qu'il faut faire dans l'intégration fiscale

205 Comme précisé ci-dessus, lorsqu'une société du groupe perçoit des dividendes d'une autre société du groupe, soit elle est en mesure d'appliquer le régime mère-fille et l'applique effectivement, soit elle ne peut pas l'appliquer du fait que les conditions ne sont pas remplies. Dans ces différents cas, les règles de l'intégration fiscale offrent des avantages en diminuant voire en neutralisant les effets fiscaux de ces dividendes intragroupe. Cette situation est logique dans le cadre d'un mécanisme tel que l'intégration. En effet, les résultats distribués ayant été imposés au titre d'exercices précédents, la conservation des dividendes chez la société mère entraînerait une double imposition en raisonnant dans le contexte d'une seule déclaration fiscale. Mais les méthodes pour y parvenir sont différentes suivant les cas.

Quant au cas exceptionnel où le régime mère-fille est applicable mais non retenu (erreur, omission, etc.) sur la déclaration fiscale individuelle de la société ayant perçu les dividendes, les règles actuelles de l'intégration ne prévoient aucun avantage particulier permettant d'atténuer l'effet fiscal de droit commun d'une telle distribution. D'où l'importance d'opter pour ce régime mère-fille dans les liasses fiscales individuelles des sociétés intégrées.

Cas où le régime mère-fille est applicable

206 Si la société mère l'applique, ce qui sera généralement le cas, elle doit, dans sa propre déclaration fiscale, procéder à la déduction des dividendes perçus. Toutefois, la société ayant perçu les dividendes doit également réintégrer une quote-part de frais et charges ; en droit commun, ce taux de quote-part est de 5 % ; or lorsqu'il s'agit de distributions internes à un groupe intégré, ce taux devient égal à 1 %. L'avantage d'assiette apporté par le régime de l'intégration dans ce cas est donc égal à 4 % du montant des dividendes bruts. Ce taux de 1 % s'applique même si la distribution interne au groupe intégré a lieu au cours du premier exercice d'intégration.

À l'issue de cette opération, demeure dans le résultat fiscal de la société ayant perçu les dividendes, une quote-part de 1 %. Cette quote-part ne peut être neutralisée et demeure donc imposable dans le résultat d'ensemble.

Guide pratique

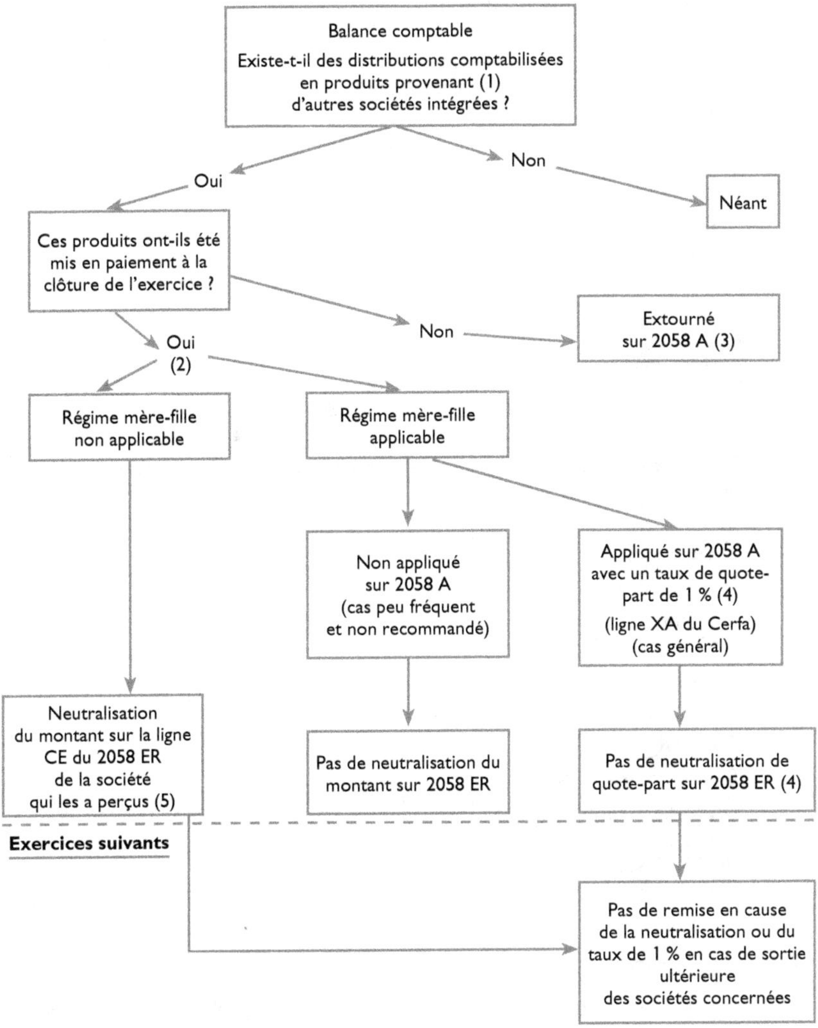

(1) Balance compte de produit :
– titres de participation (notamment, comptes 761, 762 ou 764) ;
– intérêt sur compte courant perçu chez l'associé et non déductible chez la société versante (CGI art. 39-I-3).
(2) Il convient d'ajouter, le cas échéant, les produits encaissés au titre de l'exercice mais comptabilisés en produits l'exercice précédent.
(3) Ces montants seront, au contraire, réintégrés extra-comptablement sur le 2058 A au titre de l'exercice suivant (exercice du versement) et traités en fonction du régime applicable.
(4) Exercices ouverts depuis le 1/01/2016.
(5) Pour les exercices ouverts à compter du 1/01/2011, pas de neutralisation pour les distributions versées au cours du premier exercice d'intégration de la société distributrice.

Précision

• Ce taux de quote-part de 1 % s'applique pour les exercices ouverts depuis le 1er janvier 2016 ; avant cette date, la quote-part sur distribution interne au groupe intégré était de 5 %, mais était en revanche neutralisée lors de la détermination du résultat d'ensemble.

• Ce taux de quote-part de 1 % s'applique également pour les distributions perçues par une société intégrée en provenance d'une filiale non française située dans l'espace économique européen et qui, si elle était établie en France, remplirait les conditions pour être intégrée dans ce même groupe.

• C'est le taux de quote-part de 5 % qui s'applique pour les distributions perçues par une société intégrée en provenance d'une de ses filiales françaises non intégrées, même si cette dernière pourrait l'être.

• En cas de sortie ultérieure des sociétés concernées par la distribution, aucune régularisation n'est à pratiquer au titre de ces avantages.

• Sur la déclaration 2058-A bis, c'est le taux de la quote-part de 5 % qui s'applique *(voir §§ 170, 204 et 206)*.

Exemple

M et F1 sont intégrées depuis le 1/01/N. F1 distribue au cours de N + 1, au total 10 000 de dividendes nets. M détient 95 % de F1 et applique le régime mère-fille.

Traitement chez M	1er cas : distribution au cours d'exercice ouvert depuis le 1/01/2016 (3)	2e cas : distribution au cours d'exercice ouvert avant le 1/01/2016
2058 A		
Résultat comptable	9 500	9 500
Régime mère-fille :		
– dividendes neutralisés	– 9 500	– 9 500
- quote-part de frais et charges réintégrée	+ 95 (1)	+ 475 (2)
Résultat fiscal	+ 95	+ 475
2058 ER		
Quote-part de frais et charges	-	– 475
Résultat rectifié	+ 95	0

(1) 9 500 X 1 %.
(2) 9 500 X 5 %.
(3) La solution serait la même pour ce cas si la distribution avait eu lieu au cours de l'exercice N.

Dividendes intragroupe n'ouvrant pas droit au régime mère-fille

207 Lorsque les dividendes sont placés hors du champ d'application du régime mère-fille, ils restent imposés chez l'associé. Dans ce cas, si la distribution est réalisée d'une société intégrée à une autre, la société mère du groupe intégré doit neutraliser les dividendes intragroupe lors de la détermination du résultat d'ensemble.

Toutefois, pour les exercices ouverts à compter du 1/01/2011, cette neutralisation n'est pas possible s'agissant des dividendes versés au cours du premier exercice d'intégration de la société distributrice.

Exemple

Trois sociétés sont intégrées depuis le 1/01/N. F1 distribue chaque exercice au total 10 000 de dividendes à sa mère M qui la détient à 95 % et à F2 qui la détient à 4 %.

Le traitement au titre de F2 est le suivant.

H1 : N = exercices ouverts avant le 1/01/2011

H2 : N = exercices ouverts à compter du 1/01/2011

	H1		H2	
	N	N + 1	N	N + 1
2058 A				
Résultat comptable de F2	400	400	400	400
Résultat fiscal individuel	400	400	400	400
2058 ER				
Dividendes intragroupe	– 400	– 400		– 400
Résultat rectifié	0	0	400	0

Remarque : le traitement chez M est décrit dans l'exemple précédent.

Précision

- En cas de sortie ultérieure de l'une des sociétés concernées par la distribution, aucune régularisation n'est à pratiquer au titre de la neutralisation de ces dividendes.
- Cette neutralisation des dividendes intragroupe n'est pas possible si les dividendes ouvrent droit au régime mère-fille, que ce dernier ait été appliqué ou non par l'associé.
- Cette neutralisation est possible d'une manière générale pour les produits de participation, c'est-à-dire pour les distributions régulières même si elles ne sont pas représentatives de dividendes, dès lors qu'ils n'ouvrent pas droit au régime mère-fille (par exemple, distribution exceptionnelle de réserves décidée par une assemblée autre que celle qui approuve les comptes octroyés à un associé intégré détenant moins de 5 % du capital).

Distributions ouvrant droit au régime mère-fille, mais ce dernier n'est pas appliqué

208 Dans cette hypothèse, les règles de l'intégration fiscale ne peuvent permettre aucune neutralisation.

Une telle renonciation au régime mère-fille est donc fortement déconseillée. En pratique, cette situation désavantageuse pour le groupe ne devrait se rencontrer que suite à une erreur ou à une omission. Toutefois, la jurisprudence du Conseil d'État précise que l'option pour le régime mère fille demeure possible dans le délai de réclamation (CE 20 décembre 2017, n° 414974).

Les provisions intragroupe

Traitement dans l'intégration fiscale

209 Les dotations aux provisions, constatées dans les comptes d'une société sur la tête d'une autre société d'un même groupe, doivent être neutralisées lors de la détermination du résultat ou de la plus ou moins-value nette à long terme d'ensemble concernée.

Cela est logique, car les dotations de provisions intragroupe tiennent compte généralement des pertes des filiales. Or, ces pertes sont déjà remontées dans le groupe. Conserver la dotation équivaudrait à prendre deux fois cette perte ou cette moins-value à long terme dans le résultat ou dans la plus ou moins-value nette à long terme du groupe.

Ainsi, les dotations aux provisions pour déprécier des créances détenues ou pour constater des risques encourus sur d'autres sociétés du groupe doivent être neutralisées pour la détermination du résultat d'ensemble, dès lors qu'elles ont été déduites du résultat fiscal individuel de la société qui les a constituées. Il en est de même pour les dotations aux provisions pour dépréciation des titres de sociétés du groupe lors de la détermination de la plus ou moins-value nette à long terme d'ensemble.

De manière symétrique, les reprises de ces provisions sont, en principe, annulées pour la détermination du résultat d'ensemble. Pour l'application de cette disposition, les reprises de provisions sont librement affectables aux dotations d'origine. Cette précision est, en pratique, nécessaire lorsque la provision existante à l'ouverture est issue pour partie de dotations constatées avant l'intégration (donc n'ayant pas été neutralisées) et pour partie de dotations constatées pendant l'intégration (donc ayant été neutralisées lors de la détermination du résultat du groupe). En fait, lors de chaque reprise de provision intragroupe intervenant pendant l'intégration, il convient d'éclater la provision existant au début de l'exercice en deux fractions : provisions ayant fait l'objet d'une neutralisation dans l'intégration fiscale et provisions n'ayant pas fait l'objet d'une neutralisation. Lors de la reprise, le contribuable peut choisir librement la fraction qu'il préfère. Toutefois, l'administration a précisé qu'il convenait d'utiliser, pour chaque exercice, la totalité d'une fraction avant d'attaquer l'autre fraction.

Précision

• Ne pas confondre provisions non déductibles et provisions neutralisées. En effet, les règles de neutralisation d'intégration ci-dessus ne concernent que les provisions fiscales au sens de l'article 39-1-5 du CGI, c'est-à-dire celles qui font l'objet d'une déduction ou d'une imposition dans le résultat individuel (ou la plus ou moins-value nette à long terme) des sociétés. Il ne saurait être question, bien entendu, de neutraliser dans l'intégration des provisions qui auraient déjà, dans les déclarations individuelles, été réintégrées du fait de leur caractère non déductible (du fait, par exemple, du non-respect des conditions générales de déduction des provisions, mais aussi du fait de textes particuliers comme le plafonnement de la déduction des provisions sur titres de société à prépondérance immobilière ; CGI art. 39, 1.5.al. 20). Au total, certes, l'effet sera le même dans le résultat d'ensemble mais une telle différence, à ce stade, peut entraîner des conséquences fort différentes par la suite (impôt dû par la filiale qui a constitué la provision à la société mère du groupe intégré, mais surtout traitement en cas de sortie de l'intégration ; *voir § 210*).

• Les provisions sur titres de participation relèvent de plusieurs taux, suivant la nature des titres auxquels elles se rapportent. Ainsi, les provisions afférentes à des titres de participation représentatifs d'une société :

– à prépondérance immobilière non cotée, relèvent du taux de 33 1/3 % (exclusion du régime du long terme) ;

– à prépondérance immobilière cotée, relèvent du taux à long terme de 19 % (16,5 % pour les exercices clos avant le 1/01/2009) ;

– hors prépondérance immobilière, relèvent du taux à long terme de 0 %. Ce cas représente donc la situation générale en l'absence de prépondérance immobilière.

• Par ailleurs, certaines dispositions particulières concernent les titres de société de capital-risque, d'OPCVM, de fonds communs de créances.

Avant 2007, les provisions pouvaient relever du taux de 19 %, de 15 %, de 8 % suivant les exercices et la nature du titre concernés.

• Ces évolutions de taux posent nécessairement le problème de savoir quel taux il faut appliquer lors d'une reprise de provision qui relève d'un taux différent de celui appliqué à l'origine. Cette situation peut se rencontrer du seul fait des changements de taux pour une même catégorie mais aussi du fait du changement de catégorie de titres d'un exercice à l'autre. Cette situation peut se rencontrer aussi en période d'évolution du taux de l'IS comme cela doit être le cas notamment entre 2017 et 2021.

• L'administration a précisé (BOFiP-IS-BASE-50-§ 50-18/07/2013) que les mouvements de provisions relèvent du taux applicable à la date de clôture de l'exercice au titre duquel ils sont constatés. Ainsi, une dotation sur titres de participation d'une société qui n'était pas à prépondérance immobilière constatée en 2015 a pu relever du taux à 0 % et sa reprise, qui interviendrait en 2017, pourrait relever du taux courant en cas de changement de catégorie entre ces deux dates (c'est-à-dire si dans ce cas la société dont les titres sont dépréciés est devenue une société à prépondérance immobilière en 2017).

• Ce principe s'appliquera donc également lors des périodes de baisse du taux de l'IS entre 2017 et 2021.

• Les mouvements de provisions concernant le taux à 0 % font, en pratique, l'objet des mêmes retraitements sur les déclarations, même si, *in fine*, c'est le taux de 0 % qui s'applique.

EXEMPLE

M et F1 sont intégrées depuis le 1er janvier N avec d'autres sociétés. M dispose d'une provision pour dépréciation des titres F1 constituée en N - 1 d'un montant de 300.

M constate sur les mêmes titres :
- en N : une dotation aux provisions au cours de l'exercice N pour 500 qui répond aux conditions de déductibilité des provisions (CGI art. 39, 1.5) ;
- une reprise de provision pour 450 en N + 1.

F1 n'est pas une société à prépondérance immobilière.

M constate également à fin N une provision pour dépréciation des créances de F1 pour 350, de manière forfaitaire et sans que la perte soit probable à la clôture de l'exercice. De ce fait, cette provision n'est pas déductible. Les déclarations afférentes à M sont les suivantes :

Exercice N	Taux courant	Long terme (titres de participation)
2059 A		– 500
Moins-value à long terme individuelle		
2058 A		
Résultat comptable	– 850	
Dotation non déductible	+ 350	
Moins-value à long terme	+ 500	
Résultat fiscal	0	
2058 ER Rectification dotations aux provisions		+ 500 (a)
Plus-value à long terme rectifiée		
		0

Exercice N + 1		
2059 A		
Plus-value à long terme individuelle		450
2058 A		
Résultat comptable	+ 450	
Plus-value à long terme	– 450	
Résultat fiscal	**0**	
2058 ER Rectification reprises de provisions		– 450 (a) (b) (c)
Plus-value à long terme rectifiée		**0**

(a) Malgré le taux à 0 %, les obligations déclaratives s'appliquent de la même manière que pour les autres taux à long terme.
(b) Car la reprise de 450 peut être réputée provenir de l'exercice N, ce qui sera généralement retenu. L'autre solution possible fiscalement serait de considérer que le montant de 450 résulte, en priorité, des 300 de N – 1 ; dans ce cas, la rectification serait de 150.
(c) Il n'est pas possible d'après l'administration de considérer que le montant de 450 provient, par exemple, pour 200, des 300 N – 1 et pour 250, des 500 de N.

Traitement en cas de sortie

210 La neutralisation de la reprise ne peut être réalisée si l'une au moins des sociétés concernées (celle qui a doté ou celle qui a fait l'objet de la provision) n'est plus intégrée lors de l'exercice de la reprise. Cette règle, en pratique, est donc pénalisante pour les groupes qui pratiquent des provisions intragroupe sur des sociétés qui sortent ultérieurement avant que lesdites provisions ne soient reprises. Toutefois, concernant les provisions sur titres de participation qui relèvent du taux de 0 % au titre de l'exercice de sortie (c'est-à-dire hors prépondérance immobilière), la portée de cette règle pénalisante est sans effet *(voir « Précisions », § 209)*.

EXEMPLE

(suite)

M constate une reprise de provision sur titres de participation pour 350 en N + 2, alors que F1 a été cédée à l'extérieur du groupe.

Exercice N + 2	M	
2059 A		
Plus-value à long terme individuelle	350	
2058 ER		
Rectification dotations aux provisions	(d)	
Plus-value à long terme rectifiée		350

(d) Non neutralisés pour les 50 qui proviennent de la période d'intégration, car F1 n'est plus intégrée.

Au total, l'impact fiscal de la provision entre N - 1 et N + 2 est de + 50 (- 300 en N - 1 et 350 en N + 2). Il s'agit d'un inconvénient important de l'intégration fiscale lié aux sorties de sociétés. Toutefois, si, en N + 2, les titres F1 relèvent du taux de 0 %, alors, aucune imposition effective ne frappera cette reprise de provision.

Guide pratique - Traitement des dotations aux provisions intragroupe

211

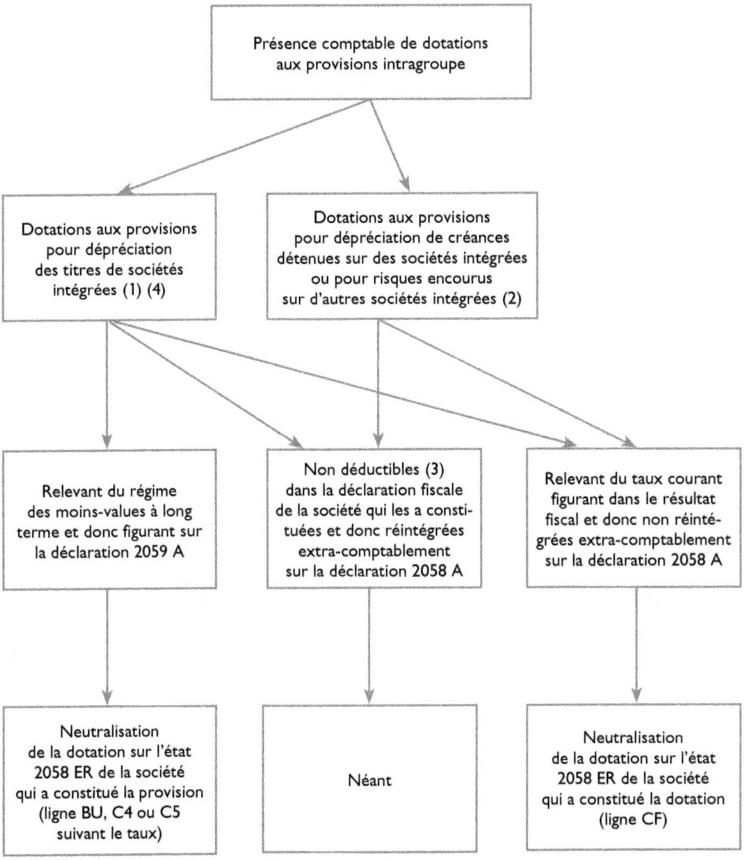

(1) Comptes 68662 et 68665.
(2) Notamment, comptes 68174, 6865 et 6875.
(3) Du fait, par exemple, que les provisions ne répondent pas aux critères de l'article 39-1-5 du CGI ou qu'il s'agisse de titres porteurs d'un sursis visé à l'article 210 A.
(4) Relèvent du taux de 0 % et de 33 1/3 % ou, plus rarement, de celui de 19 % *(voir « Précisions », § 209)*.

Guide pratique - Traitement des reprises de provisions intragroupe

212

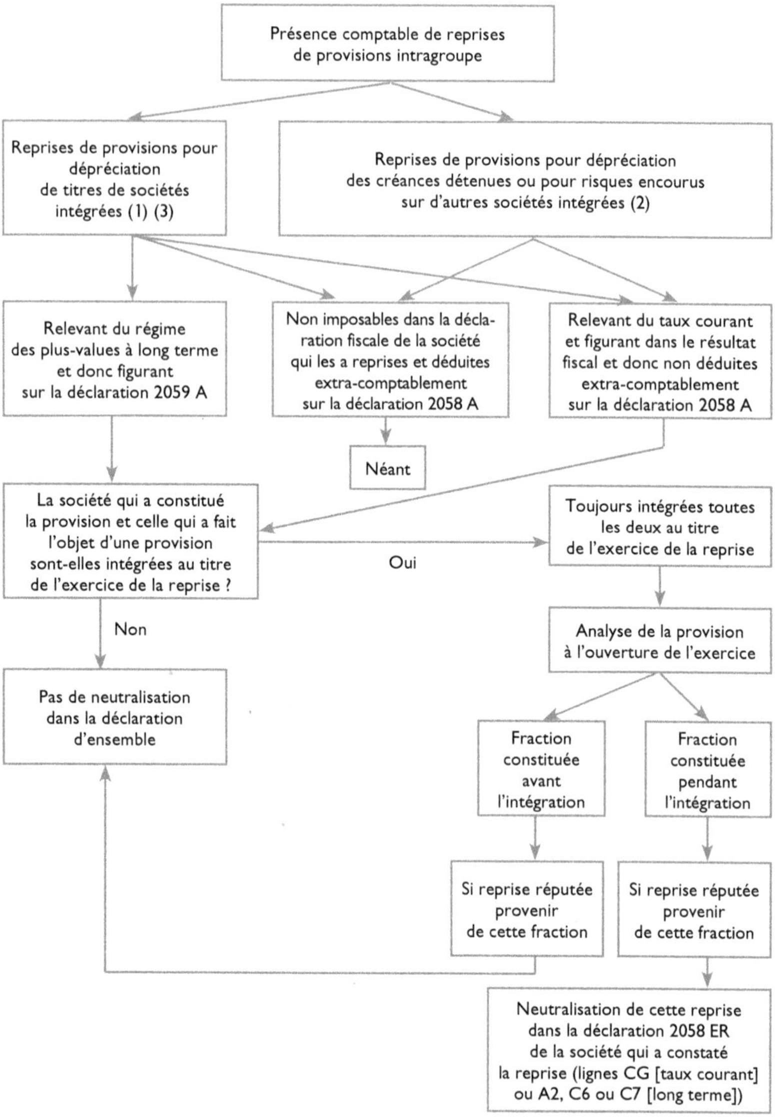

(1) Notamment, comptes 78662 et 78665.
(2) Notamment, comptes 78174, 7865 et 7875.
(3) Relèvent du taux de 0 % ou de 33 1/3 % ou, plus rarement, de 19 % *(voir « Précisions », § 209).*

Les neutralisations des abandons de créances et des subventions intragroupe

Rappel succinct du droit commun

213 Il arrive fréquemment qu'entre sociétés liées interviennent des opérations d'abandons de créances ou que des subventions soient réalisées.

Les abandons de créances et les subventions directes sont lisibles dans les comptes en tant que tels, car ils donnent lieu à une écriture comptable spécifique et, généralement, à des décisions prises par les organes dirigeants.

Au contraire, les subventions indirectes représentent des renonciations à recettes et ne sont pas lisibles dans les comptes : il pourrait s'agir, par exemple, de prêt d'argent à 0 %.

Le traitement fiscal des aides entre sociétés a fait l'objet d'une réforme profonde en 2012.

Pour les exercices clos à compter du 4 juillet 2012, sont exclues des charges déductibles pour l'établissement de l'impôt les aides de toute nature consenties à une autre entreprise, à l'exception des aides à caractère commercial.

Ce principe concerne tant les abandons de créances que les aides indirectes.

Il en résulte notamment que les aides à caractère financier octroyées par une société mère à sa filiale ne sont pas déductibles chez la société mère même si la filiale dispose d'une situation nette négative ; en revanche elle demeure imposable chez la filiale sous réserve de l'application du régime de l'article 216 A du CGI. Une exception existe à ce principe si l'aide est octroyée au profit d'une société faisant l'objet d'une procédure collective ou dans le cadre d'une aide consentie en application d'un accord homologué. Dans ce cas, la déduction est possible si l'opération relève d'un acte normal de gestion et à concurrence de la fraction négative de la situation nette de la société aidée et, pour le montant excédant cette situation nette négative, à proportion des participations détenues par d'autres personnes que l'entreprise qui consent les aides.

Concernant les aides à caractère commercial, elles sont déductibles dès lors qu'elles relèvent d'un acte normal de gestion et comportent une contrepartie. En revanche, elles sont imposables chez la société qui les perçoit.

Précision

- Pour les exercices clos avant le 4 juillet 2012, les aides à caractère financier relevaient de principes différents ; ces dernières ne pouvaient être déduites que si elles revêtaient un caractère normal, comportaient une contrepartie et, pour les aides d'une mère à sa filiale, dans la limite de la situation nette négative de la société aidée (sous réserve de la fraction de l'aide bénéficiant aux minoritaires).

Aussi, il arrive fréquemment que des opérations de cette nature aboutissent à être imposées chez la société qui en bénéficie et ne soient pas déductibles chez celle qui l'octroie dans leur déclaration individuelle.

Précision

- Les ventes de stocks et de prestations de services (hors opérations de prêts d'argent et de cessions d'immobilisations) réalisées entre sociétés intégrées peuvent l'être dans une fourchette de prix comprise entre le prix de revient et le prix normal du marché, sans qu'il y ait à devoir reconnaître une subvention (d'après CGI art. 46 quater 0-ZG de l'annexe III).

Traitement dans l'intégration fiscale

214 Les effets fiscaux de droit commun issus des abandons de créances et des subventions directes ou indirectes consentis entre sociétés du groupe font l'objet d'une neutralisation lors de la détermination du résultat d'ensemble.

Ce principe représente un avantage substantiel de l'intégration, car il permet d'éliminer, dans certaines conditions, l'effet pénalisant de droit commun présent, notamment, en cas de non-déductibilité des aides chez celle qui l'octroie.

Exemple

M octroie un abandon de créances à F1 pour 1 000 en N. Ce montant est, par hypothèse, non déductible pour 300 dans le résultat fiscal individuel de M (aide à caractère financier) et déductible pour 700 (aide à caractère commercial) comportant une contrepartie.

	M	F1
2058 A		
Résultat comptable	– 1 000	1 000
Réintégrations	300	0
Résultat fiscal individuel	**700**	**1 000**
2058 ER		
Neutralisation de la subvention	– 700	– 1 000
Résultat rectifié	**0**	**0**

En revanche, une contrainte existe, car ces aides doivent être portées sur un état des subventions à joindre à chaque exercice à la déclaration d'ensemble (état 2058 SG). L'omission de cette obligation est sanctionnée d'une amende de 5 % (taux ramené à 1 % des sommes omises ou inexactes lorsque les montants en cause sont déductibles de l'IS) (CGI art. 1763). Toutefois, les omissions ou inexactitudes du tableau 2058 SG ne font pas obstacle à la neutralisation applicable dans l'intégration fiscale. Les subventions doivent être portées sur ce tableau tant qu'elles sont susceptibles de faire l'objet d'une réintégration en cas de sortie.

Précision

- À noter que l'amende de l'article 1763 du CGI n'est applicable qu'une seule fois pour une même subvention, même si l'omission de cette dernière se répète sur plusieurs exercices.
- La neutralisation ne peut pas excéder la valeur d'inscription de la créance à l'actif du bilan de la société qui consent l'abandon. Cette limitation a été mise en place pour le cas rare où la société créancière aurait acquis cette créance pour une valeur inférieure à sa valeur nominale.

EXEMPLE

(suite)

État 2058 SG au titre de N

		Subventions indirectes sur cessions d'actifs immobilisés		Autres subventions et abandons de créances		
		Allouées	Reçues	Allouées		Reçues
				Déductibles	Non déductibles	
M	Exercices précédents					
	Exercice			700	300	
F1	Exercices précédents					
	Exercice					1 000

À compter de N + 1, cet état se présentera en déplaçant les montants sur les lignes « Exercices précédents ». Dès l'exercice de sortie, à notre avis, les montants n'y figurent plus. Il en est de même dès lors que l'obligation de réintégration est éteinte (voir paragraphe suivant).

Traitement en cas de sortie de l'intégration

215 Les neutralisations pratiquées sur l'état 2058 ER sont remises en cause (ou « déneutralisées ») si l'une au moins des sociétés concernées (c'est-à-dire celle qui a octroyé la subvention ou celle qui l'a reçue) sort de l'intégration au cours de l'un quelconque des cinq exercices suivant celui au titre duquel la subvention a été neutralisée. Cette règle confère, pendant cinq exercices, un caractère non définitif à l'avantage procuré par les règles en matière de subvention intragroupe.

Sur un plan pratique, les réintégrations ou déductions afférentes à des sociétés sorties de l'intégration sont portées sur l'état 2058 ES. En revanche, celles afférentes aux sociétés toujours intégrées (mais dont la partenaire sort) sont portées sur l'état 2058 ER sur la ligne « Autres régularisations » (ligne CV pour les réintégrations et ligne CW pour les déductions).

EXEMPLE

(suite)

F1 sort de l'intégration en N + 3. M continue l'intégration du fait de l'existence d'autres filiales.

La déclaration au titre de N + 3 se présente comme suit :

2058 A	**M**	**F1**
Résultat fiscal individuel	0	0
2058 ES		F1
Réintégration des subventions neutralisées	N/A	1 000
2058 ER	**M**	
Autres régularisations	– 700	N/A
Résultat rectifié	**– 700**	**1 000**

Ce qui entraîne au cumul l'imposition pour 300 dans la déclaration du groupe (et non chez F1) de la subvention au titre de l'exercice de la sortie du fait de son caractère asymétrique à l'origine pour 300.

cerfa N° 10242 * 22

RÉPUBLIQUE FRANÇAISE

N° 2058-SG-SD 2018

DIRECTION GÉNÉRALE DES FINANCES PUBLIQUES

RÉGIME FISCAL DES GROUPES DE SOCIÉTÉS

ÉTAT DES SUBVENTIONS ET ABANDONS DE CRÉANCE NON RETENUS POUR LA DÉTERMINATION DU RÉSULTAT D'ENSEMBLE À COMPTER DU 1er JANVIER 1992

(À souscrire par la société mère au titre du résultat d'ensemble)

Dénomination de la société mère

N° SIRET

Adresse du service des impôts des entreprises où est déposée la déclaration de résultats

Exercice ouvert le : clos le : Néant ☐ *

EXEMPLAIRE DESTINÉ À L'ADMINISTRATION

Dénomination des sociétés		Subventions indirectes sur cessions d'immobilisations		Autres subventions et abandons de créances		
		Allouées (1)	Reçues (1)	Allouées		Reçues (4)
				déductibles (3)	non déductibles (2)	
	Au titre d'exercices antérieurs (5)					
	Au titre de l'exercice					
	Au titre d'exercices antérieurs (5)					
	Au titre de l'exercice					
	Au titre d'exercices antérieurs (5)					
	Au titre de l'exercice					
	Au titre d'exercices antérieurs (5)					
	Au titre de l'exercice					
	Au titre d'exercices antérieurs (5)					
	Au titre de l'exercice					
	Au titre d'exercices antérieurs (5)					
	Au titre de l'exercice					
	Au titre d'exercices antérieurs (5)					
	Au titre de l'exercice					
	Au titre d'exercices antérieurs (5)					
	Au titre de l'exercice					
	Au titre d'exercices antérieurs (5)					
	Au titre de l'exercice					
	TOTAL					

(1) [illegible]
(2) [illegible]
(3) [illegible]
(4) [illegible]
(5) [illegible]
(6) [illegible]
* [illegible]

N° 2058-SG-SD – janvier 2018

Guide pratique - Traitement pour les abandons de créances et les subventions directes internes au groupe

216

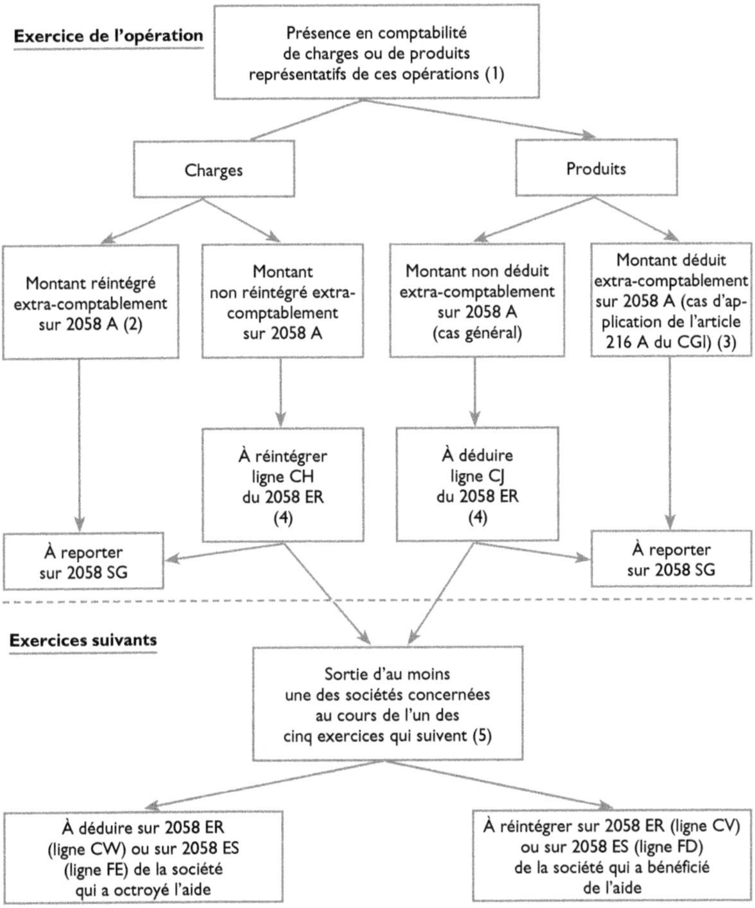

(1) Comptes 67 et 77.
(2) Ou résultant d'une proposition de rectification de l'administration.
(3) Ce texte prévoit, sous certaines conditions, la non-imposition de l'abandon de créances à caractère financier reçu.
(4) La neutralisation ne peut intervenir qu'à concurrence de la valeur d'inscription de la créance à l'actif du bilan de la société qui consent l'abandon.
(5) Les sorties provoquées par une fusion placée sous le régime de l'article 210 A du CGI et interne au groupe intégré n'entraînent pas, de ce seul fait, de réintégration ou de déduction.

Guide pratique - Traitement pour les subventions indirectes résultant de prêts d'argent, de ventes de stocks ou de prestations de services internes au groupe (autres que les minorations ou majorations des prix de cession des actifs immobilisés)

217

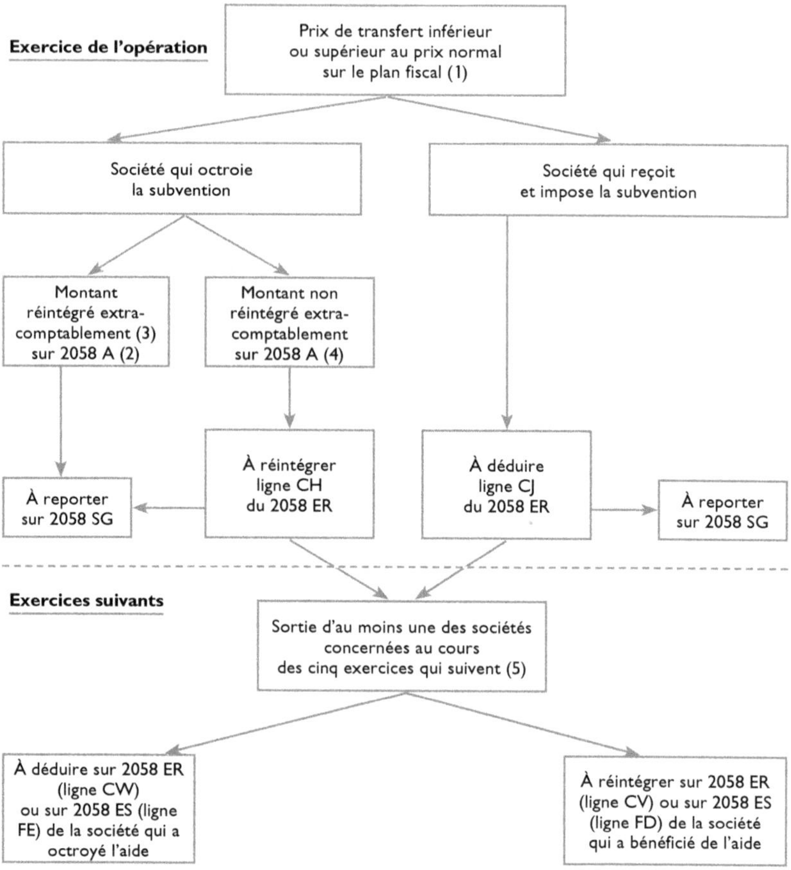

(1) Prêt d'argent ; minimum : taux auquel la société prêteuse aurait pu prétendre auprès d'un organisme indépendant dans des conditions analogues ; maximum : taux que la société emprunteuse aurait pu obtenir auprès d'organismes indépendants dans des conditions analogues. Ventes de stock et de prestations de services : entre le prix de revient et le prix normal du marché.
(2) Ou résultant d'une proposition de rectification de l'administration.
(3) Du fait du caractère non déductible de l'aide.
(4) Du fait du caractère déductible de l'aide.
(5) Les sorties provoquées par une fusion placée sous le régime de l'article 210 A du CGI et interne au groupe intégré n'entraînent pas, de ce seul fait, de réintégration ou de déduction.

Précision

- Les obligations de déneutralisations en matière de subventions résultant de cessions d'actifs immobilisés entre sociétés intégrées sont sans limite de temps.
- La sortie d'une filiale intégrée (ayant participé à une opération d'abandon de créance ou de subvention intragroupe) par voie d'absorption sous le régime de faveur des fusions par une autre société du même groupe intégré n'entraîne pas, à elle seule, la déneutralisation de ces opérations. En revanche, la sortie ultérieure de l'absorbante est susceptible d'entraîner la déneutralisation de ces opérations dans les mêmes conditions qu'à l'origine.

Le coin des néophytes

Question : Si un contrôle fiscal remet en cause une facturation de loyer entre deux sociétés du groupe, quelles en sont les conséquences pratiques ?

Réponse :

Tout d'abord, il faut se rappeler que l'aspect fiscal n'est qu'une partie du problème des prix de transfert. Ces derniers doivent également être fixés de manière à respecter les principes du droit des sociétés. Par ailleurs, le non-respect des obligations de déclaration des aides intragroupe sur l'état 2058 SG peut être coûteux. Enfin, les sorties de sociétés entraînent la réintégration ou déduction des effets fiscaux des subventions réalisées au cours des cinq derniers exercices ; un groupe qui pratiquerait des prix de transfert différents des prix normaux aurait donc en permanence cinq exercices de subventions à déneutraliser potentiellement en cas de sortie ; autant dire que les cessions des sociétés concernées pourraient s'avérer délicates.

Les neutralisations des plus ou moins-values intragroupe

Traitement dans l'intégration fiscale

218 Les plus ou moins-values à court terme ou à long terme réalisées lors de la cession intragroupe d'immobilisations (y compris les titres de participation et de placement) font l'objet d'une neutralisation pour l'établissement du résultat ou de chaque plus-value nette à long terme d'ensemble. De façon symétrique, les suppléments d'amortissements, résultant du fait que la cession a été réalisée avec une plus-value constatée chez la cessionnaire, sont neutralisés pour l'établissement du résultat d'ensemble.

Exemple

F1 achète le 1er janvier N un bien non décomposable pour 10 000 amorti fiscalement sur cinq ans en dégressif. En janvier N + 2, F1 cède le bien à F2 pour 8 000. Cette dernière amortit fiscalement le bien sur une durée de quatre ans. F1 et F2 sont intégrées depuis le 1er janvier N. Le tableau ci-dessous reflète uniquement les montants fiscaux, dès lors que l'amortissement comptable est différent.

Exercice	Chez F1		Chez F2	Rectifications groupe		Résultat groupe
	Amortis-sements	Plus ou moins-values	Amortis-sements	Amortis-sements	Plus ou moins-values	
N	– 4000					– 4000
N + 1	– 2400					– 2400
N + 2		+ 4400	– 2000	+ 1100	– 4400	– 900
N + 3			– 2000	+ 1100		– 900
N + 4			– 2000	+ 1100		– 900
N + 5			– 2000	+ 1100		– 900
	– 6400	**+ 4400**	**– 8000**	**+ 4400**	**– 4400**	**– 10000**
Total	**– 10000**			**– 10000**		

Calcul de la rectification d'amortissement après une première cession intragroupe

Le calcul de la rectification d'un montant de 1100 de l'exemple s'effectue comme suit :
- valeur nette lors de la cession à F2 : 10000 - (4000 + 2400) = 3600 ;
- durée retenue : celle de la société cessionnaire, soit quatre ans ;
- amortissement pour l'intégration : 3600/4 = 900.

La rectification est de :

- dotation pratiquée chez F2	2000
- dotation pour l'intégration	- 900
	1100

Les états Cerfa se présentent comme suit pour l'exercice N + 2 :

		F1	F2
2058 A			
Résultat comptable		+ 4400	– 2000
Résultat fiscal		**+ 4400**	**– 2000**
2058 ER	**Ligne Cerfa**		
Plus ou moins-value intragroupe	CN	– 4400	
Supplément d'amortissement	CP	+ 1100	
Résultat rectifié		**+ 1100**	**– 2000**
Résultat du groupe		– 900	

Précision

• En cas de moins-values sur cessions d'immobilisations amortissables, il ne sera pas possible de constater un complément d'amortissement dans la déclaration d'ensemble.

• En cas de cessions de biens non amortissables, il peut arriver que la plus ou moins-value dégagée sur le plan fiscal soit différente de celle dégagée sur le plan comptable. Dans l'hypothèse la plus fréquente où cela serait dû à un sursis résultant d'un apport placé sous le régime de faveur des fusions, la neutralisation portera sur la plus ou moins-value fiscale si l'opération d'apport avait été réalisée entre sociétés intégrées du même groupe.

• Un tableau 2058-PV de suivi des rectifications des plus ou moins-values sur cession intragroupe d'immobilisation doit être produit ; à défaut, une amende prévue à l'article 1763 du CGI sur les sommes omises ou inexactes s'applique.

219 En cas de cession d'un bien décomposé, en principe le calcul de la réintégration des plus ou moins-values neutralisées doit se réaliser suivant les principes mentionnés ci-dessus, en affectant à chaque élément du bien (composants et structure) la plus ou moins-value y afférente. Toutefois, à titre de simplification, il est admis par l'administration (BOFiP-IS-GPE-20-20-50-10-§ 340-04/05/2016) :
– d'une part, de déterminer les excédents d'amortissements à réintégrer en calculant à chaque exercice un montant global qui consiste à réintégrer la plus-value neutralisée sur la durée d'amortissement moyenne pondérée de chaque élément ;
– d'autre part, de ne pas déneutraliser la plus ou moins-value du seul fait du remplacement d'un composant et ce, tant que le bien, dans son ensemble, reste présent.

EXEMPLE

Un bien est cédé le 1/01/N à l'intérieur d'un groupe intégré à F3 pour 1 000 avec une plus-value de 300. Chez F3, le bien est décomposé comme suit :
- composant : 200, amortis sur 4 ans ;
- structure : 800, amortis sur 10 ans.

En principe, il convient d'affecter la plus-value de 300 au composant et à la structure, et de réintégrer ce montant suivant les principes généraux.

À titre de simplification, il est admis la solution suivante :
- durée d'amortissement moyenne pondérée : (4 ans X 200) + (10 ans X 800) / 1 000 = 8,8 ans ;
- réintégration des excédents d'amortissement en année pleine : 300/8,8 = 34 ;
- il sera ainsi pratiqué une réintégration dans le 2058-ER de la société cédante à l'origine de 34 de N à N + 7 et de 28 en N + 8 ;
- le remplacement du composant en N + 4 ne modifie pas cette situation.

Traitement en cas de sortie de l'intégration

220 Cette neutralisation prend fin en cas de sortie du groupe soit de l'immobilisation, soit de l'une au moins des sociétés cédantes ou cessionnaires.

Toutefois, la sortie d'une société, du fait de son absorption sous le régime de l'article 210 A par une autre société intégrée du même groupe intégré, n'entraîne pas la déneutralisation de ce seul fait. En revanche, l'obligation de déneutralisation s'applique en cas de sortie de l'absorbante par la suite (sauf nouvelle fusion intragroupe).

PRÉCISION

• La réintégration ou la déduction des plus ou moins-values neutralisées n'ayant pas encore été réintégrées ou déduites doit être pratiquée dès que le bien ne figure plus à l'actif immobilisé d'une des sociétés du groupe intégré, quel qu'en soit le motif (cession, disparition, destruction, etc.). Il en est de même en cas de sortie de l'intégration de l'une au moins des sociétés parties prenantes aux opérations de cessions internes (sauf en cas d'absorption interne au groupe placée sous le régime de faveur des fusions).

Dans l'hypothèse d'un bien décomposé, voir paragraphe 219.

EXEMPLE

(suite de l'exemple A du § 218)

Si F1 était sortie en N + 4, un montant de 2 200 (4 400 - 1 100 - 1 100) doit être réintégré au résultat d'ensemble dès N + 4.

Les états Cerfa se présentent alors comme suit au titre de N + 4.

	Ligne Cerfa	F1
2058 ES		
Réintégration suite à la sortie de la société	FA	+ 2 200

Ce montant de 2 200 viendra se cumuler sur l'état 2058 TS du groupe (car les sociétés sorties au cours de l'exercice y figurent ; *voir § 237*).

Si c'était F2 qui était sortie et non pas F1, la réintégration aurait été à faire également mais sur la déclaration 2058 ER de F1 sur la ligne CR « Plus ou moins-value non retenue lors de sa réalisation ».

Cas particulier : cession intragroupe de titres relevant du taux à 0 %

221 Dans cette hypothèse, il convient de neutraliser, outre la plus-value à 0 % (pour ordre), mais aussi la quote-part de 12 % y afférente.

Pour les exercices clos à compter du 31 décembre 2012, la quote-part se calcule sur le montant des plus-values brutes sous réserve (CE 14 juin 2017 n° 400855) de l'existence d'une plus-value nette à long terme à 0 % globale.

En conséquence, la neutralisation de la quote-part est (si cette quote-part a été appliquée chez la société cédante) de 12 % du montant de la plus-value brute relevant du taux à 0 % et qui fait elle-même l'objet de la neutralisation.

Par la suite, en cas de déneutralisation, et afin de calculer la quote-part y afférente, il convient de faire la somme des plus brutes déneutralisées au cours de l'exercice et relevant du taux à de 0 %. La quote-part de 12 % s'applique sur cette somme et fait l'objet d'une réintégration dans le résultat d'ensemble sur la déclaration 2058-RG, ligne HI.

Exemples

M, F1 et F2 sont intégrées.

W, X, Y et Z ne sont pas à prépondérance immobilière.

Tous les titres cédés en N sont des titres de participation.

F1 cède à F2 des titres X avec une plus-value à long terme de 900.

F1 cède à T (personne non intégrée) des titres Z avec une moins-value à long terme de 300.

F1 cède à T des titres W avec une plus-value à long terme de 100.

} plus-value nette à long terme de F1 = + 700

M cède à F2 des titres Y avec une moins-value à long terme de 400.

	M	F1	M	F1
2059-A	taux courant		taux à 0 %	
Plus-value à 0 % ou moins			– 400	+ 700
2058-A				
- résultat comptable	– 400	+ 700		
- quote-part de 12 %	-	+ 120 (3)		
- plus ou moins-value à 0 %	+ 400	– 700		
- résultat fiscal	0	+ 120		
2058-ER				
- neutralisation		– 108 (1) (2)	+ 400	– 900
Résultat rectifié	0	12	0	– 200

(1) 900 X 12 % = 108

(2) Ce montant est porté sur la ligne CO du 2058-ER.

(3) (900 + 100) X 12 % = 120 (car F1 dispose d'une plus-value nette à 0 %).

Guide pratique - Cessions d'immobilisations intragroupe

222

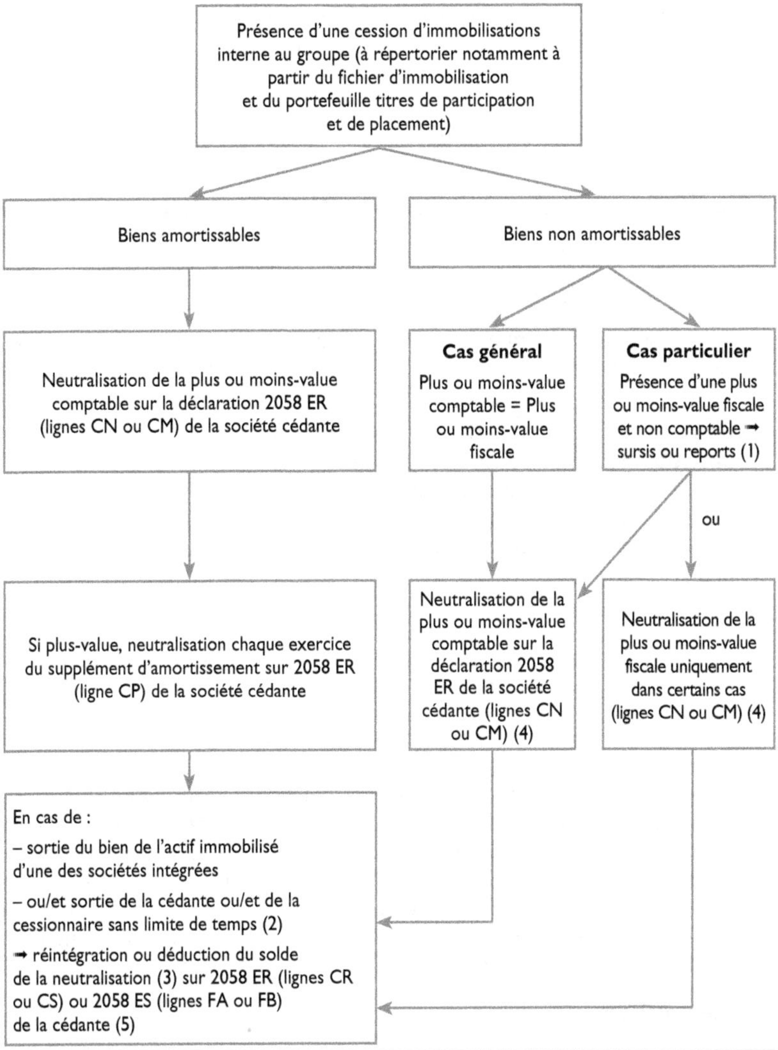

(1) Il s'agit, pour l'essentiel, des biens qui auraient fait l'objet d'un transfert dans le cadre d'un régime de faveur de fusion ou d'apport partiel d'actif et placés sous le régime des articles 210 A et 210 B. Mais des biens faisant l'objet de certains reports ou sursis prévus par d'autres régimes peuvent également être concernés.

(2) La sortie de la cédante ou de la cessionnaire, du fait d'une fusion interne au groupe intégré dans certaines conditions, n'entraîne pas, de ce seul fait, la réintégration ou la déduction des plus ou moins-values neutralisées *(voir § 220)*.

(3) Non encore rapportée par le biais de la réintégration des suppléments d'amortissements.

(4) En présence de plus ou moins-value à long terme, il convient de compléter les zones BV, C9, A3 ou D0.

(5) En présence de plus ou moins-value à long terme à déneutraliser, il convient de compléter les zones BW, DY, A4 et B8 du 2058-ER ou GB, F3, GF ou F5 du 2058-ES.

Exemple

(suite)

En N + 4, F2 sort du groupe. Cette sortie provoque une déneutralisation dans la plus-value nette à long terme d'ensemble relevant du taux à 0 % pour + 900 - 400 = + 500.

Une quote-part de 900 X 12 % = 108 est imposable à taux courant et est portée sur le 2058-RG, ligne HI.

Les autres neutralisations

Les provisions pour dépréciation d'actifs immobilisés ayant fait l'objet d'une cession intragroupe

Traitement applicable pendant l'intégration

223 En cas de cession d'immobilisations à l'intérieur du groupe, la plus-value dégagée fait l'objet d'une neutralisation lors de la détermination du résultat ou de la plus ou moins-value nette à long terme d'ensemble (CGI art. 223 F) *(voir § 218)*.

Dans l'hypothèse où cette immobilisation ferait l'objet, ultérieurement, d'une provision pour dépréciation dans les comptes de la société cessionnaire, la dotation ainsi constatée doit être neutralisée lors de la détermination du résultat ou de la plus ou moins-value nette à long terme d'ensemble afin d'éviter de déduire une provision constatée à concurrence d'une plus-value qui n'a pas encore été imposée.

Précision

- La dotation aux provisions est neutralisée à hauteur de la plus-value ou du profit neutralisé ou, en cas de cessions successives, de l'excédent des plus-values ou profits sur les moins-values ou pertes qui n'a pas été pris en compte, en application de l'article 223 F précité, lors de l'élaboration du résultat ou de la plus ou moins-value nette à long terme d'ensemble.

Ce mécanisme concerne les provisions pour dépréciation des biens non amortissables, notamment les titres de placement et les titres de participation [rappel : concernant les provisions sur titres de participation, le taux applicable est soit de 0 %, soit de 33 1/3 %, soit de 19 % suivant la nature des titres concernés *(voir § 209)*], et plus rarement les provisions pour dépréciation des biens amortissables. Dans le cas de biens amortissables, le calcul est plus complexe et tient compte de l'effet des amortissements.

Exemple

M cède pour 10 000 à F1 des titres de X en dégageant une plus-value à long terme de 1 000. En N + 2, F1 déprécie pour 3 000 les titres X. Les titres X relèvent du taux à 0 %.

M et F1 sont intégrées, mais pas X.

Le traitement est le suivant :

N	Cerfa	M	F1
Plus-value à long terme		+ 1000	
Neutralisation 2058 ER	DG	– 1000	
Plus-value à long terme rectifiée		**0**	
N + 2	Cerfa	M	F1
Moins-value à long terme			
(dotations aux provisions)			– 3000
Neutralisation 2058 ER	D2 (1)		+ 1000 (2)
Moins-value à long terme rectifiée			**– 2000**

(1) Ligne DU, en cas de provision déduite du résultat à taux courant et ligne BX si le taux concerné est 19 %.
(2) Neutralisation de la dotation de 3000 à concurrence de la plus-value neutralisée afférente à ces titres.

Précision

La situation peut se compliquer si les titres cédés à l'intérieur du groupe sont représentatifs de titres de sociétés intégrées, car la provision ainsi constatée est également concernée par les textes sur les provisions intragroupe, entraînant ainsi un « télescopage » de textes. Dans ce cas, les règles afférentes aux provisions intragroupe doivent être appliquées en priorité.

Lorsque la provision est reprise, elle doit faire l'objet d'une neutralisation lors de la détermination du résultat ou de la plus ou moins-value nette à long terme d'ensemble, uniquement pour la fraction qui provient de la dotation ayant fait l'objet d'une neutralisation. Pour l'application de cette règle, l'administration a précisé que la reprise est réputée porter en priorité sur la fraction de la provision qui n'a pas été neutralisée, puis sur la fraction qui a fait l'objet de cette neutralisation.

Exemple

(suite)

En N + 3, F1 reprend la provision sur les titres X pour 2200.

	Cerfa	M	F1
Plus-value à long terme			+ 2200
Neutralisation 2058 ER		D4 (1)	– 200 (2)
Plus-value à long terme rectifiée			**+ 2000**

(1) Lignes DV pour le taux courant et A5 pour le taux à 19 %.
(2) La reprise de 2200 étant réputée provenir en priorité à concurrence de 2000 sur la dotation qui n'a pas été neutralisée.

Traitement en cas de sortie

224 Lorsque la plus-value neutralisée est rapportée au résultat (notamment en cas de sortie du bien à l'extérieur, de sortie de la société cédante ou cessionnaire), la dotation initialement neutralisée, et non encore rapportée, est déduite du résultat ou de la plus ou moins-value nette à long terme. Il en résulte que le traitement, au regard de la neutralisation, est toujours symétrique entre la dotation et la reprise (contrairement au traitement des reprises de provisions intragroupe sur titres intervenant après la sortie des sociétés) *(voir § 210)*.

EXEMPLE

(suite)

En N + 3, F1 sort du groupe. Le groupe subsiste par hypothèse avec M et d'autres filiales.

N + 3	Cerfa	M	F1
2058 ES			
Plus-values réintégrées (223 F)	F3		+ 1 000 (1)
Déduction de la provision	F6		– 800
Plus-value à long terme rectifiée			**+ 200**

(1) Cette réintégration relevant par hypothèse du taux à 0 %, une quote-part de 12 % devra être calculée par ailleurs *(voir § 222)*.

Au total de N à N + 3, l'effet pour le groupe est de : - 2 000 + 2 000 + 200 = + 200, ce qui correspond à la plus-value de 1 000 et à une dotation aux provisions de 800, c'est-à-dire à l'effet que l'on aurait constaté à ce stade, en l'absence d'intégration.

Les effets des réévaluations libres pratiquées depuis le 1er janvier 1987 et avant l'entrée dans l'intégration

225 Dans le cas où des sociétés auraient pratiqué des réévaluations libres avant leur entrée dans l'intégration, cette dernière a été imposée à cette époque. Pendant l'intégration, ces opérations peuvent avoir des conséquences. En effet :

– les réévaluations de biens amortissables donnent lieu à des suppléments d'amortissement ;

– les réévaluations de biens non amortissables peuvent engendrer une diminution de la plus-value imposée ou une augmentation de la moins-value déductible en cas de cession du bien.

En l'absence d'intégration, ces charges ou moins-values ne pourront s'imputer que sur les bénéfices de la société concernée.

Si cette dernière est entrée dans l'intégration entre la réévaluation et la constatation de ces charges ou moins-values, ces dernières pourraient s'imputer, le cas échéant, sur les bénéfices des autres sociétés intégrées du fait du cumul des résultats que permet l'intégration.

Afin d'éviter que de telles opérations ne puissent entraîner dans l'intégration des charges imputées supérieures à celles que l'on aurait pu déduire en l'absence d'intégration, le dispositif prévoit les neutralisations suivantes :

– pour les biens amortissables, les suppléments d'amortissement issus de la réévaluation libre ne peuvent pas être déduits du résultat d'ensemble à concurrence des pertes provoquées chez la société qui les a constatées ;

– pour les biens non amortissables et les biens amortissables, les effets sur le calcul des plus ou moins-values issues de la réévaluation libre doivent être réintégrés au résultat d'ensemble (ou à la plus ou moins-value à long terme d'ensemble concernée) à concurrence de la perte ou de la moins-value (la perte [ou la moins-value] se définit avec les mêmes retraitements que ceux retenus dans le cadre du plafonnement du résultat) *(voir § 156)* de l'exercice dégagée chez la société qui les a constatées. Cette règle s'applique en cas de cession du bien à l'extérieur du groupe. De surcroît, dans le cas d'une cession à une autre société du groupe, et peut-être afin d'éviter un suivi trop complexe, il est prévu de procéder à la réintégration de la totalité de l'effet de la réévaluation sur le calcul de la plus ou moins-value, même si la société cédante ne dégage pas de perte ou de moins-value au titre de l'exercice, ce qui représente une règle particulièrement pénalisante.

Exemple

F1 a procédé à une réévaluation libre en N - 2. Elle entre dans l'intégration le 1/01/N.

En N, le supplément d'amortissement résultant de cette réévaluation est de 1 000. La perte de la société est de 800 (1).

En N + 1, un terrain, ayant fait l'objet de cette réévaluation pour 3 000, est cédé à l'intérieur du groupe intégré. F1 est bénéficiaire.

Réintégration à réaliser sur le 2058 ER (en plus des effets des opérations sur le résultat fiscal individuel)	Cerfa	N	N + 1
Quote-part de déficit relatif au supplément d'amortissement	CT	+ 800	
Régularisation suite à cession de biens réévalués	CV		+ 3 000

(1) Il s'agit en pratique du résultat plafonné *(voir § 156)*.

Les réintégrations concernant les investissements dans les sociétés financières d'innovation agréées (CGI art. 39 quinquies A, 2.b) ou les sociétés situées dans les DOM (CGI art. 217 undecies, II et II bis)

226 Cela concerne les sociétés intégrées qui auraient investi dans le capital de ces sociétés alors qu'elles sont elles-mêmes intégrées.

La réintégration dans la déclaration du groupe des investissements est destinée à éviter un cumul d'avantages.

La sortie des filiales et ses conséquences (cas général)

227 **Ou comment compléter la déclaration 2058 ES.** Les sorties des filiales de l'intégration fiscale sont susceptibles de se manifester tout au long de l'application du régime.

Les conséquences prévues dans cette hypothèse et dans le cas général sont décrites ci-dessous. Les conséquences supplémentaires générées par une sortie de groupe sont décrites à la partie 6. Enfin, certains cas de sorties spécifiques sont prévus par les textes. Ces cas sont décrits à la partie 8.

Dans quels cas une société sort-elle de l'intégration ?

228 Les sociétés sortent du groupe :

– soit lorsqu'elles ne répondent plus aux conditions pour être intégrées (détention inférieure à 95 % pour les filiales, changement de régime fiscal, absorption même par une autre société intégrée). Dans ce cas, la sortie intervient à compter du premier jour de l'exercice ayant constaté l'événement qui provoque la sortie ;

– soit lorsque la société mère décide d'une telle sortie. Dans ce cas, la sortie intervient à compter de l'exercice suivant ;

– soit lorsque la filiale ne souhaite pas renouveler son accord à la fin d'une période d'option. Dans ce cas, la sortie intervient à compter de l'exercice suivant ;
– soit lorsque le groupe sort dans son ensemble (dénonciation de l'option, société mère qui ne répond plus aux conditions, absence d'au moins une filiale).

Comme pour l'entrée dans l'intégration, la sortie est accompagnée d'un formalisme qui peut être différent suivant le type de sortie *(voir formalités, § 124)*. Par ailleurs, les sorties ne sont pas neutres. Il existe un certain nombre de conséquences à connaître dans une telle situation.

Précision

• Le cas de la sortie du groupe dans son ensemble et des conséquences supplémentaires qu'elle entraîne est étudié partie 6.

Les conséquences de la sortie des filiales sur les opérations intragroupe : le mécanisme de la déneutralisation

229 Les neutralisations des opérations intragroupe évoquées ci-dessus et portées sur la déclaration 2058 ER ne sont pas toujours définitives sur le plan fiscal. Un certain nombre d'entre elles doit, en cas de sortie de l'une au moins des sociétés concernées, être remis en cause. On parle alors de « déneutralisation des opérations intragroupe ».

En pratique, le législateur n'a pas prévu, fort heureusement, de modifier les déclarations déposées au titre de l'exercice de la neutralisation concernée. En fait, cette déneutralisation s'effectue au titre de l'exercice où la sortie de la filiale intervient en procédant à une déduction ou à une réintégration portée directement sur la déclaration du groupe. Autrement dit, sur le plan fiscal, seule la société mère est concernée. La filiale qui sort de l'intégration n'est donc pas touchée fiscalement, en quelque sorte, par ces neutralisations ou déneutralisations.

Précision

• Par ailleurs, il est d'usage, dans les conventions d'intégration fiscale, de ne pas faire participer les filiales aux allégements ou aggravations fiscales résultant des neutralisations ou déneutralisations des opérations intragroupe. La sortie de la filiale pourra ainsi se concrétiser par un accroissement (ou une diminution) du résultat du groupe, entraînant, le cas échéant, un surcoût fiscal éventuel pour la société mère.

Les principales déneutralisations des opérations intragroupe

230 Doivent être pratiquées :

– la réintégration ou la déduction des neutralisations des subventions intragroupe si les sociétés sortent dans un certain délai (sous réserve d'une sortie provoquée, dans certaines conditions, par une fusion interne au groupe intégré, *voir § 215*). Il a été précisé ci-dessus *(voir § 229)* que, en cas de subvention intragroupe, la société mère procédait à la neutralisation des effets fiscaux de ces subventions. Cet avantage est toutefois soumis à la condition que les sociétés concernées demeurent dans l'intégration au titre des cinq exercices qui suivent l'exercice au titre duquel

l'opération de subvention a eu lieu, et ce pour la majorité des abandons de créances et subventions (ce délai concerne les abandons de créances et les subventions autres que celles issues de cessions d'actifs immobilisés réalisées à des valeurs différentes de la valeur réelle pour lesquelles l'obligation de réintégration est permanente). Dans le cas inverse d'une sortie d'au moins l'une des sociétés concernées dans ce délai, l'avantage net de la neutralisation sera alors contrepassé (suivant certaines modalités pratiques) dans la déclaration d'ensemble. Pour quels motifs une telle réintégration doit-elle avoir lieu ? La logique est d'éviter des abus comme celui qui consisterait, par exemple, à entrer une filiale dans l'intégration pendant un exercice afin de lui octroyer une substantielle aide intragroupe, puis de la faire ressortir dès l'exercice suivant, transformant ainsi l'intégration fiscale en paradis (fiscal) pour les subventions (pour un exemple détaillé, *voir § 215*) ;
– les réintégrations des plus ou moins-values dégagées sur des cessions internes au groupe d'immobilisations et qui auraient précédemment fait l'objet d'une neutralisation, sous réserve d'une sortie de filiale provoquée, dans certaines conditions, par une fusion interne au groupe intégré *(voir § 220)*. Il n'est pas question, en effet, d'exonérer définitivement les plus-values (ou les moins-values) intragroupe (pour un exemple détaillé, *voir § 220*). Corrélativement, les neutralisations de provisions pour dépréciation d'actifs qui auraient fait l'objet d'une cession intragroupe doivent être déduites (pour un exemple, *voir § 224*).

Sur quels documents doit-on mentionner les déneutralisations ?

231 Lors de la sortie d'une société, qu'il s'agisse d'une sortie volontaire ou d'une sortie automatique (sur ces notions, *voir § 107*), il convient de compléter un tableau 2058 ES pour chacune d'entre elles.

A contrario, il n'est pas nécessaire de compléter un 2058 ER pour ces sociétés.

Les conséquences des déneutralisations devront être mentionnées sur les déclarations 2058 ES lorsqu'elles touchent la société sortante.

Par ailleurs, il se peut que la sortie d'une société entraîne également des déductions ou réintégrations chez une société qui reste intégrée (par exemple, en cas de sortie d'une société qui a octroyé une subvention à une société qui reste intégrée). Dans ce cas, les réintégrations ou déductions affectables aux sociétés qui continuent d'être intégrées seront mentionnées sur les lignes appropriées de l'état 2058 ER desdites sociétés intégrées (pour un exemple, *voir § 215*).

Les opérations intragroupe non déneutralisées en cas de sortie

232 Contrairement à la situation précédente, certaines opérations intragroupe neutralisées à l'origine ne donneront pas lieu à déneutralisation en cas de sortie.

Ce caractère définitif est parfois avantageux. C'est le cas :
– des neutralisations des distributions intragroupe n'ouvrant pas droit au régime mère-fille *(voir § 207)* ;
– des subventions et abandons de créances réalisés depuis plus de cinq exercices (et non représentatives de cessions d'actifs immobilisés cédés à des prix majorés ou minorés ; *voir § 215*).

En revanche, ce caractère définitif peut représenter parfois un lourd handicap. Ainsi, les neutralisations des effets fiscaux des réévaluations libres pratiquées avant l'entrée dans l'intégration fiscale entraînent un inconvénient définitif *(voir § 225)*.

De même, les provisions intragroupe dont les dotations ont été neutralisées à l'origine resteront imposables suivant leur régime fiscal propre lors de leur reprise si l'une au moins des sociétés concernées par cette provision n'est plus intégrée lors de cette reprise ou qu'aucun retraitement particulier ne pourra avoir lieu lors de la sortie de l'intégration *(voir § 210)*. Pour les provisions intragroupe afférentes aux titres de participation relevant du taux à 0 % (hors société à prépondérance immobilière), cet inconvénient s'est estompé depuis 2007 *(voir § 210)*.

Précision

De même, l'utilisation d'un taux de quote-part de frais et charges de 1 % (au lieu de 5 %) pour certaines distributions reçues par les sociétés intégrées, ne fait pas l'objet d'une remise en cause en cas de sortie ultérieure des sociétés concernées.

Exemple

Voir les parties relatives à chaque neutralisation où l'aspect de la sortie est pris en compte.

Les conséquences concernant les déficits transmis au groupe

233 Indépendamment des effets des réintégrations et déductions mentionnés ci-dessus, la sortie des sociétés entraîne des conséquences par rapport à la situation fiscale future des filiales sortantes.

La règle générale : les sociétés déficitaires ne pourront plus utiliser les déficits générés pendant la période d'intégration, lesquels ont été appréhendés par la société mère (sous réserve du cas d'une sortie consécutive à une procédure collective - *voir §§ 386 et 387*).

Si la société sortante redevient bénéficiaire par la suite, son résultat fiscal pourra être supérieur à celui calculé en l'absence d'intégration. Deux conséquences pratiques découlent de cette règle :
– la société sera redevable d'impôt (IS et contributions additionnelles) plus rapidement que si elle n'avait jamais été intégrée en cas de retour au bénéfice ;
– le montant de la participation des salariés sera augmenté dans les mêmes conditions.

Les autres conséquences en cas de sortie

234 Les sociétés bénéficiaires, du fait de leur sortie du périmètre d'intégration, ne peuvent pas utiliser ces résultats pour pratiquer un report en arrière des déficits dégagés après la sortie de l'intégration.

Les sociétés sortantes peuvent devoir être indemnisées compte tenu des pertes de prérogatives fiscales subies du fait de leur intégration.

235 Cet aspect délicat du régime est développé ci-après *(voir § 566)*.

Enfin, d'autres aspects de la sortie sont mentionnés dans le guide pratique.

cerfa
N° 10933 * 20
Formulaire obligatoire (article 223 A à U du code général des impôts)

RÉPUBLIQUE FRANÇAISE

N° 2058-ES-SD 2018

DIRECTION GÉNÉRALE DES FINANCES PUBLIQUES

RÉGIME FISCAL DES GROUPES DE SOCIÉTÉS

ÉTAT DES RECTIFICATIONS APPORTÉES AU RÉSULTAT ET AUX PLUS ET MOINS-VALUES NETTES À LONG TERME POUR LA DÉTERMINATION DU RÉSULTAT D'ENSEMBLE LORS DE LA SORTIE, DE LA FUSION OU DE LA SCISSION DE LA SOCIÉTÉ MEMBRE

(À souscrire par la société mère au titre du résultat d'ensemble et pour chaque société membre concernée par ces rectifications. Une copie de l'état établi par la société mère pour la société concernée est jointe à la déclaration de résultat de cette dernière société).

Dénomination de la société intégrée ou du groupe :

Adresse du service des impôts des entreprises où est déposée la déclaration de résultats :

Cocher la case si la déclaration souscrite concerne la société mère (résultat d'ensemble) ☐

SIRET Société intégrée :

Exercice ouvert le : clos le : Néant ☐ *

1er EXEMPLAIRE DESTINÉ À L'ADMINISTRATION

A - RÉSULTAT		Bénéfices et réintégrations		Déficits et déductions
Plus et moins-values nettes à court terme à réintégrer lorsque la société sort du groupe	FA		FB	
Réintégration des abandons de créances, subventions directes et indirectes	FD		FE	
Provisions constituées sur des éléments d'actif ayant fait l'objet d'une cession relevant de l'article 223 F du CGI, à déduire lorsque la société sort du groupe			FZ	
Autres régularisations (à détailler)	FG		FH	
TOTAL	FK		FL	
BÉNÉFICE (2) FK – FL DÉFICIT FL – FK	FM		FN	

B - PLUS ET MOINS-VALUES NETTES À LONG TERME	Cessions d'immobilisations											
	Plus-values et réintégrations						Moins-values et déductions					
	Taux de 19 % (3)		Taux de 15 %		Taux de 0 % (1)		Taux de 19 % (3)		Taux de 15 %		Taux de 0 % (1)	
Plus et moins-values nettes à long terme à réintégrer lorsque la société sort du groupe	GB		F2		F3		GF		F4		F5	
Provisions constituées sur des titres éligibles au régime des plus ou moins-values à long terme ayant fait l'objet d'une cession relevant de l'article 223 F du CGI, à déduire lorsque la société sort du groupe (2)					F6		GE		F7		F8	
Autres régularisations (à détailler)	GC		F9		G1		GH		G2		G3	
Sous total	GD		G4		G5		GI		G6		G7	
Total Plus-values (GD-GI) ou moins-values (GI-GD) Taux de 19 %	GP						GJ					
Total Plus-values (2) (G4-G6) ou moins-values (G6-G4) Taux de 15 %			H6						H5			
Total Plus-values (2) (G5-G7) ou moins-values (G7-G5) Taux de 0 %					H7						H5	

N° 2058-ES-SD – (SDNC-DGFiP) – Janvier 2018

(1) Le taux de 0 % s'applique aux exercices ouverts à compter du 1er janvier 2007.
(2) Conformément à l'article 223 I-6 c et 223 I-6 e du CGI, la société absorbante ou bénéficiaire des apports peut réduire ou annuler les réintégrations de sortie en imputant sur ces sommes tout ou partie du déficit d'ensemble ou de la moins-value nette à long terme d'ensemble [illegible] à la date d'effet de la fusion ou de la scission.
(3) Le taux de 19 % concerne les sociétés à prépondérance immobilière [illegible] pour les exercices ouverts à compter du 31 décembre 2007.
* Des explications concernant cette rubrique sont données dans la notice.

Guide pratique - Principales conséquences des sorties des filiales

236

Conséquences	Nature	Références de l'ouvrage
(1) Déneutralisations	Subventions	*§ 215*
	Plus ou moins-values internes	*§ 220*
	Déduction, le cas échéant, des provisions sur immobilisations ayant fait l'objet d'une cession intragroupe	*§ 224*
(2) Dénouement d'opérations en cours	Provisions intragroupe	*§ 210*
	Acomptes d'IS	*§ 428*
(3) Situation fiscale future modifiée	Filiales déficitaires	*§§ 233, 303 et 565*
	Filiales bénéficiaires	
	Participation des salariés	
	Contrôle administratif	*§ 508*

La centralisation des résultats rectifiés et des effets des réintégrations de sortie

237 **Ou comment compléter la déclaration 2058 TS (TS = tableau de synthèse).**

Le tableau 2058 TS permet de regrouper sur un même tableau le résultat et la plus ou moins-value nette à long terme tels qu'ils apparaissent en bas des documents 2058 ER. De plus, devront être regroupés sur ce tableau les résultats figurant en bas des documents 2058 ES de chaque société sortante.

EXEMPLE

Exemple de présentation des tableaux

Exercice clos le 31/12/N (les montants sont des hypothèses)

État 2058 ER Cadre A Résultat

	M	F2	F3	Cumul
Résultat 2058 A	+ 1 000	+ 500	– 400	+ 1 100
Dotations aux provisions	+ 350			+ 350
Subvention	+ 400	– 400		0
Autres régularisations	– 1 000		– 500	– 1 500
Résultat rectifié	**+ 750**	**+ 100**	**– 900**	**– 50**

État 2058 ER Cadre B Plus et moins-values nettes à long terme à 0 %

Plus et moins-values nettes à long terme retenues pour la détermination des plus ou moins-values nettes d'ensemble	– 1 400	+ 300		– 1 100
Dotations aux provisions	+ 1 650			+ 1 650
Plus-value nette rectifiée	**+ 250**	**+ 300**		**+ 550**

cerfa
N° 10932 * 20
Formulaire obligatoire (article 223 A à U du code général des impôts)

Liberté • Égalité • Fraternité
RÉPUBLIQUE FRANÇAISE

N° 2058-TS-SD 2018
DIRECTION GÉNÉRALE DES FINANCES PUBLIQUES

RÉGIME FISCAL DES GROUPES DE SOCIÉTÉS

TABLEAU DE SYNTHÈSE DU RÉSULTAT ET DES PLUS OU MOINS-VALUES DES SOCIÉTÉS MEMBRES DU GROUPE À RETENIR POUR LA DÉTERMINATION DU RÉSULTAT D'ENSEMBLE

(1)

(À souscrire par la société mère au titre du résultat d'ensemble)

Dénomination de la société mère

N° SIRET

Adresse du service des impôts des entreprises où est déposée la déclaration de résultats :

Exercice ouvert le : clos le

Si un tableau n° 2058 ES-SD est souscrit, cochez la case ☐

Nombre de sociétés intégrées BP

Néant ☐ *

1er EXEMPLAIRE DESTINÉ À L'ADMINISTRATION

Dénomination de la société fille AA puis N° SIRET AB	Bénéfice AC	Déficit AD	Autres plus-values à 19 % (210 F, 238 bis JA, 238 C et 220 W du CGI) AK	Plus et moins-values à long terme à 19 % (montant précédé du signe + ou – selon le cas) AF	Plus et moins-values à long terme à 15 % (montant précédé du signe + ou – selon le cas) AE	Plus et moins-values à long terme à 0 % (montant précédé du signe + ou – selon le cas) FI
SOUS-TOTAL	BF	BF				
Résultat d'ensemble – Bénéfice (col. AC – AD en BA) – Déficit (col. AD – AC en BB)	BA	BB				
Autres plus-values à 19 % (total algébrique de la colonne AK en AL)			AL			
Plus-values et moins-values à long terme (total algébrique de la colonne AF en AG, AE en BC et FI en BG)				AG	BC	BG

N° 2058-TS-SD – (SDNC-DGFiP) – Janvier 2018

(1) Lorsque le nombre de sociétés membres du groupe excède le nombre de lignes de l'imprimé, utiliser un ou plusieurs tableaux n° 2058-TS-SD supplémentaires.
Dans ce cas, il convient : – de numéroter chaque tableau en haut à gauche de la case prévue à cet effet ;
– de porter le nombre total de tableaux n° 2058-TS-SD souscrits en bas à droite de cette même case.
Par ailleurs, seul le dernier tableau devra comporter le total des colonnes AC et AD, ainsi que les montants à inscrire cases BA, BB, AG, BC et BG.
* Des explications concernant cette rubrique sont données dans la notice.

État 2058 ES

	F1	F4	Cumul
Réintégration subvention	+ 1 000	+ 500	+ 1 500
Total	**+ 1 000**	**+ 500**	**+ 1 500**

État 2058 TS

	Bénéfice	Déficit	Plus et moins-values à long terme à 0 %
• Sociétés intégrées au 31/12/N			
M	750		+ 250
F2	100		+ 300
F3		900	
• Sociétés sorties au 1/01/N			
F1	1 000		
F4	500		
Résultat d'ensemble	**2 350**	**900**	**+ 550**

Les neutralisations non affectables à une société

238 **Ou comment compléter le haut de la déclaration 2058 RG.** L'essentiel des neutralisations sont affectables à une société donnée et dans ce cas, elles ont été portées sur l'état 2058-ER de la société concernée. Mais certaines neutralisations, moins nombreuses, sont globales et ne peuvent être affectées à une société du groupe. Dans ce cas, elles sont positionnées sur les premières lignes de l'état 2058-RG, dédiées à cet effet. Il en est ainsi des réintégrations/déductions au titre de charges financières, des réintégrations de certaines quotes-parts de 12 % *(voir § 221)*, et des limites excessives pour le groupe. Ces neutralisations globales sont détaillées ci-après.

Êtes-vous passible de l'amendement Charasse ?

Où, quand et comment déclarer les réintégrations de charges financières résultant de l'application de ce dispositif ?

L'amendement Charasse : première approche

239 Le texte de l'amendement Charasse, codifié à l'article 223 B, alinéa 7, du CGI, provoque souvent une certaine émotion chez les professionnels. Il faut dire que les conditions de son application ne sont pas toujours évidentes.

Pour bien en percevoir la portée, il est intéressant de raisonner sur un exemple volontairement simplifié.

Prenons le cas de deux personnes physiques PP1 et PP2 qui détiendraient une société F1 soumise à l'IS et dégageant chaque exercice un résultat de 120 000. L'IS payé (hors contribution) est (hors dispositif PME) de 40 000.

Supposons maintenant que ces personnes contrôlent une autre société H, laquelle se porte acheteuse des titres de F1 pour un montant de 500 000. Cet achat pourra être réalisé avec un emprunt souscrit par H auprès d'un établissement bancaire. Par hypothèse, les frais financiers dégagés par l'emprunt sont de 30 000 par an et sont les seuls résultats fiscaux de H.

Si la société H et la société F1 forment un groupe intégré, le résultat du groupe intégré sera alors de : 120 000 – 30 000 = 90 000 et l'IS de ce groupe de 30 000.

Considérant que la diminution d'IS de 10 000 résultant de la déduction des charges financières de 30 000 ne peut se justifier dans un tel contexte, le législateur a mis en place, dès fin 1988 et avec un effet rétroactif au début 1988, un texte (« l'amendement Charasse ») dont l'objectif est de faire en sorte que les charges financières (ce sont elles qui sont à l'origine de la baisse de l'impôt), réputées provenir de l'acquisition des titres en question, ne puissent être déduites du résultat d'ensemble.

La logique de ce texte est donc d'empêcher les avantages pouvant résulter de la combinaison à la fois d'une opération d'achat à soi-même de titres, génératrice de frais financiers, et une intégration fiscale permettant de déduire les frais en question du résultat de la société acquise du fait de la globalisation des résultats des sociétés du groupe.

240 Il convient d'apporter immédiatement quelques précisions.

• Tout d'abord, dans notre exemple, c'est le fait que la holding H soit contrôlée par la ou les personnes qui vendent les titres qui est l'un des éléments déclencheurs de l'amendement Charasse. En effet, le législateur semble estimer que, dans ce cas, cette opération, qui représente en quelque sorte un rachat à soi-même, a une connotation exclusivement fiscale et non économique. En revanche, la même opération, alors que H serait contrôlée par d'autres personnes que PP1 et PP2 (sur cette notion, *voir § 241*), n'entraînerait pas l'amendement Charasse : dans ce dernier cas, il serait possible de déduire les charges financières du résultat d'ensemble dans les conditions de droit commun. C'est d'ailleurs la procédure utilisée par de nombreuses personnes pour financer l'achat de sociétés soumises à l'IS et même reconnue par l'administration *(voir Thème spécifique 3, §§ 700 à 709)*.

• C'est le fait que la cession soit à titre onéreux qui est également l'autre élément déclencheur du dispositif ; en revanche, un apport à titre pur et simple (pur et simple, dans ce cas, équivaut à apport de titres F1 contre des titres émis par la société H à cette occasion) ne peut entraîner l'amendement Charasse pour cette fraction (sous réserve des précisions ci-dessous) *(voir § 241)*.

• C'est le fait que la société F1 entre dans le groupe intégré dont l'acheteuse fait partie qui entraîne l'amendement Charasse ; ce dernier est, en effet, un texte exclusivement applicable en cas d'intégration fiscale et pendant son application. En l'absence d'intégration, il ne saurait être question d'appliquer le texte de l'amendement Charasse. Mais, dans notre exemple, l'absence d'intégration aboutirait, en l'état, à constater un déficit reportable chez H sans bénéfice, a priori, pour l'imputer. Il n'existerait donc pas d'avantages particuliers.

Les éléments générateurs de l'amendement Charasse

Premier élément générateur

241 Acquisition à titre onéreux de titres de sociétés auprès de personnes qui contrôlent, directement ou indirectement, l'acheteur ou auprès de sociétés qui sont contrôlées, directement ou indirectement, par ces personnes.

EXEMPLE

1) Acquisition de titres auprès de personnes qui contrôlent, directement ou indirectement, l'acheteur

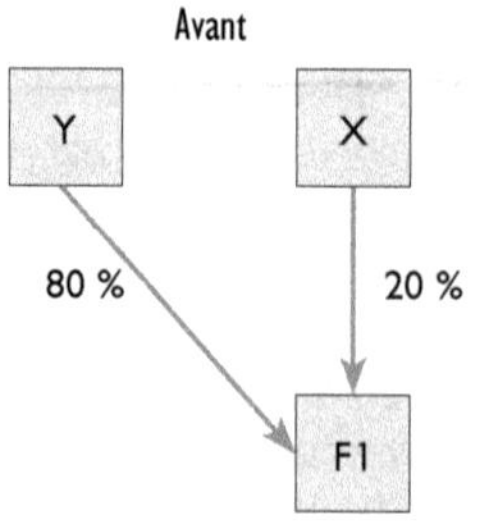

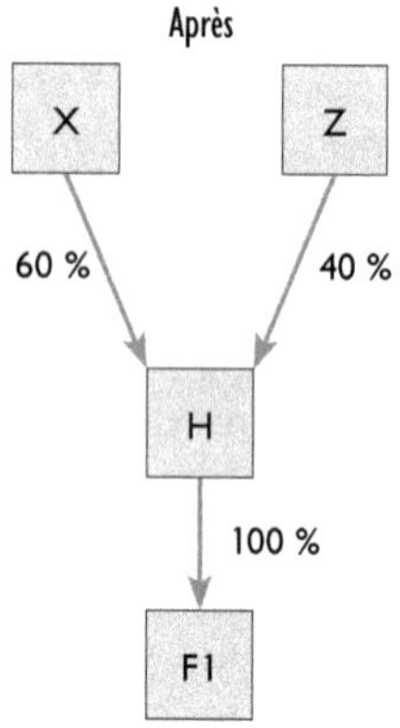

La cession à titre onéreux des titres F1 par X à la société H est susceptible d'entraîner le dispositif, car X, le vendeur, contrôle H, l'acheteur. Au contraire, la cession des titres F1 par Y n'est a priori pas concernée, car Y ne contrôle pas H.

2) Acquisition de titres auprès de sociétés qui sont contrôlées, directement ou indirectement, par les personnes qui contrôlent l'acheteur

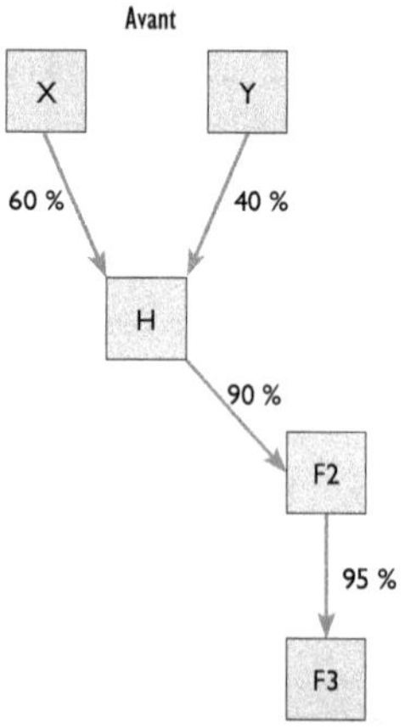

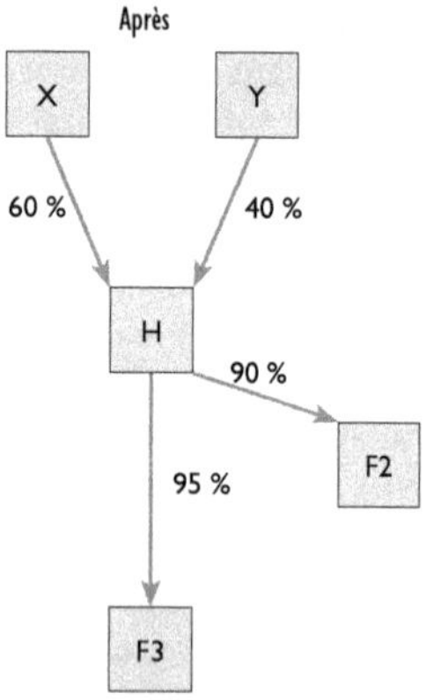

La cession des titres F3 par F2 à H est susceptible d'entraîner le dispositif car la société vendeuse F2 est contrôlée, directement ou indirectement, par X qui contrôle également l'acheteur H. Syntaxiquement, le sujet est X.

PRÉCISION

Notion de contrôle

La loi de finances rectificative pour 2005 applicable aux exercices clos depuis le 1/01/2006 a fait évoluer sensiblement cette notion. Avant cette évolution, la définition légale ne visait que la notion de contrôle sans autres commentaires.

L'évolution apportée par la loi de finances rectificative pour 2005 a consisté à retenir, pour la définition du contrôle pour l'application du dispositif de l'amendement Charasse, celle prévue à l'article L. 233-3 du code de commerce.

Ce dernier vise plusieurs situations où une société est considérée comme en contrôlant une autre. Comme auparavant, bien entendu, est visé le contrôle de droit, par la détention du capital et des droits de vote, des décisions dans les assemblées générales. Mais l'article L. 233-3 vise aussi un certain nombre de situations de contrôles de fait : disposition de la majorité des droits de vote en vertu d'un accord passé avec d'autres associés, disposition du pouvoir de nommer, ou de révoquer, la majorité des organes d'administration, de direction ou de surveillance, ou encore, détention de plus de 40 % des droits de vote alors qu'aucun autre associé ne détient plus.

De même, une notion de contrôle conjoint est visée dans le cas où deux ou plusieurs personnes, agissant de concert, peuvent déterminer les décisions en assemblée générale. L'action de concert nécessite qu'il y ait, d'une part, une entente préalable entre les personnes et, d'autre part, que les décisions prises en assemblée générale soient déterminées par lesdites personnes.

242 Second élément générateur : il faut que la société acquise entre dans le groupe intégré dont l'acheteuse fait partie

EXEMPLE

(suite)

(1) L'intégration de la filiale F1 dans un certain délai déclenche le dispositif.

(2) L'intégration de la filiale F3 dans un certain délai déclenche le dispositif.

PRÉCISION

- Le dispositif ne s'applique pas tant que la société acquise ne rejoint pas le périmètre d'intégration. En revanche, il s'applique si elle rejoint le groupe intégré au cours de la période maximale de réintégration, sur cette notion *(voir § 243)*.
- L'absorption de la société acquise ne fait pas obstacle au dispositif. Il en est ainsi :

– pour les exercices ouverts depuis le 1er janvier 2006, si la société acquise est absorbée pendant son intégration par une autre société intégrée ;

– pour les exercices ouverts depuis le 1er janvier 2007, si la société acquise est absorbée avant son intégration, dès lors, que l'absorbante est ou devient intégrée.

- Le dispositif s'interrompt :

– en cas de sortie de l'intégration de la société acquise ;

– en cas de perte du contrôle de la ou des personnes à l'origine de l'amendement Charasse *(voir § 245)*.

Les conséquences de son application

Période d'application

243 La période maximale de réintégration démarre toujours au titre de l'exercice où les titres de la société ont été acquis et se poursuit au titre des :
– quatorze exercices suivants si l'achat à soi-même a eu lieu au cours d'un exercice ouvert avant le 1er janvier 2007 ;
– huit exercices suivants pour les « achats à soi-même » intervenus après.

Mais, la période de réintégration effective intervient au titre de l'exercice qui précède l'exercice d'entrée de la société acquise à « soi-même ».

Exemples

1) X cède à H des titres de F1 en 2004 dans les conditions de contrôle de l'amendement Charasse.

H et F1 sont intégrées à compter de 2008 jusqu'en 2020.

La période maximale de réintégration va de 2004 inclus à 2018 inclus. En l'espèce, la réintégration effective aura lieu de l'exercice 2008 inclus à 2018 inclus. En revanche, si H était déjà intégrée avec d'autres filiales avant 2008, la réintégration démarre alors dès 2007.

2) X cède des titres de F1 en 2015 dans les conditions de contrôle de l'amendement Charasse.

H et F1 sont intégrées à compter de 2017.

La période maximale est : 2015 inclus à 2023 inclus.

La période effective est : 2017 inclus à 2023 inclus.

Toutefois, si H était déjà intégrée avec d'autres filiales en 2015, la période effective de réintégration démarre alors dès 2015.

Lorsqu'il s'applique, le dispositif prévoit la réintégration dans le résultat d'ensemble d'une fraction forfaitaire des charges financières dégagées par les sociétés du groupe intégré pendant une certaine période.

Calcul de la réintégration

244 La fraction des charges financières à réintégrer est déterminée de manière globale en appliquant chaque exercice la formule résultant des textes.

Ce caractère global signifie que même en l'absence d'un emprunt dédié à l'acquisition des titres, un montant de charges financières devra très souvent être réintégré.

Exemple

H achète les titres de F dans les conditions suivantes :
- X = personne physique ou morale qui contrôle H.
- H achète les titres F en janvier 2016, auprès de X.
- Si H et F sont intégrées fiscalement par la suite, alors le dispositif s'applique pour la cession réalisée par X.
- Si l'intégration commence le 1er janvier 2017, le groupe (H, F) doit réintégrer, lors de la détermination du résultat d'ensemble au titre de chaque exercice d'intégration, jusqu'en 2024 inclus, le résultat du calcul suivant :

$$\Sigma \text{ charges financières de H et F (1)} \times \frac{\text{Prix d'acquisition des titres F}}{\Sigma \text{ des dettes moyennes de H et F (1)}}$$

(1) Hypothèse d'un groupe composé de H et F, si d'autres filiales intégrées étaient présentes, il conviendrait de les ajouter.

Précision

- Le prix d'acquisition des titres est diminué du montant des augmentations de capital en numéraire (libérées) de la société cessionnaire réalisées dans les deux mois de l'opération d'achat (avant ou après) et à condition que ces fonds ne proviennent pas de crédits consentis par une personne non membre du groupe intégré. La qualité de l'apporteur de capitaux est indifférente ; peu importe qu'il s'agisse du vendeur des titres ou non.

245 Le dispositif cesse dans le cas où la personne qui contrôlait la société acheteuse à l'origine vient à perdre ce contrôle par la suite.

Ce texte peut permettre, par exemple, de faire cesser l'amendement Charasse dans un groupe, dès lors que l'associé qui contrôlait la société acheteuse, et qui était à l'origine de l'amendement Charasse, se retire en cédant ses titres à d'autres personnes.

Exemple

(suite de l'exemple du § 241)

Si X perd le contrôle de H par la suite (par exemple, cession de ses titres à Z), le dispositif s'interrompt alors.

L'arrêt du dispositif intervient au titre de l'exercice constatant la perte du contrôle.

En revanche, le dispositif redémarre, par la suite, pour la durée restant à courir d'origine si le contrôle est à nouveau satisfait par la même personne.

246 La question de l'application de l'amendement Charasse doit toujours se poser avant toute entrée de société dans l'intégration, qu'il s'agisse d'une intégration commençant ou en cours.

Ainsi, avant d'intégrer une société, il faut se poser la question suivante : comment les titres de cette société ont-ils été acquis ?

L'arbre des réponses possibles est présenté page suivante.

Guide pratique - Amendement Charasse : questions à se poser avant l'entrée d'une société dans l'intégration

247

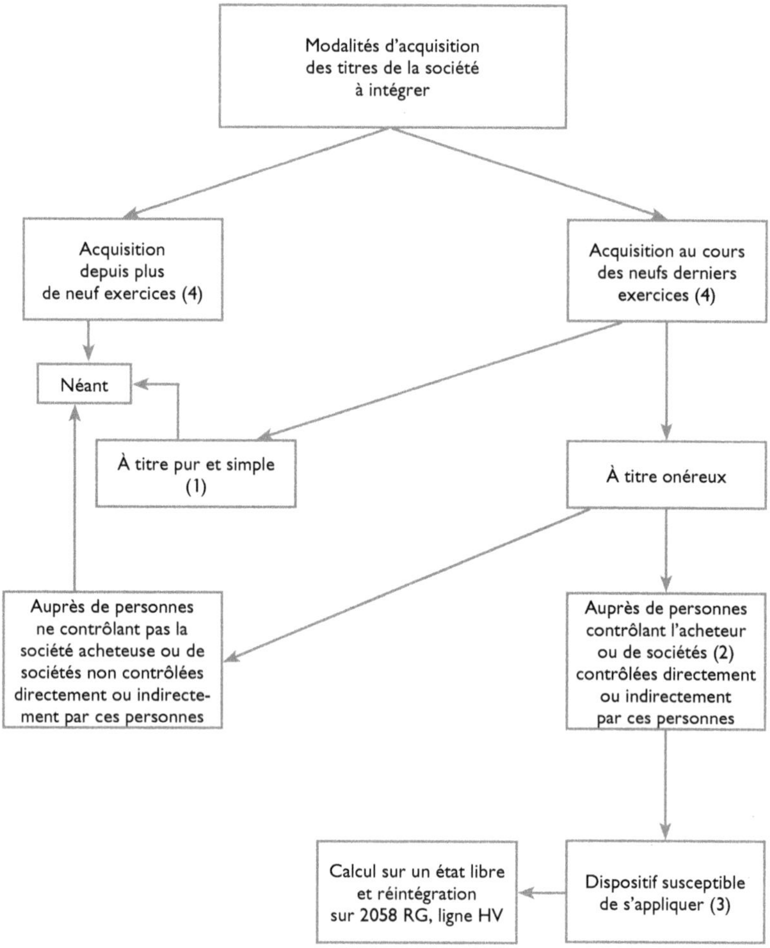

(1) Apport contre des titres émis à l'occasion par le bénéficiaire de l'apport.
(2) La notion de contrôle est celle mentionnée à l'article L. 233-3 du code de commerce *(voir § 241)*.
(3) Le dispositif s'interrompt lorsque (et tant que) la personne à l'origine du contrôle le perd.
(4) Ou quatorze exercices si le rachat à soi-même de titres a été réalisé au cours d'un exercice ouvert avant le 1/01/2007 *(voir § 243)*.

La lutte contre la sous-capitalisation et la réintégration forfaitaire des charges financières nettes (mécanisme du « rabot »)

248 Compte tenu de leurs relatives complexités, ces points font l'objet d'une étude particulière pour la sous-capitalisation *(voir §§ 752 à 768)* et pour le rabot *(voir §§ 769 à 771)*.

L'application de limites pour le groupe

249 Si certaines sociétés appliquent des exonérations lors du calcul de leur résultat individuel, il est fréquent que la société mère soit tenue d'appliquer pour le résultat du groupe une limite à la somme de ces exonérations individuelles. Par exemple pour le régime ZFU (CGI art. 44 octies A) *(voir § 52)*, le résultat du groupe ne peut bénéficier d'une exonération qu'à concurrence du plus faible des trois montants suivants : la somme des exonérations ZFU pratiquées par les sociétés ou le bénéfice du groupe ou l'exonération maximum pour une seule société. Aussi, il a été prévu une ligne spécifique sur la déclaration 2058-RG permettant à la mère intégrante de procéder à la neutralisation des exonérations excessives déjà constatées dans les résultats individuels. C'est l'objet de la ligne HZ du 2058-RG : « abattement sur le bénéfice et exonérations : montant excédant la limite d'exonération pour le groupe ».

EXEMPLE

Données

Un groupe est composé de M, F1 et F2.

F1 et F2 sont dans une zone ZFU (CGI art. 44 octies A) ; F1 a mentionné une exonération maximum de 50 000 € et F2 une exonération de 30 000 € (pour un maximum de 50 000) ; M dégage un résultat de 0 par simplification.

Solution

L'exonération ZFU maximum pour le groupe intégré est en l'espèce de 50 000 € ; le montant à déduire lors de la détermination du résultat d'ensemble sur le 2058-RG est donc de (50 000 + 30 000 = 80 000) - 50 000 = 30 000.

2058-A	ligne	M	F1	F2	Total
Résultat fiscal avant application de l'exonération individuelle		0	+ 70 000	+ 30 000	+ 100 000
Exonération régime ZFU	OV et XF		– 50 000	– 30 000	– 80 000
Résultat fiscal individuel	XN	0	+ 20 000	0	+ 20 000
2058-RG					
Réintégration abattement excessif pour le groupe	HZ				+ 30 000
Résultat groupe					+ 50 000

La détermination du résultat du groupe

250 **Ou comment compléter le bas de la déclaration 2058 RG et la déclaration 2058 DG.** Les résultats figurant sur la déclaration 2058 TS de chaque société sont cumulés pour fournir le résultat d'ensemble avant toute décision de gestion. À ce stade, plusieurs situations peuvent se présenter.

Cas d'un bénéfice d'ensemble

251 Le bénéfice d'ensemble ne donne lieu à aucune difficulté particulière.

Cas d'un déficit d'ensemble

Le report en avant du déficit d'ensemble

Report pendant l'intégration

252 Ce report s'effectue dans les conditions de droit commun. Notamment, les déficits peuvent s'imputer sur le bénéfice d'ensemble dégagé au cours des exercices suivants, sans limitation de durée, dans la limite de droit commun de un million d'euros, plus 50 % du bénéfice d'ensemble excédant cette limite.

EXEMPLE

Le groupe M dispose au 1/01/N + 3 d'un déficit reportable d'ensemble de 5 000 000 euros.

En N + 3, il dégage un résultat d'ensemble de 2 600 000 euros.

Le déficit imputé est de 1 000 000 + [50 % (2 600 000 - 1 000 000)] = 1 800 000 euros

et le résultat d'ensemble de N + X est de 2 600 000 euros - 1 800 000 euros = 800 000 euros.

À remarquer que cette imputation est indépendante du nombre de filiales dans le groupe.

Report après la sortie du groupe

253 En cas de sortie du groupe, le déficit d'ensemble encore reportable devient un déficit individuel pour la société mère sortante *(voir § 303)* ; cette dernière ne peut alors l'imputer (toujours dans la limite de droit commun d'un million d'euros, plus 50 % du bénéfice excédant cette limite), que sur son propre bénéfice dégagé après la sortie. Cette situation peut s'avérer pénalisante, notamment si cette société mère dispose de peu d'activité. Toutefois, pour atténuer cet inconvénient, des modalités spécifiques s'appliquent dans certains cas de figure de sortie de groupe *(voir § 381)*.

PRÉCISION

- Les modalités d'imputation des déficits ont fait l'objet d'évolutions importantes depuis 2011.
- Ainsi, en application des règles de droit commun, pour les exercices clos à compter du 31 décembre 2012, le déficit reportable s'impute dans la limite d'un million d'euros, plus 50 % du bénéfice excédant cette limite.

Dans le régime de groupe, cette limite s'applique :

– pour le déficit antérieur à l'intégration imputé sur les déclarations 2058-A et 2058-B ; dans ce cas, cette limite s'ajoute à celle du plafonnement déjà en place *(voir § 156)* ;

– pour le déficit, comme si la société était imposée séparément, imputé sur les déclarations 2058-A bis et 2058-B bis ;

– pour le déficit d'ensemble imputé sur la déclaration 2058-RG et 2058-DG ; à noter que pour le résultat et le déficit d'ensemble la limite d'un million d'euros demeure intangible quels que soient la taille et le nombre de sociétés composant le groupe intégré.

En outre, pour les exercices clos à compter du 31/12/2012 et en application des règles de droit commun, le plafond d'un million d'euros est majoré du montant des abandons de créances consentis à une société en difficulté (difficulté = soumise à un accord constaté ou homologué dans les conditions prévues à l'article L. 611-8 du code de commerce ou dans le cadre d'une procédure de sauvegarde, de redressement judiciaire ou de liquidation judiciaire ouverte à son nom) ; ce texte général a vocation à s'appliquer sur la déclaration 2058-A bis et B-bis (comme si la société était imposée séparément) et sur la déclaration 2058-A des sociétés intégrées.

Concernant son application sur la déclaration 2058-RG du groupe, l'administration accepte de l'appliquer à concurrence des abandons octroyés par une personne non intégrée à des sociétés intégrées en difficulté (au sens mentionné ci-dessus). Toutefois cette majoration n'est possible que si cette faculté n'a pas été entièrement utilisée par la filiale concernée pour la détermination de son résultat propre (BOFiP-IS-GPE-30-10-§ 260-27/06/2014).

Le report en arrière du déficit d'ensemble

Pendant l'intégration

254 La société mère, contrairement aux filiales, peut opter pour le report en arrière du déficit d'ensemble dans le cadre des dispositions prévues à l'article 220 quinquies du CGI. Les conditions de l'option sont identiques à celles de droit commun, notamment le déficit d'ensemble de l'exercice peut être considéré comme une charge du dernier exercice clos, dans la limite maximale d'un million d'euros.

En outre :
– les distributions imputées fiscalement sur le résultat réalisé par la société mère doivent être déduites du bénéfice concerné ; cette imputation fiscale se mentionne sur l'état Cerfa 2039-SD. Nous suggérons, à ce propos, une mention spécifique des décisions de distribution prises par l'assemblée, concernant le choix de l'imputation fiscale ;
– le bénéfice dont l'impôt a été payé avec des crédits d'impôt ne peut être utilisé.

Précision

• La limite d'un million d'euros s'applique quel que soit le nombre de sociétés composant le groupe intégré. Le déficit d'ensemble constaté au cours du premier exercice d'intégration est reportable en arrière sur le bénéfice dégagé par la société mère à titre individuel au titre de l'exercice qui précède son entrée dans le groupe.

Après la sortie du groupe de l'intégration

255 La société mère peut opter, dans les conditions ordinaires (notamment dans la limite d'un million d'euros), pour le report en arrière du déficit généré après la sortie sur le bénéfice disponible dégagé au titre du dernier exercice clos par le groupe dès lors que les autres conditions sont remplies.

cerfa
N° 10241 * 22
Formulaire obligatoire (article 223 A à 223 U du code général des impôts)

Liberté • Égalité • Fraternité
RÉPUBLIQUE FRANÇAISE

N° 2058-RG-SD 2018
DIRECTION GÉNÉRALE DES FINANCES PUBLIQUES

RÉGIME FISCAL DES GROUPES DE SOCIÉTÉS

DÉTERMINATION DU RÉSULTAT FISCAL ET DES PLUS-VALUES À LONG TERME D'ENSEMBLE

(À souscrire par la société mère au titre du résultat d'ensemble)

Dénomination de la société mère :

N° SIRET

Adresse du service des impôts des entreprises où est déposée la déclaration de résultats :

Exercice ouvert le   clos le   Néant ☐ *

1er EXEMPLAIRE DESTINÉ À L'ADMINISTRATION

I - RÉSULTAT FISCAL D'ENSEMBLE

Chiffre d'affaires de l'ensemble des sociétés intégrées		HV	
Plus-values à 19 % (art. 210 F (1), 238 bis JA, 208 C et 210 E du CGI)		HQ	
Quote part de frais et charges relative aux plus ou moins values de cession de titres de participation déneutralisées		HI	
Réintégration des charges financières (CGI, art. 223 B 6e alinéa)		HA	
Réintégration des charges financières nettes conformément aux dispositions de l'article 223 B bis du CGI		HF	
Abattement sur le bénéfice et exonération (montant ouvrant droit à la limite d'exonération pour l'ensemble du groupe)		HZ	
Déduction des intérêts différés au titre de la sous-capitalisation (CGI, art. 223 B 11ème à 18ème alinéas)		HJ	
Résultat d'ensemble avant imputation des déficits reportables	Bénéfice	HB	
	Déficit	HC	
Plus-values d'ensemble imputées sur le déficit d'ensemble		HD	
Déficit de l'exercice reporté en arrière *		HE	
Déficits antérieurs imputés sur les résultats de l'exercice *		HG	
RÉSULTAT FISCAL	Bénéfice	HK	
	Déficit	HL	

II - PLUS-VALUES À LONG TERME D'ENSEMBLE

	19 %		15 %		0 %	
imposables	IA		Z1		EM	
imputées sur le déficit d'ensemble de l'exercice	IB		Z2		EN	
imputées sur les moins-values correspondantes nettes à long terme antérieures	IC		Z3		EO	
imputées sur les déficits antérieurs	ID		Z4		EP	
Total : cases IB à ID, Z2 à Z4 et/ou cases EN à EP	IE		Z5		EQ	
imposées au taux réduit : cases Z1 – Z5 et/ou cases EM – EQ et/ou cases IA – IE	IF		Z6		ER	

(1) Le taux réduit d'impôt sur les sociétés s'applique aux cessions à titre onéreux réalisées à compter du 1er janvier 2012.
* Des explications concernant cette rubrique sont données dans la notice.

N° 2058-RG-SD – (SDNC-DGFiP) – Janvier 2018

cerfa
N° 10930 * 20
Formulaire obligatoire (article 223 A à U du code général des impôts)

Liberté • Égalité • Fraternité
RÉPUBLIQUE FRANÇAISE

N° 2058-DG-SD 2018

DIRECTION GÉNÉRALE DES FINANCES PUBLIQUES

RÉGIME FISCAL DES GROUPES DE SOCIÉTÉS

ÉTAT DE SUIVI DES DÉFICITS D'ENSEMBLE ET AFFECTATION DES MOINS-VALUES À LONG TERME D'ENSEMBLE

(À souscrire par la société mère au titre du résultat d'ensemble)

Néant ☐ *

Dénomination de la société :

Adresse du service des impôts des entreprises où est déposée la déclaration de résultats :

Exercice ouvert le :
clos le :

Rappel de la plus ou moins-value de l'exercice relevant du taux de 19 %	NC	
Rappel de la plus ou moins-value de l'exercice relevant du taux de 15 %	NE	
Rappel de la plus ou moins-value de l'exercice relevant du taux de 0 %	ND	
Gains nets d'ensemble retirés de la cession d'éléments d'actif exclus du régime des plus ou moins-values à long terme (art. 219 I a sexies 0 du CGI)	NB	

I - SUIVI DES DÉFICITS*		
Déficits restant à reporter au titre de l'exercice précédent	KC	
Déficits imputés (report lignes RG, TD, Z4 et EP du tableau 2058 BG-SD)*	KD	
Déficits reportables (différence KC – KD)	KE	
Déficits nés au titre de l'exercice (report ligne 1J1 du tableau 2058 BG-SD)	JC	
Total des déficits restant à reporter (somme KE + JC)	JD	

II - ÉLÉMENTS ASSUJETTIS AU RÉGIME FISCAL DES MOINS-VALUES À LONG TERME

Origine		Moins-values			Imputations sur les plus-values à long terme à 19 % ou à 15 %	Imputations sur le résultat de l'exercice	Solde des moins-values à reporter (col. 2 + 3 + 4 - 5 - 6)
		À 19 % ou à 15 %	À 16,5 %	À 19 % ou à 15 % imputables sur le résultat de l'exercice (article 219 I a sexies-0 et 219 I a sexies-0 bis du CGI) (1)			
1		2	3	4	5	6	7
Moins-values réalisées N				(2)			
				(3)			
Moins-values nettes à long terme subies au cours des 10 exercices antérieurs (restant encore à déduire à la clôture du dernier exercice)	N – 1			(2)			
				(3)			
	N – 2			(2)			
				(3)			
	N – 3			(2)			
				(3)			
	N – 4			(2)			
				(3)			
	N – 5			(2)			
				(3)			
	N – 6			(2)			
				(3)			
	N – 7			(2)			
				(3)			
	N – 8			(2)			
				(3)			
	N – 9			(2)			
				(3)			
	N – 10			(2)			
				(3)			

(1) L'article 219 I-a sexies-0 du CGI, admet sous conditions, l'imputation des moins-values antérieures sur cessions de certains titres exclus du régime du long terme pour la détermination des résultats des exercices clos à compter du 31 décembre 2006, dans certaines limites.

(2) Moins-values à long terme afférentes aux titres de SPI non cotées (article 219 I-a sexies-0 bis du CGI).

(3) Moins-values à long terme relevant de l'article 219 I-a sexies-0 du CGI.

* Des explications concernant cette rubrique sont données dans la notice groupe n° 2058-not-sd et la notice 2032-sd.

1ᵉʳ EXEMPLAIRE DESTINÉ À L'ADMINISTRATION

N° 2058-DG-SD – (SDNC-DGFiP) - Décembre 2017

Guide pratique - Pour le résultat à taux courant d'ensemble

(notamment dans la limite d'un million d'euros)

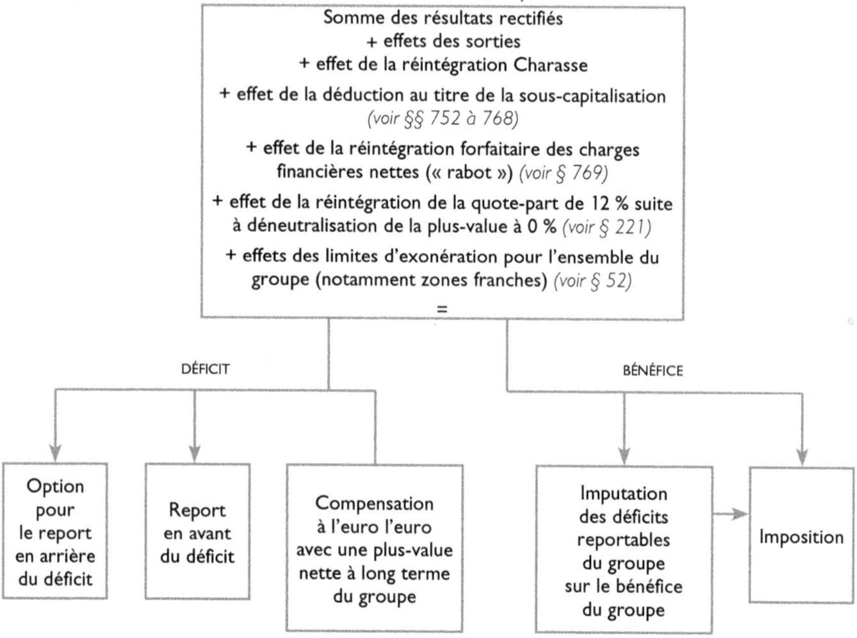

La détermination des plus ou moins-values nettes à long terme du groupe

Ou comment compléter les déclarations 2058 RG et 2058 DG pour la partie afférente au long terme

Rappel

256 Le régime du long terme comporte plusieurs taux d'imposition :

– le taux général à 15 % applicable notamment aux redevances de brevet ;

– le taux de 19 % (16,5 % pour les exercices clos ouverts avant le 1/01/2009), applicable aux titres de participation de sociétés à prépondérance immobilière cotées ;

– le taux de 0 % applicable aux titres de participation non représentatifs de sociétés à prépondérance immobilière.

Pour chaque taux, les plus ou moins-values nettes à long terme rectifiées de chaque société et les effets sur la plus ou moins-value à long terme des déneutralisations *(voir § 229)* afférentes aux sociétés sorties au cours de l'exercice sont cumulés pour fournir les plus ou moins-values nettes à long terme d'ensemble.

Concernant la plus ou moins-value nette à long terme d'ensemble relevant du taux de 0 %

257 **Bien que relevant d'un taux à 0 %, il convient de procéder au calcul de cette plus ou moins-value.**

Cette procédure permet, notamment, de mettre en évidence et de suivre plus aisément les plus-values brutes de cession neutralisées ou déneutralisées et passibles de la quote-part de 12 % *(voir § 221)*.

Dans le cas d'une plus-value nette d'ensemble à 0 %, il n'en résulte aucun impôt particulier. Dans le cas d'une moins-value nette d'ensemble à 0 %, aucun montant ne fait l'objet de report ni d'imputation sur les plus-values ou bénéfices relevant d'un autre taux.

Précision

La quote-part applicable au taux de 12 % pour les exercices clos à compter du 31/12/2012 sur les plus-values brutes *(voir § 221)* de cession de titres relevant du taux à 0 % résulte, dans un groupe intégré, du cumul des résultats à taux courant comprenant eux-mêmes les quotes-parts de 12 % calculées par chaque société intégrée.

En effet, le législateur n'a pas prévu le calcul d'une quote-part « groupe » de 12 %.

Aucun calcul n'est donc nécessaire lors de la détermination du résultat d'ensemble (sous réserve du cas des quotes-parts afférentes aux plus-values brutes déneutralisées et issues de cessions internes au groupe intégré ; *voir § 221*).

Pour les exercices clos avant le 31/12/2012, la quote-part était d'un taux de 10 % et s'appliquait au résultat net de cession et non à la plus-value brute.

Exemple

Les plus ou moins-values à long terme relevant du taux de 0 % dégagées par les sociétés intégrées sont les suivantes :

	M	F1	F2	Groupe intégré
Plus-values sur cession	+ 2 000		+ 500	2 500
Moins-values sur cession	*< 400 >*	*< 600 >*		*< 1 000 >*
Total à 0 %	**+ 1 600**	**< 600 >**	**+ 500**	**1 500**
Quote-part de 12 % individuelle	*240*	-	60	300

Concernant la plus ou moins-value nette à long terme relevant des taux de 15 % et 19 % (ou de 16,5 %)

258 **Les plus ou moins-values nettes à long terme afférentes à chaque taux se compensent en priorité.**

Puis, la plus-value nette à long terme d'ensemble à 15 % peut se compenser à l'euro avec :
– les moins-values nettes à 15 % reportables ;
– la moins-value nette à 19 % de l'exercice ou les moins-values nettes à long terme reportables à 19 % (ou à 16,5 %) ;
– le déficit d'ensemble ou reportable.

259 **De même, la plus-value nette à long terme d'ensemble à 19 % peut se compenser à l'euro avec :**

– les moins-values nettes à 19 % (ou 16,5 %) reportables ;
– la moins-value nette à 15 % de l'exercice ou les moins-values nettes à long terme reportables à 15 % ;
– le déficit d'ensemble ou reportable.

Enfin, en cas de moins-values nettes à long terme d'ensemble non utilisées relevant des taux de 15 %, 19 % (ou 16,5 %), elles sont reportables dans les conditions de droit commun, c'est-à-dire pendant dix ans.

Exemple

Un groupe intégré est composé de M, F1 et F2. La date d'entrée est le 1er janvier N. Les résultats sont :

	M	F1	F2
Situation des déficits reportables à l'entrée dans l'intégration d'après Cerfa 2058 B			
Déficits ordinaires		1 400	1 100
Exercice N			
Résultats fiscaux avant toutes imputations	500	– 300	200

Les opérations intragroupe sont les suivantes :

M a abandonné un compte courant de 110 au profit de F2 ; cet abandon est non déductible chez M à concurrence de 80 mais imposé chez F2 en totalité ;

F1 a versé 20 de jetons de présence ;

F2 cède à F1 un terrain et dégage une plus-value de 40.

Les déclarations se présentent comme suit :

	M	F1	F2
2058 A bis			
Résultat fiscal avant imputation	500	– 300	200
Déficits imputés			– 200
Résultat individuel	**500**	**- 300**	**0**
2058 FC			
Résultat fiscal	500		200
Abandon de créance intragroupe reçu			– 110
Plus-value sur cession d'immobilisations intragroupe			– 40
Résultat plafonné	500		50
2058 A			
Résultat fiscal avant imputation	500	– 300	200
Déficits imputés (imputation limitée au bénéfice plafonné)			– 50
Résultat individuel	**500**	**- 300**	**150**
2058 ER			
Résultat individuel	500	– 300	150
Jetons de présence		20	
Abandons de créances	30		– 110
Cession d'immobilisation			– 40
Résultat rectifié	**530**	**- 280**	**0**
2058 TS			
Résultat	530	– 280	0
2058 RG			
Résultat d'ensemble avant imputation		**250**	

PARTIE 6

LA SORTIE DE L'INTÉGRATION DU GROUPE (CAS GÉNÉRAL)

Partie 6

LA SORTIE DE L'INTÉGRATION DU GROUPE (CAS GÉNÉRAL)

300 Les sorties de l'intégration peuvent ne concerner que certaines filiales. Cette situation fréquente, qui fait partie de la vie courante des groupes, est analysée dans le cadre de l'élaboration de la déclaration d'ensemble dans la partie 5, paragraphes 228 à 237.

Au contraire, parfois, c'est le groupe dans son ensemble qui sort de l'intégration. Ce sera le cas, par exemple, si la mère ne répond plus aux conditions pour être intégrée ou, plus simplement, s'il n'existe plus de filiales intégrées (exemple de l'absorption d'une filiale unique par la société mère).

Or, la sortie d'un groupe du régime de l'intégration consiste à appliquer les effets des sorties à chaque société (par exemple, les réintégrations de certains avantages procurés par l'intégration) auxquels s'adjoignent des effets spécifiques du fait de la sortie du groupe (par exemple, le fait que le déficit d'ensemble devienne le déficit propre à la société mère après la sortie).

Ces conséquences, qui s'appliqueront dans le cas général d'une sortie de groupe, peuvent avoir de lourds effets sur la fiscalité du groupe.

En parallèle, et afin d'éviter certaines situations trop pénalisantes, le législateur a prévu un certain nombre de situations de sortie de groupe pour lesquelles des règles spécifiques, en principe favorables, s'appliquent de manière à atténuer (mais non à éliminer) certains des effets de la sortie du groupe.

Ces situations sont :
- la sortie suite à l'absorption par une société mère de toutes ses filiales ;
- l'acquisition du capital de la société mère à au moins 95 % ;
- l'absorption de la société mère ;
- la scission de la société mère ;
- la liquidation de la société mère suite à une procédure collective. Ces cas spécifiques sont étudiés à la partie 7.

Au contraire, en dehors de ces situations particulières, les sorties de groupe produisent les effets des sorties classiques.

Quand y a-t-il sortie du groupe ?

301 Le régime cesse et il est fait application des dispositions propres aux sorties à toutes les sociétés du groupe si la société mère se trouve dans l'un des cas principaux suivants (les cas de sortie de groupe concernant l'intégration fiscale horizontale sont évoqués au *§ 74*) :

a) elle ne répond plus aux conditions d'éligibilité au régime ou aux conditions pour être société mère ;

b) elle dénonce l'option à l'issue de l'une des périodes de cinq exercices ;

c) elle n'a plus de filiale intégrée (l'intégration nécessitant la mère et au moins une filiale).

Dans le cas a), la sortie intervient au premier jour de l'exercice ayant constaté l'événement. Dans le cas b), la sortie intervient au premier jour de l'exercice qui suit le dernier exercice de la période d'option cessante. Dans le cas c), cela dépendra suivant que la sortie des filiales est volontaire ou automatique.

EXEMPLE

Soit le groupe intégré suivant :

M ⟶ F1 ⟶ F2

Le groupe intégré cesse au premier jour de N dans les hypothèses suivantes :
- M est liquidée définitivement en N ;
- M cède en N les actions F1 à l'extérieur du groupe intégré, sans reclassement préalable des titres F2 ;
- M transfère son siège à l'étranger.

Le groupe intégré cesse au premier jour de N + 1 dans les hypothèses suivantes :
- M dénonce l'option à l'issue de la période de cinq exercices qui se termine par hypothèse à fin N ;
- M décide de la sortie du groupe à compter de N + 1 en notifiant à l'administration, lors de la mise à jour du périmètre, la sortie de F1 (et donc de F2) (pour les formalités dans ce cas *voir § 812*).

Les conséquences de la sortie du groupe au regard des réintégrations de sortie

302 Les conséquences des sorties étudiées au paragraphe 228 s'appliquent à chaque société du groupe, y compris à la société mère. Il en est ainsi, notamment, des déneutralisations et des reprises de provisions intragroupe.

PRÉCISION

- Sur un plan pratique, la société mère établit, au titre de l'exercice de la sortie du groupe, un état 2058 ES pour chaque société intégrée (y compris pour elle-même) et positionne sur cet état les réintégrations afférentes à chacune (subventions, plus-values, etc.).
- Un état 2058 ES groupe agrégeant l'ensemble des lignes des états 2058 ES individuels est établi. Le cumul des réintégrations est porté :

– sur la déclaration 2058 A de la société mère (ligne « Réintégrations ou déductions diverses ») déposée au titre de l'exercice ayant constaté la sortie ; il impactera donc, par ce biais, le résultat individuel de la société mère. En revanche, dans le cas où les déneutralisations du long terme à 0 % entraînent la réintégration d'une quote-part de 12 %, elle devrait être positionnée, à notre avis, sur la ligne spécifique à cette quote-part située sur le 2058-A de la mère,

– sur la ligne « Divers » de l'état 2059 A pour les réintégrations et déductions concernant les plus ou moins-values à long terme.

- Les états 2058 ES sont déposés par la société mère avec sa déclaration individuelle, et chaque filiale sortante également, doit en principe produire le 2058-ES qui la concerne avec sa propre liasse fiscale.

Les conséquences de la sortie du groupe au regard des pertes d'ensemble encore reportables

303 Le déficit et les moins-values nettes à long terme d'ensemble encore reportables lors du dépôt de la dernière déclaration d'ensemble sont attribués à la société mère sortante (CGI art. 223 S), sous réserve des sorties du groupe résultant d'une procédure collective *(voir § 381)*.

Cette dernière pourra donc, ultérieurement, utiliser ces montants dans les conditions ordinaires de report.

Cette appropriation des pertes du groupe par la société mère lors de la sortie du groupe est la conséquence des modalités de fonctionnement du régime qui repose en partie sur le principe selon lequel les résultats dégagés par les sociétés du groupe appartiennent à la mère. Pendant la période d'intégration, ces résultats sont localisés dans la déclaration du groupe, indépendante de la déclaration individuelle de la mère. En cas de sortie du groupe, les pertes du groupe encore reportables sont affectées à la mère à titre individuel, qui doit donc les positionner, en pratique, sur sa propre déclaration 2058 B (déficits) ou 2059 C (moins-values à long terme), en plus des pertes propres à la société mère nées avant l'intégration et situées déjà en report sur ces déclarations.

Exemple

M, F1 et F2 sont intégrées depuis le 1/01/N.

M dispose au titre de N - 1 d'un déficit propre de 100.

Le groupe M, F1 et F2 a dégagé, au titre de N, un bénéfice de 100, au titre de N + 1, un déficit de 400 reporté en arrière sur le bénéfice de 100 et, en N + 2, un déficit de 800.

À fin N + 2, le déficit d'ensemble est de 1 100 provenant de :

N + 1 : 300 (soit 400 - 100 reporté en arrière)

N + 2 : 800.

En N + 3, la société mère ne répond plus aux conditions d'éligibilité au régime (modification de la date de clôture de la seule mère, par exemple).

Le groupe sort au 1/01/N + 3.

La déclaration 2058 B de la mère, déposée au titre de N + 3, se présente comme suit pour les déficits reportables à l'ouverture :

Total : 1 200 qui provient des exercices suivants :

N - 1 : 100 ; N + 1 : 300 ; N + 2 : 800.

Par la suite, ces montants seront imputables sur les futurs bénéfices de M (le calcul de la participation des salariés sera influencé également).

Par ailleurs, la société mère est propriétaire de la créance « carry back » née au titre de N + 1.

Précision

- Ces pertes seront, par la suite, imputées en tant que pertes propres à la société mère et cela, même si elle redevient société mère d'un autre groupe.
- Le déficit d'ensemble peut se voir attribué pour une fraction aux filiales sortantes consécutivement à une procédure collective *(voir § 381)*.

Les conséquences de la sortie du groupe au regard du ou des bénéfices d'ensemble

304 De manière symétrique à l'affectation des déficits du groupe à la société mère, les bénéfices réalisés par le groupe sont réputés appartenir à la société mère après la sortie ; il en résulte que la société mère peut opter ultérieurement dans les conditions et limites de droit commun *(voir § 255)* pour le report en arrière de son déficit propre dégagé au titre du premier exercice de sortie sur le bénéfice dégagé par le groupe au cours du dernier exercice clos (CGI art. 220 quinquies).

EXEMPLE

(en euros)

M (société mère), F1 et F2 sont intégrées depuis le 1/01/N. Le groupe a dégagé les résultats suivants :
- N : + 1 000
- N + 1 : + 900

En N + 2, la société mère ne répond plus aux conditions d'éligibilité au régime. Le groupe sort au 1/01/N + 2.

Si M dégage en N + 2 un déficit de 1 000, à titre personnel, elle peut, le cas échéant, reporter en arrière ce montant sur le bénéfice dégagé en N pour 900 (en tout état de cause, une telle imputation est limitée à 1 million d'euros pour les exercices clos depuis le 21/09/2011 et doit bien entendu respecter les limites de droit commun relatif aux reports en arrière des déficits *voir § 254*).

Le coin des néophytes

Question : La gestion de l'intégration me paraît lourde. Puis-je renoncer à mon option sans danger ?

Réponse :

La renonciation à l'intégration est possible, même avant l'échéance de la période d'option. Toutefois, la sortie, dans ce cas, doit être décidée au plus tard (sauf délais particuliers) à la fin du troisième mois de l'exercice de sortie. Les modalités sont précisées à la partie 3.

La sortie d'une intégration est toujours une opération délicate, devant s'entourer d'une étude préalable. Parmi les questions importantes à se poser : les conséquences chiffrées des sorties, avec notamment l'impact des reprises de provisions intragroupe *(voir § 210)*, des réintégrations des subventions intragroupe *(voir § 215)* et des plus ou moins-values sur cessions intragroupe d'actif immobilisé *(voir § 220)*.

Mais d'autres aspects sont à étudier, notamment le sort du déficit d'ensemble *(voir § 303)* ou les effets de l'application des conventions d'intégration fiscale *(voir § 566)*.

Enfin, il faut disposer d'une vue assez précise du futur envisagé pour le groupe : des acquisitions, des cessions d'activité ou des changements d'activité sont-ils prévus ? Si oui, ne serait-il pas plus intéressant de conserver un groupe intégré pour réaliser ces opérations ?

Les évolutions des résultats des sociétés du groupe sur une période moyenne sont-elles raisonnablement estimables ?

En cas d'incertitudes trop marquées, la position conservatrice devrait aboutir à garder le groupe intégré.

PARTIE 7

LES DISPOSITIFS SPÉCIFIQUES DE SORTIES

Partie 7
LES DISPOSITIFS SPÉCIFIQUES DE SORTIES

350 Les sorties classiques de sociétés du groupe de l'intégration provoquent certains inconvénients notables *(voir § 300)*. Afin d'atténuer la portée de ces inconvénients dans certaines situations de sortie de filiales ou de groupe, le législateur a mis en place un certain nombre de dispositifs spécifiques.

Les situations visées sont les suivantes :
– sortie du groupe suite à l'absorption de toutes ses filiales par la mère, qui change d'activité à l'occasion *(voir § 351)* ;
– sortie du groupe suite au rachat de 95 % au moins du capital d'une société mère *(voir § 352)* ;
– sortie du groupe suite à l'absorption de la mère intégrante par une autre société *(voir § 368)* ;
– sortie du groupe suite à la scission de la société mère ;
– sortie de sociétés suite à une scission partielle ;
– sortie de sociétés ou du groupe suite à une procédure collective *(voir § 381)*.

Nous exposerons ci-après ces dispositifs, sous réserve de ceux consacrés aux scissions, du fait de la rareté de ces opérations et du caractère initiatif de cet ouvrage (les dispositifs spécifiques de sorties des groupes d'intégration horizontale sont évoqués au *§ 74* ; un dispositif spécifique concerne les sorties de groupes lorsque le capital d'une société mère est détenue ou vient à être détenue par une autre société française mais par l'interposition d'une société intermédiaire).

La sortie du groupe suite à l'absorption des filiales par la société mère qui change d'activité à cette occasion

351 Dans une telle hypothèse, toutes les conséquences décrites dans le cas général de sortie du groupe s'appliquent *(voir §§ 300 à 304)*. Toutefois, dans l'hypothèse d'une mère qui absorberait l'ensemble de ses filiales intégrées et changerait d'activité à cette occasion, l'application stricte des règles de droit commun devrait aboutir à faire tomber en non-valeur, notamment, les pertes d'ensemble qui deviennent la propriété de la société mère lors de la sortie du groupe et cela, du seul fait du changement d'activité de la société mère.

Pour éviter des conséquences lourdes, l'article 223 S, § 4 du CGI dispose que le déficit ou la moins-value d'ensemble qui devient le déficit ou la moins-value de la mère du fait de la cessation du groupe n'est pas perdu à l'occasion du changement d'activité de la société mère, à l'exception de la fraction de ce déficit ou de cette moins-value qui a été subie par la société mère.

Ce dispositif s'applique quel que soit le régime fiscal de la fusion (droit commun ou régime de faveur) et si la société mère change d'activité au sens de l'article 221-5 du CGI suite à l'absorption de ses filiales. Ce sera le cas, par exemple, d'une société mère ayant exclusivement une activité de holding qui absorberait des filiales de production.

→ **Remarque.** En revanche, si l'opération n'entraîne pas de changement d'activité, les déficits et moins-values d'ensemble sont conservés en totalité par la mère du groupe cessant sans qu'il soit nécessaire d'appliquer l'article 223 S-4 du CGI.

Pour le calcul de la fraction du déficit et de la fraction des moins-values d'ensemble, qui ont pour vocation à être conservées, il faut retenir le principe de la proportionnalité au prorata des déficits et moins-values à long terme réalisés par les sociétés.

EXEMPLE

M, F1 et F2 sont intégrées depuis le 1/01/N. Le résultat de N est équilibré.

En N + 1, le résultat d'ensemble est le suivant :

	M	F1	F2	Total
Résultat individuel	– 140	– 1 200	+ 450	– 890
Résultat rectifié	**- 140**	**- 1 200**	**+ 450**	**- 890**

Le 30/06/N + 2, M absorbe F1 et F2 et change d'activité à cette occasion.

Le résultat de M au titre de N + 2, à la date du changement d'activité, est de + 180.

Si l'on retient une affectation au prorata des déficits réalisés par les filiales :

le déficit d'ensemble de 890 - 180 = 710 est perdu à concurrence de :

$$710 \times \frac{140}{(140 + 1\,200)} = 74.$$

Dans cette hypothèse, M dispose après les fusions d'un déficit reportable de : 710 - 74 = 636.

PRÉCISION

Les pertes antérieures à l'intégration propres aux filiales intégrées suivront les règles applicables en cas d'absorption d'une société (agrément possible pour le transfert des pertes, sous certaines conditions). Pour plus de détails sur ce sujet, voir « Les fusions de sociétés » de Martial Chadefaux - Groupe Revue Fiduciaire, 8e édition 2017.

La sortie du groupe suite à l'acquisition du capital de la société mère

352 Afin d'éviter une pénalisation trop importante des opérations de rachat ou de rapprochement entre groupes, lesquels se caractérisent souvent par la prise de contrôle d'une mère intégrante, le CGI permet, dans le cadre de mesures spécifiques (CGI art. 223 L, 6.d), d'atténuer les conséquences fiscales de la sortie de groupe lorsque cette situation apparaît suite à l'acquisition du capital de la mère.

Opération entraînant le dispositif

353 Lorsque le capital de la société mère d'un groupe intégré vient à être détenu, directement ou indirectement, à au moins 95 % par une autre société française soumise à l'IS au cours d'un exercice :

– si ce seuil n'est plus atteint à la clôture de l'exercice, le groupe ne sort pas, mais ce maintien ne peut se réaliser que si les sociétés concernées informent l'administration des modalités de l'opération d'acquisition et de ses justifications juridiques, économiques ou sociales ;
– si ce seuil est toujours atteint à la clôture de l'exercice, le groupe est considéré comme sortant (du fait que la détention de la mère ne lui permet plus d'avoir cette qualification) mais au dernier jour de l'exercice de l'acquisition. C'est cette situation qui est décrite dans les paragraphes suivants.

Exemple

1er cas : acquisition directe

M et F1 forment un groupe intégré.

Si X, société française soumise à l'IS, acquiert au moins 95 % des droits de vote et des droits à dividende de M, alors le dispositif s'applique.

2e cas : acquisition indirecte entraînant un dépassement du seuil (achat du capital des associés de la mère)

M et F1 forment un groupe intégré alors que M est détenue à 50 % par Y et à 50 % par Z, sociétés françaises soumises à l'IS. Leur capital est détenu par des personnes physiques. M, F1, Y et Z ont la même date de clôture.

Si X, société française soumise à l'IS, vient à acquérir le capital de Y et de Z, de sorte que le capital de M vienne à être détenu directement ou indirectement à au moins 95 % par X *(sur cette notion, voir § 55)*, alors le dispositif s'applique.

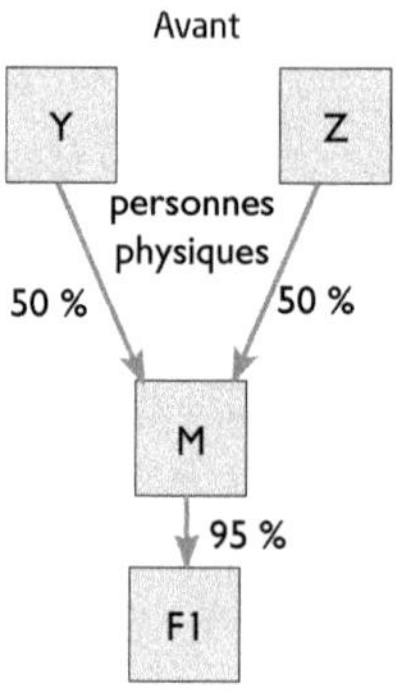

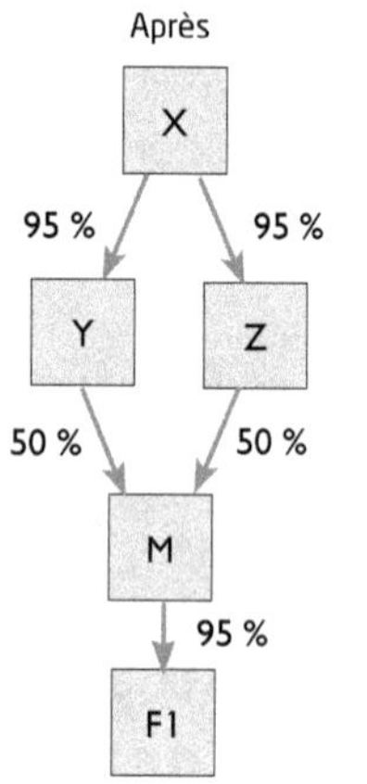

Ce serait le cas, par exemple, si X acquiert 95 % de Y et 95 % de Z car, dans ce cas, M serait détenue par X à 95 %, décomposés de la façon suivante :

- par Y à : 50 % X 95 % = 47,5 % }
- par Z à : 50 % X 95 % = 47,5 % } 95 %.

Dans une telle hypothèse, X pourra démarrer en tant que société mère intégrante dès l'exercice suivant une intégration *(voir § 355)* comprenant Y, Z, M et F1 comme filiales *(voir § 356)*.

Première conséquence (obligatoire) : une dernière intégration pour le groupe sortant

354 Dans le cas d'un dépassement persistant à la clôture de l'exercice de rachat, les textes prévoient que la société mère achetée demeure seule redevable de l'impôt au titre de l'exercice de l'opération. Une « dernière » intégration est donc réalisée. Cette dernière intégration est toutefois particulière car elle permet la compensation des résultats des sociétés du groupe formé par la société acquise (et donc de bénéficier de l'économie attendue de ce fait) mais ne permet pas d'éviter l'essentiel des autres conséquences des sorties (notamment, les déneutralisations ; *voir §§ 229 à 232*). À noter que cette « dernière » intégration s'applique indépendamment du fait que la société acheteuse forme ou non un nouveau groupe intégré (BOFiP-IS-GPE-50-20-20-10-§ 1-02/03/2016).

Tout se passe, en quelque sorte, comme si le groupe sortait le dernier jour de l'exercice ayant constaté l'opération et non le premier jour. Il conviendra, de ce fait, de procéder aux différentes déneutralisations applicables aux sorties, telles que celles afférentes notamment à certaines subventions intragroupe, aux plus ou moins-values sur cessions d'actifs immobilisés *(voir §§ 229 à 232)*.

En ce qui concerne les provisions intragroupe qui sont reprises au cours de cette dernière déclaration avant sortie, la neutralisation demeure possible si les sociétés concernées sont toujours intégrées au titre de cet exercice.

EXEMPLE

M est société mère d'un groupe intégré composé de F1 et F2 depuis le 1/01/N. En N :
- M octroie une subvention à F1 pour 200 non déductible chez M et imposable chez F1 ;
- M provisionne les créances sur F1 pour 60 ;
- F2 cède des titres de participation à M en réalisant une plus-value fiscale de 250 à court terme.

En N, l'intégration est la suivante :

	M	F1	F2
Résultat comptable (hypothèses)	1 300	– 300	600
Réintégration 2058 A	+ 200 (a)		
Résultat fiscal individuel	1 500	– 300	600
Déclaration 2058 ER (groupe)			
dotation provision	+ 60 (b)		
subvention		– 200 (c)	
cession immobilisation			– 250 (d)
Résultat rectifié	**1 560**	**- 500**	**350**
Résultat d'ensemble		**1 410**	

(a) Réintégration de la subvention dans la déclaration propre à M.
(b) Neutralisation de la provision intragroupe.
(c) Neutralisation de la subvention imposée chez F1.
(d) Neutralisation de la plus-value intragroupe.

Au cours de l'exercice N + 1, le capital de M est acquis à 95 % par une autre société française S soumise à l'IS. Cette situation persiste à la clôture de N + 1. Compte tenu des dispositions, le groupe M doit continuer à intégrer au titre de l'exercice N + 1. La déclaration établie au titre de l'exercice N + 1 fera toutefois apparaître les déneutralisations applicables du fait de la sortie intervenant à fin N + 1.

En N + 1, l'intégration est la suivante :

	M	F1	F2
Résultat fiscal individuel (hypothèses)	1960 (e)	– 600	50
Déclaration 2058 ER et 2058-ES			
• reprise provision	– 60 (f)		
• subvention		+ 200 (g)	
• cession immobilisation			+ 250 (g)
Résultat rectifié	**1900**	**– 400**	**300**
Résultat d'ensemble		**1800**	

(e) Incluse la reprise de provision intragroupe pour 60 (hypothèse d'une reprise en N + 1).
(f) Neutralisation de la reprise de provision intragroupe.
(g) Déneutralisations du fait de la sortie.

Deuxième conséquence (non obligatoire) : entrée immédiate des sociétés du groupe cessant dans une intégration avec l'acheteur

355 Les sociétés du groupe cessant peuvent entrer immédiatement, plus exactement à compter de l'exercice suivant celui du rachat de la société mère, dans une intégration avec la société acheteuse.

À ce propos, la société acheteuse pourra être :
– soit une société soumise à l'IS non intégrée, éligible au régime de l'intégration fiscale en tant que société mère (ou en tant que filiale). Dans cette hypothèse, la société acheteuse (ou la société mère de l'acheteuse) pourra constituer un nouveau groupe en produisant une option spécifique ;
– soit une société déjà intégrée dans un autre groupe, en tant que société mère ou société filiale. Dans cette hypothèse, il s'agit d'un élargissement du périmètre déjà existant pour le groupe acheteur.

Dans tous les cas, l'option spécifique ou l'élargissement de périmètre doit être produit au plus tard avant la fin du troisième mois qui suit la date de clôture de l'exercice de la société mère acquise (sauf délais particuliers), exercice au titre duquel le dépassement permanent est constaté. Il n'est pas obligatoire que toutes les sociétés de l'ancien groupe soient intégrées à nouveau. De même, les sociétés entrant dans le groupe, dans le cadre de ce dispositif, peuvent également être constituées des filiales non intégrées du groupe acquis dès lors qu'elles répondent aux conditions d'éligibilité de détention et de dates de clôture.

Pour intégrer les sociétés du groupe cessant dès l'exercice suivant, sont à produire :
– soit l'option spécifique pour le régime de groupe mentionnant la durée du premier exercice, accompagnée de l'accord des filiales *(voir modèle de lettre ci-après)* ;
– soit la notification d'élargissement du périmètre accompagnée de l'accord des filiales (hypothèse d'une modification du périmètre déjà existant) et d'une copie de l'option déjà exercée *(voir modèle de lettre ci-dessous)* ;

Modèle de lettre proposé à titre indicatif
Modèle de notification de l'option spécifique à produire par la société acheteuse suite à l'acquisition d'une mère intégrante

Concerne le cas où la société acheteuse n'est pas déjà intégrée

Centre des impôts

Recommandé avec AR ou dépôt contre reçu

Notification d'option pour le régime de groupe prévu aux articles 223 A et 223 L-6-du code général des impôts.

Je, soussigné... *(nom, prénom)*, agissant en qualité de... *(qualité)* de la société... *(désignation)* dont le siège social est à... *(ville, adresse)*, déclare que cette société se constitue seule redevable de l'impôt sur les sociétés et des contributions additionnelles à l'IS dus par le groupe formé par elle-même et les sociétés qui figurent sur la liste ci-jointe, en application des dispositions des articles 223 A et 223 L, 6.d du code général des impôts.

Ces sociétés faisaient en effet partie d'un groupe intégré dont le capital de la société mère est venu à être détenu, directement ou indirectement, à 95 % au moins par une autre personne morale passible de l'IS ; ce pourcentage était encore atteint à la date de clôture de l'exercice de cette société mère.

La durée d'application de la présente option est de cinq exercices à compter du... *(cette date doit correspondre à la plus ancienne des deux dates suivantes : soit la date d'ouverture de l'exercice de la société produisant la présente option, soit la date d'ouverture des sociétés nouvellement intégrées).*

La durée du premier exercice de la période couverte par cette option est de... *(mettre la durée en mois)* pour la société mère et de... *(mettre la durée en mois)* pour les sociétés filiales.

Il est précisé que :

– la société mère ouvrira son exercice le... (date d'ouverture de l'exercice de la société mère) ;

– les sociétés filiales ouvriront leur exercice le... (date d'ouverture) ;

– ce premier exercice sera clos le... (mettre la date de clôture de l'exercice qui doit être identique pour toutes les sociétés du nouveau groupe).

Les attestations par lesquelles les sociétés filiales membres du groupe donnent leur accord sont ci-jointes.

Fait à ..., le ...

Le ... (qualité)

(signature)

(nom et prénom)

Modèle de lettre proposé à titre indicatif
Documents spécifiques suite à acquisition d'une mère intégrante
Modèle de notification d'élargissement de périmètre
(modèle possible)

Concerne le cas où l'acheteuse est déjà intégrée

Centre des impôts

Recommandé avec AR ou dépôt contre reçu

Notification d'élargissement du périmètre d'intégration actuel de notre groupe dans le cadre des dispositions prévues à l'article 223 L-6-d et 223 A du CGI.

Je, soussigné (nom, prénom), agissant en qualité de... (qualité) de la société... (désignation), dont le siège social est à *(ville, adresse)* :
– rappelle que cette société a opté pour le régime fiscal de groupe prévu à l'article 223 A du CGI en date du... *(rappeler date d'effet de l'option en cours)* et comporte actuellement les filiales dont la liste est ci-jointe (voir liste 1) ;
– déclare que cette société élargit le périmètre de son groupe actuel dans le cadre de l'article 223 L-6-d et 223 A afin de se constituer également seule redevable de l'impôt sur les sociétés, des contributions additionnelles à l'IS et de l'imposition forfaitaire pour les sociétés qui figurent sur la liste ci-jointe (voir liste 2). Ces sociétés faisaient en effet partie d'un groupe intégré dont le capital de la société mère est venu à être détenu, directement ou indirectement, à 95 % au moins, par une autre personne morale passible de l'IS ; ce pourcentage était encore atteint à la date de clôture de l'exercice de cette société mère.

La durée du premier exercice comprenant les nouvelles sociétés filiales est de... *(mettre la durée en mois)* pour la société mère et pour les filiales mentionnées sur la liste 1 et de *(mettre la durée en mois)* pour les sociétés filiales mentionnées sur la liste 2.

Il est précisé que les dates d'ouverture et de clôture du premier exercice comprenant les sociétés du groupe dont la mère a été acquise sont :
– pour la société mère et pour les filiales mentionnées sur la liste 1, la date d'ouverture est le *(date d'ouverture de l'exercice de la société mère et des filiales déjà intégrées qui doit être identique)* ;
– pour les sociétés filiales nouvellement membres du groupe et mentionnées sur la liste 2, la date d'ouverture est le... *(date d'ouverture qui peut être différente de la date précédente)* ;
– pour toutes les sociétés du groupe ainsi formé, la date de clôture est le... (mettre la date de clôture de l'exercice qui doit être identique pour toutes les sociétés du nouveau groupe).

Les attestations par lesquelles les sociétés filiales mentionnées dans la liste 2 donnent leur accord pour être membres du groupe sont ci-jointes. Est jointe également la copie de l'option initiale.

Fait à..., le...

Le... *(qualité)*

(signature)

(nom et prénom)

– et (dans les deux cas) un document mentionnant :
- l'identité des filiales,
- la durée du premier exercice de chaque société du groupe,
- pour chacune des sociétés du groupe, celles d'entre elles pour lesquelles il est demandé à bénéficier du régime permettant d'imputer le déficit d'ensemble du groupe sortant sur une base élargie *(voir §§ 358 à 365)*. Cette indication prend la forme d'une mention et d'une liste distinctes.

Troisième conséquence : le cas échéant, alignement des dates de clôture des sociétés du groupe cessant et de la société acheteuse et des sociétés du groupe auquel elle appartient

356 Dans le cas où les dates de clôture des sociétés du groupe cessant et celles de la ou des sociétés acheteuses ne coïncident pas, une nouvelle intégration serait impossible en l'état. En effet, l'une des conditions de fond pour les sociétés intégrées est de disposer de dates de clôture identiques et d'exercices de douze mois.

Afin d'éviter ce blocage, les textes assouplissent, dans ce cas, les modalités d'homogénéisation des dates de clôture et prévoient que :
– la durée du premier des exercices du nouveau groupe peut être supérieure ou inférieure à douze mois ;
– la date d'ouverture de l'exercice des sociétés composant le nouveau groupe peut être différente pour ce premier exercice.

L'application de ces deux dérogations permet de nombreuses combinaisons pour le premier exercice, mais il convient de noter que la date de clôture des sociétés intégrées doit toujours être commune.

EXEMPLE

Une société M, mère d'un groupe intégré composé de F1 et F2, clôture ses comptes le 31/12.

Une société H, qui clôture le 30/09, achète les titres de M le 31/10/N.

Le nouveau groupe peut, par exemple, s'aligner sur la date de clôture de la société acquise. On réalise ainsi une première intégration clôturant le 31 décembre N + 1, comprenant les exercices de 12 mois des sociétés acquises et l'exercice de 15 mois de la société acheteuse :

sociétés acquises :	x.................................12 mois	x
	1/1/N +1	
société acheteuse :	x.. 15 mois	x
	1/10/N	31/12/N + 1

Il serait possible également de s'aligner sur la date de clôture de la société acheteuse, soit le 31/10/N + 1 dans notre exemple ou encore sur une nouvelle date de clôture située au plus tard 24 mois après la date d'ouverture la plus ancienne.

Précision

- Cette possibilité ne saurait toutefois soustraire les sociétés composant le groupe à l'obligation de déclarer un résultat au moins une fois par an (CGI art. 37).
- En principe, conformément aux règles générales, il n'est possible de disposer que d'une seule fois d'une durée d'exercice différente de 12 mois par période d'option. Ainsi, après un tel alignement, il ne devrait pas être possible de modifier ultérieurement la durée dans la même période d'option. Toutefois, l'administration accepte une application « indépendante » des textes et permet (BOFiP-IS-GPE-10-10-20-§ 90-07/09/2016) que l'alignement pratiqué, suite à un rachat de capital d'une mère, puisse se réaliser même si la durée est modifiée dans le cadre des règles générales au cours de la même période d'option.
- Si la société acheteuse clôture ses comptes pour la première fois lors de la première intégration commune, il est admis que la durée de son premier exercice démarre dès la date de sa création (BOFiP-IS-GPE-50-20-20-10-§ 95-02/03/2016 qui cite le RES n° 2008/26 [FE]).

Quatrième conséquence : particularité du fonctionnement de l'intégration du groupe acheteur comprenant les sociétés du groupe cessant

357 Cette intégration se réalisera avec les particularités suivantes.

Première particularité : la « base élargie »

358 Le déficit d'ensemble du groupe cessant qui appartient à l'ancienne société mère peut être imputé (si l'option a été prise lors de l'option) sur une « base élargie ».

Principe général

359 Si, à l'issue de la dernière déclaration, il subsiste un déficit d'ensemble reportable, ce déficit est conservé par la société mère (CGI art. 223 S). Par la suite, si cette société mère devient une filiale du nouveau groupe, ce déficit est normalement utilisable suivant les règles applicables aux déficits antérieurs à l'intégration.

Cette situation peut entraîner des conséquences incohérentes. En effet, le déficit d'ensemble généré antérieurement ne sera imputable que sur le résultat individuel de l'ancienne société mère. Par ailleurs, cette imputation individuelle s'effectuera avec les règles spécifiques de l'intégration, plus contraignantes que les règles applicables de plein droit.

C'est pourquoi l'article 223 I-5 du CGI permet, dans certaines conditions, l'imputation de ce déficit d'ensemble sur les bénéfices des sociétés du groupe ayant cessé, membres du nouveau groupe.

Schéma : acquisition de M par S en N + 1

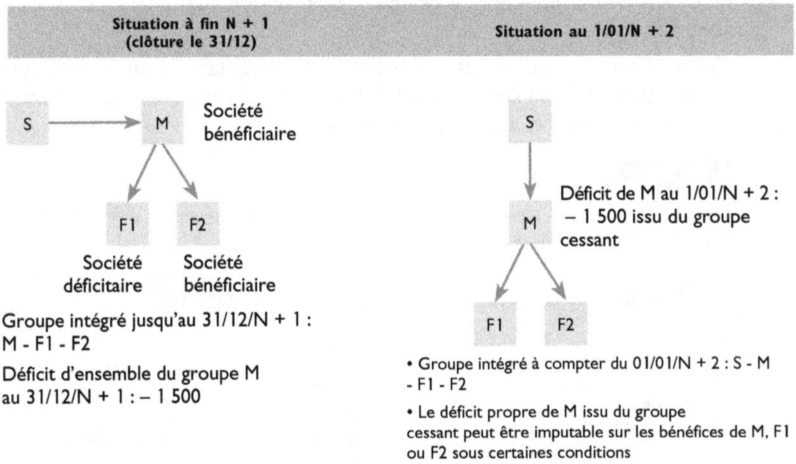

L'avantage est de pouvoir élargir les possibilités d'imputation ultérieure de ces pertes. L'inconvénient réside toutefois dans le fait que, si cette possibilité est retenue, les pertes ainsi reportables et encore disponibles tombent en non-valeur dès que la société, à l'origine des pertes, sort du nouveau groupe.

Précision

Ce mécanisme n'est pas applicable aux moins-values nettes à long terme d'ensemble.

Les modalités pratiques d'application sont complexes et relèvent des principes suivants.

Détermination des déficits susceptibles d'être imputés sur une base élargie

360 **Les déficits susceptibles d'être imputés sur une base élargie correspondent à ceux du groupe ayant cessé après réintégration des effets de la sortie.**

Exemple

M, F1 et F2 sont intégrées depuis le 1/01/N. Le groupe est équilibré en N, après avoir neutralisé une plus-value intragroupe de 250, et déficitaire en N + 1. Le capital de M est acquis en N + 1 par S. Cette situation persiste à fin N + 1. M dépose une déclaration d'intégration au titre de l'exercice N + 1.

Les résultats du groupe sont les suivants.

Exercice N + 1	M	F1	F2	Total
États 2058 ER et 2058 ES				
Résultats fiscaux	+ 300	– 850	– 1300	– 1850
Jetons de présence			+ 100	+ 100
Plus-value intragroupe (déneutralisation)		+ 250		+ 250
Résultat rectifié	**+ 300**	**- 600**	**- 1200**	**- 1500**
Pour information, détail des déficits transmis au groupe par société	-	– 600	– 1200	– 1800

Affectation du montant aux sociétés d'origine

361 **Le déficit d'ensemble doit, à ce stade, être affecté aux différentes sociétés qui en sont à l'origine.**

Cette affectation se réalise au prorata des résultats rectifiés subis par chaque société (ligne DA de l'imprimé 2058 ER de chaque société). Par ailleurs, la société mère doit être prise en compte pour ce calcul.

EXEMPLE

S décide d'opter pour l'intégration à compter du 1/01/N + 2 avec pour filiales M, F1 et F2. L'affectation des déficits du groupe ayant cessé se calcule comme suit.

Exercices de provenance	Total	Déficits dont imputables sur une base élargie		
		M	F1	F2
N + 1	1 500	-	500 (1)	1 000 (2)

(1) 1 500 X 600/1 800.
(2) 1 500 X 1 200/1 800.

Ces calculs sont à présenter sur un tableau spécifique.

L'option pour l'imputation sur une base élargie

362 **L'imputation des déficits sur une base élargie est a priori une solution intéressante. Toutefois, il faut prendre garde au fait que les déficits ainsi imputables sur une base élargie tombent en non-valeur dès que la société à laquelle est affecté le déficit sort. Un choix peut et doit, le cas échéant, être opéré : il consistera à retenir toutes les sociétés bénéficiaires (car aucun risque de voir des déficits se perdre en cas de sortie ultérieure n'existe pour ces sociétés) et tout ou partie des sociétés déficitaires (car pour ces dernières, au contraire, un tel risque existe) du groupe cessant.**

La liste des sociétés pour lesquelles le bénéfice de ces dispositions est demandé est jointe à l'option et figure de manière distincte sur le document à établir concernant l'identité des sociétés membres du nouveau groupe (CGI, ann. III art. 46 quater-0 ZJ bis, 1)**.**

→ **Remarque.** Si l'une des sociétés déficitaires de l'ancien groupe ne rejoint pas immédiatement le nouveau groupe, la fraction du déficit d'ensemble dont elle est à l'origine ne peut faire l'objet d'une option pour la base élargie dans le nouveau groupe.

L'imputation des déficits imputables sur une base élargie

Principe

363 **L'imputation des déficits de l'ancien groupe se réalise en priorité sur le bénéfice de l'ancienne société mère. À ce titre, ce sont les règles applicables aux déficits antérieurs à l'intégration qui s'appliquent (plafonnement du bénéfice).**

Précision

• Cette imputation est de surcroît réalisée en priorité sur le déficit non susceptible d'être imputé sur une base élargie (BOFiP-IS-GPE-50-10-30-§ 220-02/03/2016).

• Le déficit imputable sur une base élargie, et par exception aux règles courantes, est imputé sur les bénéfices des sociétés du groupe ayant cessé et qui ont rejoint immédiatement le nouveau groupe et pour lesquels le bénéfice de la base élargie a été demandé lors de l'option.

• Cette imputation sur une base élargie doit se réaliser dans les conditions suivantes :

– les bénéfices des sociétés disponibles à ce stade à prendre en compte s'entendent des bénéfices plafonnés (CGI art. 223 I, 4). En revanche, peu importe que les filiales bénéficiaires ne soient pas à l'origine des déficits imputables sur une base élargie ;

– les sociétés pouvant être retenues sont uniquement celles de l'ancien groupe intégré qui ont rejoint immédiatement le « nouveau » groupe et pour lesquelles une imputation sur la base élargie a été retenue.

• Cette imputation se réalise en outre en tenant compte des limites de droit commun, d'un million d'euros plus 50 % du bénéfice excédant cette limite (exercices clos à compter du 31/12/2012). Pour l'application de cette limite, le plafond d'un million d'euros s'applique, quel que soit le nombre de sociétés concernées.

Présentation

364 Ces imputations devront être mentionnées sur la déclaration personnelle de l'ancienne société mère. À ce titre :

– seront soustraits du bénéfice figurant sur la déclaration 2058 A de l'ex-société mère les déficits imputés sur le bénéfice plafonné propre à cette ou ces sociétés et sur les bénéfices plafonnés propres aux filiales pour lesquelles la base élargie est applicable ;

– sera soustraite des déficits reportables mentionnés sur la déclaration 2058 B la totalité des déficits imputés (sur une base élargie ou non).

Pour les déclarations 2058 A bis et 2058 B bis, il convient de faire comme s'il n'existait pas de base élargie.

→ **Remarque.** Une autre présentation pour les déficits imputables sur une base élargie, imputés sur les bénéfices des filiales du groupe sorti, peut consister, à notre avis, à les mentionner sur les déclarations 2058 ER sur les lignes « Autres régularisations », en déduction avec un détail annexe.

Exemple

On suppose que les résultats des sociétés du nouveau groupe sont les suivants pour l'exercice N + 2.

	S	M	F1	F2
Résultat individuel avant imputation des déficits	2 000	100	800	550
Subvention reçue par F1 de M en N + 2			– 500	
Résultat plafonné	**2 000**	**100**	**300**	**550**

L'imputation se réalisera dans les conditions suivantes dès lors que le groupe a retenu M, F1 et F2 dans la base élargie (hypothèse de notre exemple).

	S	Déficit chez M – Total	Déficit chez M – dont imputable sur une base élargie	F1	F2
Déficits à l'ouverture		1 500	1 500		
Résultat N + 2	2 000	100	–	800	550
Déficits non imputables sur une base élargie imputés sur résultat M		– (2)			
Déficits imputables sur une base élargie, imputés sur le résultat plafonné disponible de M, F1 et F2 soit sur 100 (M) + 300 (F1) + 550 (F2) = 950		– 950 (4)	– 950 (1)		
Déficit restant à la clôture		**550**	**550**		**0**
Résultat transmis groupe	2 000	– 850 (3)		+ 800	+ 550
Total cumulé à ce stade			**2 500**		

(1) En totalité car, dans l'exemple, les déficits du groupe cessant sont entièrement imputables sur une base élargie.
(2) Le déficit non imputable sur une base élargie est de zéro en l'espèce.
(3) 100 – 100 – 300 – 550 = – 850.
(4) Si les montants étaient en dizaines de milliers d'euros, la base d'imputation de 950 serait alors de 9 500 000 € et l'imputation aurait été limitée à 1 million + 50 % (9 500 000 – 1 000 000) = 5 250 000 €

C'est-à-dire :
- le résultat de S pour 2 000 ;
- le résultat de F1 pour 800 - 300 = 500 (montant sur lequel il n'a pas été possible d'utiliser du déficit imputable sur une base élargie du fait, dans ce cas, de l'effet de plafonnement).

En l'absence de ce dispositif dit « de la base élargie », le résultat cumulé aurait été, à ce même stade de raisonnement (c'est-à-dire avant les neutralisations des opérations intragroupe), de 3 350, soit 2 000 pour S, 800 pour F1 et 550 pour F2.

Ces calculs sont réalisés dans un tableau spécial à fournir à l'administration. Les déclarations de chaque société se présentent alors comme suit :

	S	M	F1	F2
2058 A				
Résultat fiscal avant imputation	2 000	100	800	550
Déficits imputés		– 100		0
Résultat fiscal individuel	**2 000**	**0**	**800**	**550**
2058 ER				
Subvention reçue			– 500	
Déductions diverses (1)		0	– 300	– 550
Résultat rectifié	**2000**	**0**	**0**	**0**
Résultat du groupe		**2 000**		

	M	F1	F2
2058 B			
Déficit N + 2	1 500	–	–
Imputation	– 950	–	–
Déficit clôture N + 2	**550**	**–**	**–**

(1) Présentation possible, à notre avis.

Sort des déficits imputables sur une base élargie en cas de sortie du groupe des sociétés

365 En cas de sortie du groupe, les déficits affectés aux sociétés sortantes et encore utilisables sont perdus. Cet inconvénient peut aboutir à ne pas choisir d'imputer les déficits d'ensemble sur une base élargie.

Le montant du déficit qui est perdu dans ce cas correspond au déficit affecté à la société sortante dès l'origine, sous déduction des déficits imputés (depuis la création du nouveau groupe) par l'ancienne société mère. Cette règle d'imputation est avantageuse pour les groupes.

EXEMPLE

F2 sort de l'intégration en N + 3. Les déficits qui lui ont été affectés à l'origine sont de 1 000 *(voir § 361)*.

Depuis le 1/01/N + 2, la société M a utilisé au titre de N + 2 un déficit de 950 ; ce montant de 950 est réputé provenir du déficit de la société sortante ; ce montant étant inférieur aux 1 000, un montant de 1 000 - 950 = 50 de déficit est perdu chez M.

En définitive, après la sortie de F2, M disposera de : 550 - 50 = 500 de déficit reportable.

Deuxième particularité : sort des provisions intragroupe constituées dans le groupe cessant

366 Normalement, les reprises de provisions intragroupe constatées après la sortie de la société ayant constitué ou ayant fait l'objet de la provision *(voir § 210)* ne peuvent faire l'objet d'une neutralisation, peu importe que la dotation l'ait été à l'origine. Ce principe, qui représente un inconvénient applicable aux sorties, n'est pas appliqué lorsque la reprise intervient alors que les sociétés concernées sont entrées immédiatement dans le nouveau groupe formé dans le cadre du dispositif étudié et le demeurent toujours au titre de l'exercice de la reprise.

Cette neutralisation intervient sur l'état 2058 ER de la société procédant à la reprise sur les lignes relatives aux provisions intragroupe (ligne CG ou DE).

Cette mention doit être accompagnée d'un document précisant, pour chaque provision concernée, outre le millésime de l'exercice de dotation, la dénomination de la société mère qui a rapporté la provision lors de cette dotation et le déroulement des opérations placées sous le régime de l'article 223 L, 6.d du CGI.

EXEMPLE

M, F1 et F2 sont intégrées depuis le 1/01/N.

En N, M constate une provision sur les créances F1 pour 500.

En N + 1, le capital de M est acquis à au moins 95 % par S.

À compter du 1/01/N + 2, S forme un groupe intégré avec M et F1 pour filiales.

Les provisions sont reprises par M en totalité en N + 3.

Exercice N + 3	**M**	
Résultat fiscal individuel		**+ 500**
État 2058 ER de M		
Neutralisation de la reprise de provisions intragroupe (1)	– 500	
Résultat rectifié		**0**

(1) Cette neutralisation n'aurait pu se réaliser si l'on avait appliqué les règles de base.

La déclaration du groupe sera accompagnée d'un document précisant l'origine de la provision.

→ **Remarque.** Ce principe s'applique également aux provisions intragroupe qui relèvent du régime du long terme. Dans ce cas, le calcul se réalise en fonction du taux dont relève la reprise de provision (0 % ou 19 %) *(voir § 212)*.

Troisième particularité : acomptes d'IS au comptable de la DGFIP

367 À signaler également que, pour l'administration, les sociétés du groupe cessant devront calculer leur impôt interne, dans le nouveau groupe, en faisant abstraction des déficits nés pendant leur intégration précédente.

Ces montants doivent normalement être versés par chaque société nouvellement intégrée dans un groupe à son propre comptable de la DGFIP. Dans le cas des sociétés de l'ancien groupe qui font partie du nouveau groupe, il est admis que la société qui était redevable de l'IS dus par l'ancien groupe se substitue à l'ensemble des sociétés de ce groupe qui font partie du nouveau groupe. En conséquence, la société mère du groupe ayant cessé doit continuer à acquitter, au titre de l'exercice d'entrée dans le groupe acheteur, lesdites sommes en lieu et place des sociétés de ce groupe.

La sortie du groupe suite à l'absorption de la société mère

368 Dans le même esprit que celui du cas précédent du rachat de la société mère, et toujours afin d'éviter une pénalisation trop importante des opérations de rapprochement entre groupes, le CGI permet également, dans le cadre de mesures spécifiques (CGI art. 223 L, 6.c), d'atténuer les conséquences fiscales de la sortie de groupe lorsque cette situation apparaît suite à l'absorption, dans certaines conditions, de la mère intégrante.

Opération entraînant le dispositif

369 Lorsqu'une société mère d'un groupe intégré est absorbée (avec un effet rétroactif à la date d'ouverture de l'exercice de cette société), au cours d'un exercice par une autre société, cette dernière, dans la mesure où elle satisfait aux conditions pour pouvoir être société mère d'un groupe intégré, peut constituer un nouveau groupe fiscal à compter de l'ouverture de l'exercice de fusion. Ce groupe peut comprendre tout ou partie des sociétés du groupe formé par la société absorbée. Toutefois, cette disposition n'empêche pas l'application des conséquences des sorties pour le groupe intégré dont la société mère a été absorbée. Mais, là encore, certaines atténuations s'appliqueront.

→ **Remarque.** Le mécanisme s'applique, que la fusion soit placée ou non sous le régime de faveur.

Première conséquence : la sortie immédiate du groupe dont la mère est absorbée

370 Le groupe formé par la société absorbée est considéré comme sortant au premier jour de l'exercice de la fusion. De ce fait, les déneutralisations de sortie *(voir §§ 229 à 232)* doivent toutes s'appliquer.

Toutefois, il est utile, compte tenu des règles propres aux fusions, d'analyser le sort du résultat de la société mère absorbée dégagé au cours de l'exercice de la fusion. Par ailleurs, il est nécessaire également de préciser le sort des déficits et moins-values à long terme existant chez le groupe dont la mère est absorbée.

Sort du résultat de la société absorbée dégagé au cours de l'exercice de la fusion

371 Pour bénéficier des nouvelles mesures, la fusion doit avoir un effet rétroactif à la date d'ouverture de l'exercice de la société absorbée.

De ce fait, le résultat dégagé par la société absorbée entre l'ouverture de l'exercice et la date de réalisation de la fusion est normalement inclus dans le résultat de la société absorbante.

Comme les déneutralisations des opérations intragroupe propres à la sortie de ce groupe seront pratiquées au titre de l'exercice de fusion, l'essentiel des conséquences de l'opération se retrouvera chez l'absorbante (sous réserve de l'imputation des pertes du groupe cessant ; *voir § 374*).

Par ailleurs, si cette dernière opte pour l'application du régime de groupe à compter de l'ouverture de l'exercice de la fusion, il n'existera aucune période non intégrée entre l'ancien et le nouveau groupe.

EXEMPLE

M est société mère d'un groupe intégré avec F1 depuis plusieurs exercices. S absorbe M en juin N, avec effet rétroactif au 1/01/N. La date d'ouverture de toutes les sociétés est le 1/01.

La société S peut former un groupe intégré à compter du 1/01/N avec F1.

Le résultat d'ensemble établi au titre de N inclura :
- le résultat de S comprenant lui-même l'intégralité du résultat dégagé par M entre le 1/01 et le 30/06/N (y compris les déneutralisations liées à la sortie du groupe) ;
- le résultat de F1 dégagé en N.

PRÉCISION

• Dans le cas où la date d'ouverture de l'exercice de la société absorbante est située après celle de l'absorbée, le résultat de la société absorbée, dégagé entre la date d'effet conventionnelle de la fusion et la date d'ouverture de l'exercice de l'absorbante, ne peut pas être pris en compte dans le résultat de la société absorbante. Ce résultat doit être déclaré isolément par la société absorbée. En revanche, les résultats dégagés au cours de l'exercice de la fusion par les filiales du groupe dont la société mère a été absorbée seront repris en totalité dans la nouvelle intégration. Une telle situation suppose, par ailleurs, un alignement des dates de clôture *(voir §§ 356 et 376)*.

Sort du déficit ou des moins-values nettes à long terme d'ensemble constatés dans le groupe dont la société mère est absorbée

372 Si, à l'issue de la dernière déclaration d'intégration du groupe dont la société mère est absorbée, il subsiste un déficit d'ensemble reportable ou des moins-values nettes à long terme, ces pertes sont normalement conservées chez la société mère et suivent les règles attachées à cette société. Cette dernière étant absorbée, ces déficits sont susceptibles de tomber en non-valeur. Avant d'en arriver à ce stade, le groupe dispose notamment des possibilités suivantes.

Utilisation par la société absorbée dans le cadre de sa déclaration de cessation d'activité

373 Dans ce cas, outre les imputations sur certains résultats pouvant provenir de la cessation, la principale source de bénéfice peut provenir des effets nets positifs des déneutralisations des opérations intragroupe. En effet, le déficit d'ensemble est utilisé pour compenser les effets nets positifs des déneutralisations constatées chez l'absorbante et provenant des effets de la sortie de l'ancien groupe. Cette procédure est également prévue pour les moins-values nettes à long terme d'ensemble encore reportables.

Transfert du déficit sur agrément à l'absorbante

374 En cas d'absorption ou de scission de la société mère intégrante, si l'opération bénéficie du régime spécifique de l'article 223 L-6-c (ou e) (c'est-à-dire le régime étudié dans la présente partie) et s'il existe un déficit d'ensemble, alors il est prévu un agrément spécifique à cette situation (CGI art. 223 I, 6) afin d'organiser le transfert de ce déficit chez l'absorbante.

Cet agrément spécifique ne peut être délivré (comme pour l'agrément de droit commun) que si l'opération est placée sous le régime de faveur de l'article 210 A, est justifiée du point de vue économique et obéit à des motivations principales autres que fiscales.

En outre, pour les exercices clos depuis le 4 juillet 2012, l'agrément est délivré lorsque :
– l'activité à l'origine des déficits dont le transfert est demandé n'a pas fait l'objet, par la société absorbée pendant la période au titre de laquelle ces déficits ont été constatés, de changement significatif, notamment en termes de clientèle, d'emploi, de moyens d'exploitation effectivement mis en œuvre, de nature et de volume d'activité ;
– l'activité à l'origine des déficits dont le transfert est demandé est poursuivie par la ou les sociétés absorbantes pendant un délai minimal de trois ans, sans faire l'objet, pendant cette période, de changement significatif, notamment en termes de clientèle, d'emploi, de moyens d'exploitation effectivement mis en œuvre, de nature et de volume d'activité ;
– les déficits susceptibles d'être transférés ne proviennent ni de la gestion d'un patrimoine mobilier par des sociétés à prépondérance financière ni de la gestion d'un patrimoine immobilier.

Enfin il faut que les sociétés à l'origine de ces pertes dont le transfert est demandé soient sélectionnées comme faisant partie du mécanisme d'imputation sur une base élargie *(voir §§ 358 à 365 et 378)*.

De ce fait, il existe une égalité arithmétique entre, d'une part, les déficits des sociétés issues du groupe ayant cessé et imputables sur une base élargie et, d'autre part, ceux issus des filiales transférables sur agrément.

Enfin, il convient de préciser que les moins-values nettes à long terme ne peuvent pas faire l'objet d'un transfert sur agrément.

EXEMPLE

Le groupe M, F1 et F2 est intégré depuis le 1/01/N. Le groupe dégage un résultat de zéro en N.

En N + 2, la société mère M est absorbée par X.

La société X souhaite appliquer le dispositif prévu à l'article 223-L-6-c.

Les résultats sont les suivants :

	M	F1	F2	Groupe
N + 1				
Résultat rectifié	– 300	– 50	+ 80	– 270

Contribution de chaque société au déficit du groupe :

N + 1

M : 270 X 300/(300 + 50) = 231.

F1 : 270 X 50/(300 + 50) = 39.

F2 : néant.

L'agrément prévu à l'article 223-I-6 du CGI peut être obtenu pour ces montants mais uniquement si les conditions de l'agrément sont satisfaites pour chaque montant *(voir § 374 ci-dessus)*.

Dans le cas où l'agrément est obtenu, le déficit transféré présente pour la société absorbante le caractère d'un déficit subi avant l'entrée dans le groupe et pourra s'imputer sur son futur bénéfice plafonné (CGI, art. 223 I-4) ; mais ce déficit pourra également s'imputer sur les résultats des sociétés faisant partie de la base élargie, déterminés dans les conditions prévues à l'article 223-I-4 du CGI (principe de plafonnement) et dans la limite de droit commun d'un million d'euros plus 50 % de ces bénéfices qui excèdent cette limite. Pour l'application de cette limite, le montant d'un million est applicable une seule fois *(voir § 378)*.

Deuxième conséquence (non obligatoire) : création d'un nouveau groupe ou élargissement du groupe de la société absorbante

375 La société absorbante peut constituer un groupe intégré comprenant les sociétés de l'ancien groupe à compter du début de l'exercice de la fusion. Cette intégration suppose que la société absorbante réponde aux conditions pour pouvoir être société mère. Toutefois, cette qualité devrait déjà se vérifier avant la fusion ou être issue du seul fait de la fusion.

Sont susceptibles de répondre à ces conditions :
- une société absorbante non intégrée ;
- une filiale qui absorberait sa société mère ;
- une filiale intégrée d'un autre groupe ;
- une société absorbante déjà mère d'un autre groupe intégré.

Faut-il encore que ces sociétés répondent aux conditions pour être société mère après l'opération.

Par ailleurs, la fusion doit comporter une clause de rétroactivité portant effet au premier jour de l'exercice de la société absorbée.

Pour ce faire, il convient de produire des documents similaires (mais dont le texte doit être adapté) à ceux qui devront être produits lors de l'acquisition de la société mère, au plus tard dans les trois mois qui suivent la date de la fusion.

La fusion est réalisée à la date de la dernière assemblée générale d'actionnaires approuvant l'opération.

Ainsi, sont à produire, au plus tard dans les trois mois de la réalisation de la fusion :
– soit l'option pour le régime de groupe, mentionnant la durée du premier exercice, accompagnée de l'accord des filiales (hypothèse d'une nouvelle intégration) ;
– soit la notification d'élargissement du périmètre, accompagnée de l'accord des filiales et d'une copie de l'option déjà exercée (hypothèse d'une modification du périmètre déjà existant) ;
– ainsi qu'un document mentionnant :
  - l'identité des filiales,
  - la durée du premier exercice de chaque société du groupe tel qu'il résulte de l'opération ;
– pour chacune des sociétés du groupe, celles d'entre elles pour lesquelles il est demandé de bénéficier du régime permettant d'imputer le déficit d'ensemble du groupe sortant sur une base élargie. Cette indication prend la forme d'une mention et d'une liste distinctes.

Troisième conséquence : le cas échéant, alignement des dates de clôture des sociétés du groupe cessant ainsi que de la société acheteuse et des sociétés du groupe auquel elle appartient

376 L'alignement se réalisera dès le premier exercice d'intégration du « nouveau » groupe et dans des conditions similaires au cas de l'acquisition du capital de la société mère *(voir § 356)*.

Quatrième conséquence : particularités concernant le « nouveau » groupe

377 Cette intégration se réalisera avec les mêmes particularités que dans le cas de l'achat du capital d'une société mère.

Première particularité : la « base élargie »

378 Le déficit d'ensemble du groupe cessant qui appartient à l'ancienne société mère peut être imputé (si l'option a été prise) sur une « base élargie ». Cette possibilité suppose, dans ce cas, que le déficit d'ensemble du groupe cessant ait été transféré sur agrément à la société absorbante *(voir § 374)*. L'imputation sur une base élargie ne pourra se réaliser que pour la fraction du déficit d'ensemble ainsi transféré. Le principe de fonctionnement est similaire au cas de l'acquisition d'une mère intégrante *(voir §§ 358 à 365)*.

Deuxième particularité : sort des provisions intragroupe constituées dans le groupe ayant cessé

379 Le principe est identique à celui mentionné lors de l'acquisition du capital de la société mère *(voir § 366)*. Ainsi, les reprises de provisions intragroupe constituées

par les sociétés du groupe ayant cessé (et ayant donné lieu à neutralisation) peuvent être neutralisées dans le nouveau groupe si les sociétés débitrices et créancières sont toujours intégrées dans ce nouveau groupe et qu'elles sont entrées dans celui-ci immédiatement après la fusion.

Cette atténuation est souvent moins intéressante que dans le cas de l'achat de la mère, car les provisions intragroupe constituées chez la mère absorbée ne permettent pas, en principe, de bénéficier de ce dispositif du fait de sa disparition via la fusion.

Lors de cette reprise, il est nécessaire de produire un état concernant l'origine de la provision avec la déclaration du groupe déposée au titre de l'exercice où se situe la reprise.

Troisième particularité : acomptes d'IS au comptable de la DGFIP

380 D'après les dispositions générales de l'intégration fiscale, lors du premier exercice d'intégration, les acomptes d'IS sont à payer par chaque société intégrée directement à son propre comptable de la DGI.

Afin d'assurer l'application commune du régime de groupe dès l'exercice de la fusion, il est prévu que la société absorbante acquitte, dès l'exercice de fusion, les acomptes dus par les sociétés membres du groupe au titre de l'exercice d'entrée dans celui-ci.

Ainsi, les acomptes d'IS payés par la société absorbée, avant la date de la fusion, sont-ils considérés comme ayant été payés par la société absorbante. À compter de la date de la fusion, c'est la société absorbante qui règle les acomptes d'IS.

Concernant les déficits des sociétés calculés comme si elles étaient imposées séparément et figurant sur les déclarations 2058-B bis, il semblerait logique d'appliquer les effets d'une sortie de groupe : dans le cadre de ce raisonnement, les déficits figurant sur les déclarations 2058-B bis lors de l'entrée dans le nouveau groupe devraient être identiques à ceux figurant sur les déclarations 2058-B.

La sortie du groupe ou de sociétés intégrées suite à une procédure collective

381 Afin d'atténuer certaines difficultés à transmettre des sociétés en période de difficultés, le législateur a mis en place, pour les exercices clos à compter du 1er janvier 2008, un dispositif qui permet, dans le cas d'un transfert de filiales intégrées déficitaires consécutif à une procédure collective, d'une part, de lui transmettre dans certaines conditions une fraction du déficit d'ensemble et, d'autre part, si les conditions sont respectées, de rejoindre un autre groupe intégré sans rupture temporelle d'intégration.

Les cas visés

382 Sont concernées uniquement les situations où une société sort de l'intégration suite à un transfert consécutif à une procédure collective. En outre, le transfert doit avoir lieu dans un certain délai.

Les procédures visées

383 Sont visées les trois procédures collectives suivantes :
- liquidation judiciaire prévue au titre IV du livre VI du code de commerce ;
- procédure de sauvegarde prévue au titre II du livre VI du code de commerce ;
- procédure de redressement judiciaire prévue au titre III du livre VI du code de commerce.

Les transferts visés

384 Il s'agit de toutes les opérations ayant pour effet de faire sortir une société de l'intégration suite à un transfert de ces titres (ventes, échange, apport...) et qui interviennent dans les délais requis *(voir § 385)*. Ainsi, sont visés les transferts de titres qui entraînent une baisse du pourcentage en dessous du seuil de 95 %, même si la mère conserve encore 94 % ou moins. En revanche, il est impératif que la baisse résulte d'un transfert de titres qui intervient après l'ouverture d'une telle procédure.

EXEMPLE

M, F1 et F2 sont intégrées. M détient F1 et F2.

F1 fait l'objet d'une procédure de sauvegarde.

Exemples de transferts visés par le dispositif :

H1 : les titres F1 sont cédés à X.

H2 : les titres F1 sont apportés à X et M reçoit des titres X en échange.

Exemples de transferts non visés par le dispositif :

H3 : si F1 augmente son capital au profit exclusif de X, de sorte que M passe en dessous de 95 %, le dispositif est inapplicable, car les titres détenus par M ne sont pas transférés.

H4 : si les titres F1 sont cédés pour 10 % avant l'ouverture de la procédure, le dispositif est inapplicable, car le transfert qui fait passer en dessous du seuil de 95 % est réalisé avant l'ouverture de la procédure.

De même, les sous-filiales détenues par les filiales concernées sont également visées.

EXEMPLE

M, F1 et F2 sont intégrées. M détient F1 qui détient F2.

F1 fait l'objet d'une procédure de sauvegarde.

Si les titres F1 sont cédés à X sans reclassement de F2 préalablement, alors le dispositif s'applique aussi à F2 du fait de sa sortie avec F1.

Le délai du transfert

385 Le transfert doit intervenir dans les 18 mois qui suivent l'ouverture d'une procédure de sauvegarde ou de redressement judiciaire. En revanche, aucun délai n'est prévu pour le transfert d'une filiale suite à l'ouverture d'une liquidation judiciaire de la société mère.

EXEMPLE

M, F1 et F2 sont intégrées.

Sont visés, notamment, les cas suivants :
- M est en liquidation judiciaire et cède les titres de F1 (en outre, cette situation provoque également la sortie du groupe au titre de l'exercice de liquidation définitive de la mère) ;
- M fait l'objet d'une procédure de sauvegarde et cède, dans les 18 mois de l'ouverture de la procédure, les titres F1 (pas de cessation du groupe dans cette situation de ce seul fait) ;
- F1 fait l'objet d'une procédure de sauvegarde et M cède les titres F1 dans les 18 mois de l'ouverture de cette procédure.

Les conséquences du dispositif sur les déficits

Le principe

386 Le fait que la mère conserve en principe le déficit des filiales sortantes peut poser des problèmes importants.

Il en est ainsi, notamment, en cas de liquidation qui touche la mère, car le déficit d'ensemble sera perdu.

Aussi, pour les exercices clos à compter du 1er janvier 2008, le transfert (cession...) d'une filiale dans les conditions décrites ci-dessus lui permet de récupérer dans certaines conditions le déficit qu'elle a transmis au groupe et qui serait encore reportable pour ce dernier.

À ce propos :
– seul le déficit qui provient de la filiale et qui est encore reportable au niveau du groupe est transférable ;
– le déficit d'ensemble concerné est celui qui existe à la clôture de l'exercice précédant celui du transfert des titres ; les effets des déneutralisations issues de la sortie de la société ne sont donc pas pris en compte ;
– n'est transférable que la fraction pour laquelle le groupe n'est pas en mesure d'opter pour un report en arrière de déficit dans le cadre de la procédure du carry back du groupe : en effet, dans ce cas, le déficit de la filiale est utilisable par le groupe. La portée pratique de cette mesure devrait être assez limitée depuis la réforme de 2011 précisant que l'option pour le report en arrière d'un déficit ne peut se prendre que dans le délai de déclaration de cet exercice ;
– la fraction ainsi transférée est soustraite a contrario du déficit d'ensemble ;
– ce dispositif est obligatoire lorsque les conditions sont réunies ;
– le dispositif s'applique *mutadis mutandis* aux moins-values nettes à long terme d'ensemble encore reportables ;
– la société mère du groupe cédant devra produire un état récapitulant les déficits et moins-values transférées.

Le montant du déficit transférable

387 Le calcul se réalise de manière progressive.

Pour chaque société, un stock de déficit est affecté et calculé pour chaque exercice.

Ainsi, pour chaque exercice où le groupe est déficitaire, le stock affectable aux sociétés concernées augmente à concurrence de sa contribution dans le résultat d'ensemble.

Si le groupe dégage par la suite un bénéfice de sorte que le déficit reportable d'ensemble diminue, le stock de déficit affecté à chaque filiale diminue alors mais tout en conservant sa proportion dans le déficit d'ensemble.

EXEMPLE

M, F1 et F2 sont intégrées depuis N. F1 et F2 sont déterminées directement par M.

Les résultats dégagés sont les suivants en N et N + 1

	M	F1	F2	Résultat d'ensemble	Déficit d'ensemble à la fin de l'exercice	Pour info : somme des déficits de M et F1
Exercice N						
Résultat rectifié	– 190	– 480	300	– 370	– 370	– 670
Exercice N + 1						
Résultat rectifié	0	– 500	600	+ 100	– 270	– 500

En N + 2, F1 fait l'objet d'une procédure collective et est cédé à l'extérieur le 30/09/N + 2.

Dans ce cas, F1 sort de l'intégration au 1/01/N + 2.

Il est possible de lui octroyer un montant de 193 de déficit, calculé comme suit :

	M	F1	F2	Déficit d'ensemble de la fin de l'exercice
Affectation du déficit d'ensemble à la fin N en cas de sortie de F1 en N + 1				
Résultat rectifié	– 105	– 265		– 370
Pourcentage de répartition du déficit d'ensemble reportable à fin N	(a) 28,38 %	(b) 71,62 %		100 %
Affectation du déficit d'ensemble à fin N + 1 en cas de sortie de F1 en N + 2				
Résultat rectifié	(c) 77	(d) 193		– 270

(a) 370 × 190/670. (b) 370 × 480/670. (c) 270 × 28,38 %. (d) 270 × 71,62 %.

En définitive, il doit être restitué un déficit de 193 à F1 si ses titres sont cédés par M en N + 2.

Le groupe reporte par la suite un déficit de 270 - 193 = 77.

Le déficit ainsi transféré devient pour la société dont les titres sont transférés, un déficit propre, même si elle devient membre d'un autre groupe intégré en tant que mère ou filiale.

Par la suite, la société cédée peut faire partie ou créer un groupe intégré si les autres conditions sont remplies, dès le premier jour de l'exercice de sortie.

Les conséquences du dispositif sur l'intégration future de la filiale cédée

388 Afin de faciliter le transfert d'une société suite à une procédure collective, il est prévu que la société dont les titres sont transférés puisse faire partie d'un groupe intégré dès le premier jour de l'exercice où le transfert a eu lieu dès lors que les conditions de l'intégration sont respectées.

À ce propos, les conditions de détention à 95 % pour les filiales dont les titres sont transférés suite à une procédure collective s'apprécient à la clôture de l'exercice du transfert pour leur intégration dans le nouveau groupe.

Les formalités de périmètre doivent alors être produites dans les trois mois du transfert.

La société dont les titres sont transférés peut devenir mère d'un groupe.

Exemple

M, F1 et F2 sont intégrées et clôturent le 31/12/N. M détient F1 qui détient F2.

F1 fait l'objet d'une procédure de sauvegarde le 30/07/N.

Les titres F1 sont cédés à PP1, qui est une personne physique, le 15/09/N.

F1 peut constituer un groupe intégré à compter du 1/01/N avec F2.

L'option doit être produite au plus tard le 15/12/N.

L'acheteur peut être une société déjà intégrée en tant que mère ou filiale.

Exemple

Mêmes données que ci-dessus mais les titres F1 sont cédés à X, société soumise à l'IS mère d'un groupe intégré avec X1 pour filiale. X et X1 clôturent le 31/12/N.

X peut alors élargir son périmètre en retenant F1 et F2 comme filiale à compter du 1/01/N.

La notification d'élargissement avec les autres documents prévus lors de l'entrée de sociétés *(voir § 107)* doit être produite au plus tard le 15/12/N.

La solution serait identique si l'achat de F1 avait été fait par X1.

L'acheteur peut être une société non intégrée.

Exemple

Mêmes données que ci-dessus mais les titres F1 sont cédés à X, société soumise à l'IS non intégrée qui clôture le 31/12/N et qui répond aux conditions pour être mère intégrante. X peut alors exercer une option qui doit être produite au plus tard le 15/12/N pour une intégration qui comprend X, F1 et F2 et qui démarre le 1/01/N.

Enfin, il convient de préciser qu'il est possible de procéder à un alignement des dates de clôture du premier exercice commun dans le cas où l'acheteur et la ou les sociétés transférées n'ont pas la même date de clôture (dans des conditions analogues à celles exposées aux paragraphes 53 et 111).

PARTIE 8

LA DÉTERMINATION ET LE PAIEMENT DE L'IMPÔT DÛ PAR LE GROUPE AU COMPTABLE DE LA DGFIP

Partie 8

LA DÉTERMINATION ET LE PAIEMENT DE L'IMPÔT DÛ PAR LE GROUPE AU COMPTABLE DE LA DGFIP

Principe de fonctionnement général

Les filiales versent leur impôt personnel à la société mère

420 L'organisation du régime aboutit au principe général par lequel les filiales intégrées versent, en période courante, leur impôt sur les sociétés et, leurs contributions additionnelles à l'IS à la société mère, et ce, en fonction des modalités retenues dans la convention interne. Généralement, ces conventions prévoient que, pendant l'intégration, les sociétés filiales doivent constater et verser à la société mère l'impôt qu'elles auraient eu si elles étaient imposées séparément (voir partie sur les conventions internes).

Finalement, ce n'est que de manière exceptionnelle que les filiales intégrées versent leur impôt au comptable de la DGFiP, notamment :
– lors de leur entrée dans l'intégration, elles doivent verser en pratique les quatre premiers acomptes d'IS et, le cas échéant, l'acompte de contribution sociale (3,3 %) ;
– pour régler des impôts relatifs à la période antérieure à l'intégration ;
– lorsque la société mère est défaillante. Dans ce cas, en effet, chaque filiale reste tenue solidairement au paiement de l'impôt du groupe à concurrence de l'impôt dû si la filiale n'était pas intégrée au titre de l'exercice concerné.

Aussi, dans la présente partie consacrée au paiement de l'impôt dû au comptable de la DGFiP, les filiales ne seront évoquées que lors de la description des règles applicables lors de l'entrée.

En ce qui concerne l'impôt dû par les filiales à la société mère intégrante, s'agissant d'opérations internes au groupe, les modalités sont exposées dans la partie relative aux conventions internes.

La société mère verse l'impôt du groupe au comptable de la DGFiP

421 La société mère, de son côté, a un triple rôle :
– celui de collecteur d'impôt auprès des filiales ;
– celui de contribuable auprès du comptable de la DGFiP pour le compte du groupe ;
– celui de détenteur et de gérant de l'économie d'impôt pouvant résulter de l'application du régime.

Ainsi, c'est la société mère qui est redevable, vis-à-vis du comptable de la DGFiP, de l'impôt dû par le groupe (IS et contributions) sur le résultat et les plus-values nettes à long terme d'ensemble.

Les règlements de la société mère au comptable de la DGFiP s'effectuent dans les délais et conditions de droit commun.

La présente partie a pour objectif de dresser un panorama des modalités d'application en matière de calcul d'impôt et des modalités de versements au comptable de la DGFiP en matière d'IS et de contributions additionnelles à l'IS.

Impôt sur les sociétés

Lors de l'entrée dans l'intégration du groupe

422 Le principe consiste à faire payer aux sociétés entrantes leurs acomptes d'impôt auprès de leur propre comptable des impôts au cours des douze premiers mois d'intégration. Cette règle a été instaurée afin de permettre au comptable public de s'organiser dans la transmission des données de la filiale auprès du comptable des impôts dont dépend la société mère.

Concernant la possibilité de limiter les acomptes, voir « Le coin des néophytes », paragraphe 431.

Toutefois, c'est la société mère qui assure la liquidation de l'impôt du groupe au titre du premier exercice d'intégration. À ce titre, l'ensemble des acomptes versés (y compris ceux versés par la mère) sont déduits sur le relevé de solde lors de la liquidation de l'impôt du groupe, l'excédent éventuel étant reversé à la mère. Cette procédure nécessite que le comptable des impôts de chaque filiale transfère au comptable des impôts de la société mère les acomptes versés par ces dernières avec le relevé de solde.

EXEMPLE

M et F1 entrent dans l'intégration le 1/01/N. Les résultats fiscaux sont les suivants (égalité pour l'exercice N entre le 2058 A et le 2058 A bis) :

Résultat fiscal	N	N – 1	N – 2
M	2000	1260	0
F1	4200	3000	0

Le résultat du groupe pour N est de 4500, compte tenu d'opérations intragroupe neutralisées. Les contributions sont ignorées par simplification. Le groupe n'est pas soumis à l'obligation de calculer le 4e acompte d'IS à partir du résultat estimé.

Versement de F1

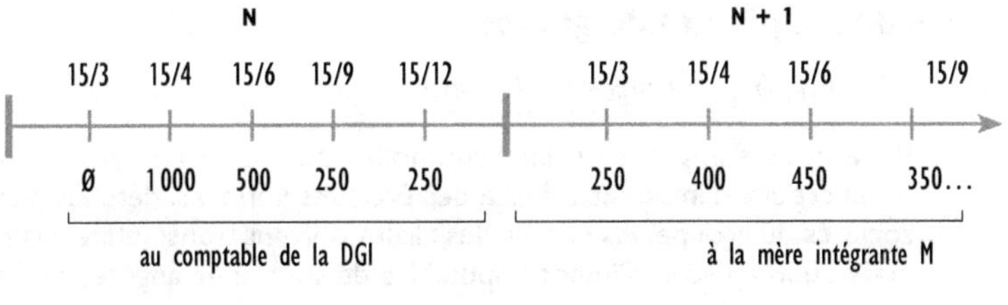

Versement de M

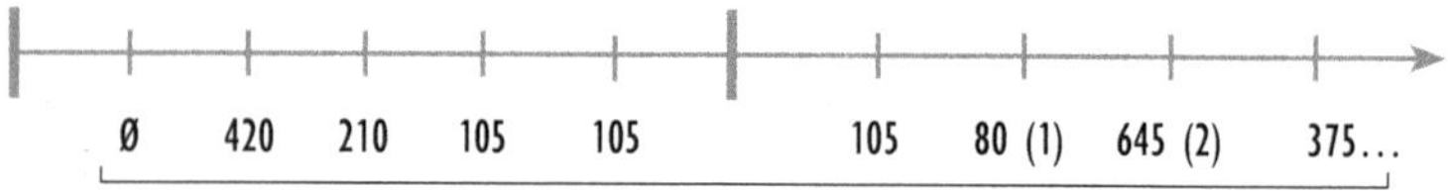

au comptable de la DGFiP

(1) (4 500 × 33 1/3 %) – (210 + 105 + 105) – (500 + 250 + 250).

IS groupe N — acompte M au comptable de la DGFiP — acompte F1 au comptable de la DGFiP

(2) (4 500 × 16 2/3 %) – 105.

PRÉCISION

Après le quatrième acompte d'IS de l'exercice d'entrée, chaque filiale a intérêt à prendre contact avec son comptable de la DGFiP pour lui préciser l'obligation de transfert des acomptes au comptable de la DGFiP dont dépend la société mère.

En période courante

Le calcul de l'impôt dû par le groupe au comptable des impôts

423 Après avoir déterminé le résultat du groupe et les plus ou moins-values nettes à long terme du groupe, la société mère doit procéder au calcul de l'impôt du groupe à verser.

Calcul de l'impôt brut du groupe

424 L'IS brut du groupe se calcule sur la base du résultat d'ensemble (imposable au taux de 33 1/3 %) et des plus-values nettes à long terme d'ensemble (taux à 15 % ou à 19 %) figurant sur la déclaration 2065 du groupe et provenant eux-mêmes du document Cerfa 2058 RG.

PRÉCISION

- Si le groupe bénéficie du taux allégé PME (pour les conditions, *voir Thème spécifique 1, §§ 601 à 615*), l'IS brut sera alors calculé dans la limite de 38 120 euros au taux de 15 %.
- En cas d'intégration de sociétés situées dans des zones franches, un abattement est susceptible de s'appliquer *(voir § 52)*.
- Le plafond d'aides de minimis s'apprécie au niveau du groupe - notion d'entité unique sur le plan économique - (règlt UE/1407/2013) ; ce principe s'applique en particulier dans les groupes intégrés.

Calcul de l'impôt net du groupe

Les crédits d'impôt imputables sur l'IS brut

425 Peuvent être imputés sur l'IS brut, notamment dans l'ordre suivant :
– les crédits d'impôt attachés à des produits imposés, détenus par l'ensemble des sociétés du groupe. À cette fin, les filiales doivent transmettre à la société mère les états 2066 (crédits d'impôt imputables de source étrangère) qu'elles détiennent ;

Précision

Comment imputer un crédit d'impôt attaché à des produits imposés sur l'IS ?

- ***Première étape***

Ne peuvent pas être imputés sur l'IS les crédits d'impôt attachés à des revenus de filiales qui ont été soumis au régime mère-fille.

- ***Deuxième étape***

Si les crédits d'impôt n'ont pas été comptabilisés (c'est-à-dire n'ont pas augmenté le résultat fiscal du groupe), ces montants ne peuvent être imputés sur l'IS que pour une fraction de leur montant. Cette fraction varie, en fait, en fonction du taux auquel auraient été soumis les crédits d'impôt s'ils avaient été imposés. Dans le cas général d'un résultat imposable au taux de 33 1/3 %, le taux de récupération est de 66 2/3 %. Dans le cas d'un groupe bénéficiant du régime du taux réduit PME, le taux de récupération est de 85 % dans le cas où les crédits d'impôt auraient été imposés au taux de 15 % s'ils avaient été comptabilisés.

- ***Troisième étape***

L'imputation est soumise à un double « butoir » ; le premier butoir est le montant de l'IS relatif aux revenus (charges déduites) de capitaux mobiliers (CGI art. 220-1-a) et le second est pour les crédits en provenance de l'étranger, égaux au crédit correspondant à l'impôt retenu à l'étranger (CGI art. 220-1-b).

– les créances nées d'un report en arrière du déficit détenues par la mère :
  - suite à une option réalisée par elle-même avant ou pendant l'intégration (dans ce dernier cas, il s'agit du déficit d'ensemble),
  - suite à une option réalisée par les filiales avant leur entrée dans l'intégration, à la condition que la filiale ait cédé cette créance à la mère pendant l'intégration à la valeur nominale (CGI art. 223 G, 3). Dans ce cas, la créance sera imputable sur l'IS du groupe dans la limite du montant qui aurait pu être imputé par la filiale si elle avait été imposée séparément (montant calculé d'après le 2058 A bis de la filiale). L'imputation doit se faire dans l'ordre chronologique des créances ;

Précision

Concernant les créances « carry back » nées chez les filiales avant l'intégration.

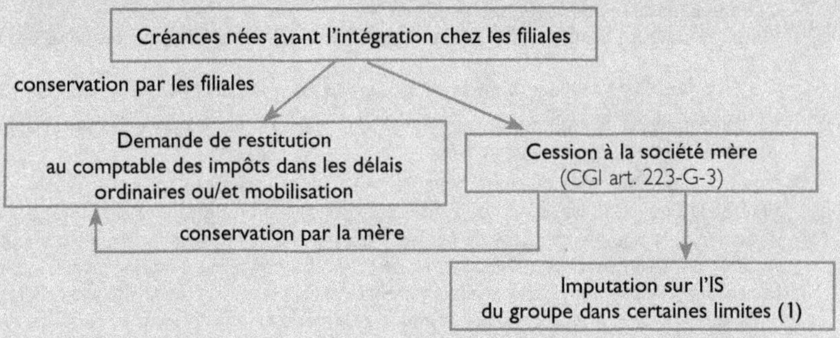

(1) En fonction du montant que la filiale initialement propriétaire de la créance aurait pu imputer si elle n'avait jamais été intégrée.

– les autres crédits d'impôt, et notamment les crédits d'impôt compétitivité, famille, apprentissage et recherche.

PRÉCISION

- CICE : en cas de préfinancement, c'est la société mère qui mène la procédure à son nom, même pour les préfinancements de CICE de ses filiales ; toutefois, la mère ne peut procéder au préfinancement de plus de quatre CICE sans pouvoir dépasser le nombre de sociétés intégrées, et ce, quel que soit le nombre de filiales composant le groupe.
- Crédit d'impôt recherche : ces taux et, le cas échéant, les plafonds s'apprécient au niveau de chaque société.

L'état récapitulatif des crédits d'impôt imputables sur l'IS

426 Les montants et documents ainsi transmis à la société mère doivent être regroupés sur l'état 2058 CG qui précise, pour chaque société intégrée, le montant des crédits d'impôt qu'elle a transmis au groupe.

Le versement de l'impôt du groupe

427 La société mère doit acquitter auprès du comptable de la DGFiP l'impôt sur les sociétés dû sur le résultat d'ensemble et les plus-values nettes à long terme d'ensemble (montant apparaissant sur le 2065 du groupe). Elle verse les acomptes et la liquidation dans les conditions de droit commun, tant au niveau du bénéfice de référence que pour les délais.

Le bénéfice de référence s'entend de celui du groupe ou, le cas échéant, de celui de la société mère en cas d'entrée dans l'intégration.

PRÉCISION

- Conformément aux règles de droit commun, le montant global des acomptes dû au titre d'un exercice donné est égal au cumul des éléments suivants (dégagés au titre de l'exercice précédent) :
  – 28 % et/ou 33 1/3 % du bénéfice imposé au taux courant ;
  – 15 % du bénéfice imposé au taux réduit dans le cadre du régime des PME mentionné à l'article 219 I, b ;
  – 15 % du résultat net de la concession de licences d'exploitation.
- Le montant de chaque acompte est de :
  – 8 1/3 % pour les bénéfices imposés au taux de 33 1/3 % et de 7 % pour les bénéfices imposés à 28 % ;
  – 3,75 % pour les bénéfices et les produits nets de concessions imposés au taux de 15 %.
- Il est possible d'imputer sur le montant des acomptes bruts les créances reportables issues de crédits d'impôt non encore utilisés.
- Il est toujours possible de limiter volontairement le montant des acomptes sous la responsabilité de la société. Il est admis que l'entreprise puisse, en pratique, se dispenser des nouveaux versements, lorsque le montant de ses acomptes a atteint la cotisation totale d'impôt sur les sociétés dont elle sera redevable au titre de l'exercice concerné, en principe avant imputation des crédits d'impôt attachés aux valeurs mobilières (sous réserve de la situation où les valeurs mobilières accompagnées de crédit d'impôt représentent une fraction importante des bénéfices). Aucune déclaration n'est à produire en cas de modulation du montant de l'acompte.
- Les très grandes entreprises peuvent devoir un quatrième acompte basé sur leur résultat estimé.
- Les conventions d'intégration fiscale basées sur le principe de neutralité *(voir § 552)* prévoient que les filiales doivent verser à la société mère l'impôt dont elles seraient redevables en l'absence d'intégration *(voir § 565)*. Cela est également vrai pour les modalités de paiement de l'IS à la société mère.

Lors de la sortie de l'intégration d'une filiale

428 La société mère verse, pendant la période de douze mois qui suit le début de l'exercice de sortie, pour le compte de chaque filiale sortante, les acomptes calculés sur le propre résultat de la filiale (d'après le 2065) au comptable de la DGFiP de celle-ci. Dans le cas d'une sortie de la filiale en cours d'exercice (par exemple, une cession), la société mère doit verser, au comptable de la DGFiP de la filiale, lors de la date d'acompte suivant la date de l'événement qui motive la sortie, le montant dudit acompte plus, le cas échéant, le ou les premiers acomptes non encore versés (cette régularisation s'effectuant sans intérêt de retard !).

Quant aux acomptes versés par la mère pour le compte du groupe à son comptable de la DGFiP, aucune règle spécifique, hormis les règles de droit commun, ne permet d'en diminuer le montant du fait de la sortie de la filiale.

EXEMPLE

Une filiale intégrée F3 sort du groupe intégré à compter du 1/01/N + 7 du fait d'une cession des titres F3 le 15/07/N + 7.

Cette société a dégagé en N + 6 et N + 5 un résultat fiscal de 1 500. Elle réalise un résultat de 1 800 en N + 7. Les résultats du 2058 A bis et du 2058 A sont identiques par simplification.

Le groupe a réalisé un résultat de 12 000 en N + 6 et N + 5. Seul l'IS est traité dans cet exemple.

Versement d'IS de F3 au titre de N + 7

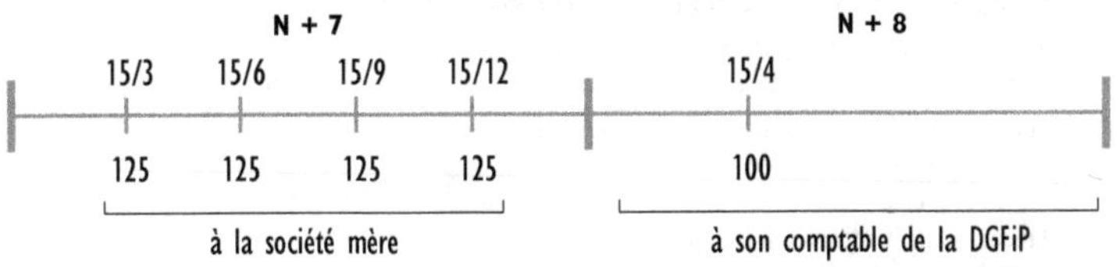

Versement d'IS de M à son comptable de la DGFiP pour le compte du groupe au titre de N + 7

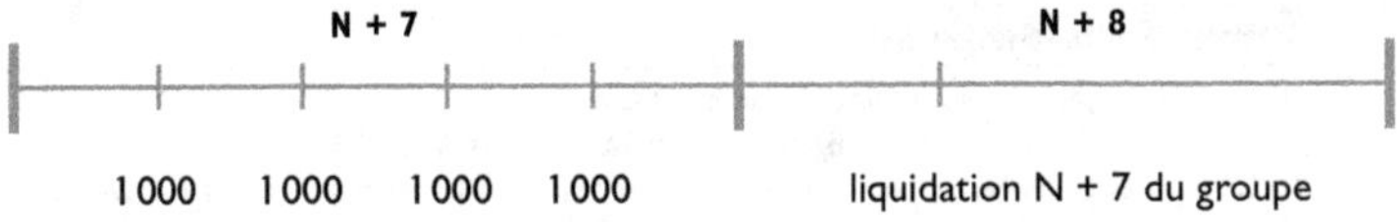

Versement d'IS de M au comptable de la DGFiP de F3 au titre de N + 7

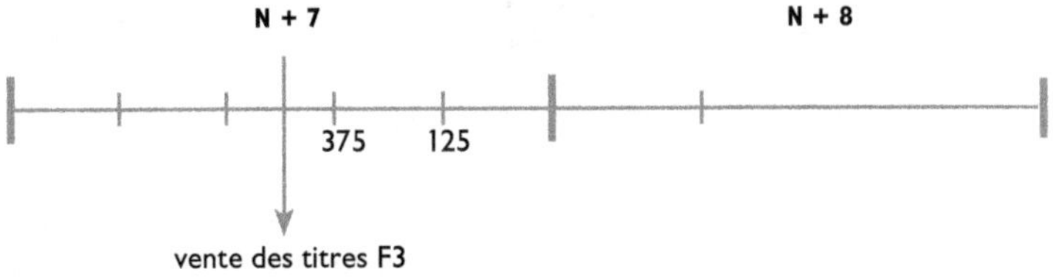

Précision

- Il convient, dans les conventions d'intégration fiscale, de prévoir les modalités de remboursement de ces acomptes par la filiale à la mère. Il est parfois prévu l'obligation, pour la filiale sortante, de verser ces acomptes quelques jours avant l'échéance légale.
- Dans le cas d'une sortie volontaire qui intervient à compter de l'exercice suivant, la société mère doit, en principe, verser au comptable de la DGFiP de la filiale les quatre acomptes de l'exercice suivant, dans les conditions mentionnées ci-dessus.

Lors de la sortie de l'intégration du groupe dans son ensemble

429 Pour les acomptes des filiales, les règles sont similaires au cas de la sortie d'une filiale.

Pour les acomptes de la mère sortante, le bénéfice de référence doit, en principe et à notre avis, être celui du groupe ayant cessé, une réduction d'acomptes pouvant être appliquée par la mère dans les conditions classiques sous sa responsabilité.

Exemple

Récapitulatif de calcul de l'impôt du groupe

Le résultat d'ensemble du groupe M, F1 et F2 est de 12 000 et la plus-value nette à long terme à 15 % de 10 000, au titre de N. Les contributions additionnelles ne sont pas retenues par simplification.

La date d'entrée dans l'intégration est le 1/01 (N.) La situation est la suivante :

	M	F1	F2
Crédits d'impôt attachés à des produits imposés	300 (1)	70 (1)	-
Crédits d'impôt recherche		52	
Créances de « carry back » détenues à l'entrée dans l'intégration (2) (3)			
Acomptes IS nets versés en N (4)	300	-	200

(1) Le crédit d'impôt a été imposé chez F1 mais pas chez M.
(2) F2 cède en N la créance à M. F2 dégage un IS théorique de 20 en N (2058 A bis).
(3) Les règles conjoncturelles permettant un remboursement anticipé de la créance ne sont pas retenues pour cet exemple.
(4) Réglées par les sociétés à leur propre comptable de la DGFiP.

Relevé de solde de l'exercice N pour l'impôt sur les sociétés (hypothèse d'un taux à 33 1/3 %)

EXEMPLE

A) Liquidation de l'impôt

Bénéfice	12 000 X 33 1/3 %	4 000
	10 000 X 15 %	1 500
Total A		**5 500**

B) Créances fiscales imputables

Crédit d'impôt		270
	M : 300 X 66 2/3 % = 200	
	F1 : 70	
Crédit d'impôt recherche au titre de l'exercice		52
Total B		**322**

C) Versements réalisés au titre des acomptes

Paiements (300 par M et 200 par F2)	500
Total C	**500**

D) Autres créances fiscales imputables sur l'impôt

Créance de report en arrière des déficits (limitée à l'IS théorique de 20)	20
Total D	**20**
Solde à verser par la mère : A – B – C – D = 4 658	**4 658**

Le coin des néophytes

Question 1 : Une filiale bénéficiaire qui entre dans un groupe déficitaire peut-elle s'abstenir de verser les acomptes d'IS au cours de son premier exercice d'intégration ?

Réponse :

La filiale entrante peut, sous la responsabilité des sociétés, réduire ses acomptes dans les conditions ordinaires. Toutefois, jusqu'en 2010, l'impôt de référence pour permettre cette réduction était celui de la filiale entrante et non celui du groupe, faute de texte. Au contraire, pour les exercices ouverts à compter du 1/01/2010, l'impôt de référence pour réduire les acomptes de la filiale entrante est celui dû par la mère intégrante, à condition que cette filiale soit toujours intégrée à la clôture de l'exercice d'entrée. Depuis cette date, il est donc possible à une filiale bénéficiaire qui entre dans un groupe déficitaire, sous la responsabilité des sociétés, de réduire, pour tout ou partie, les acomptes d'IS qu'elle est tenue de verser au comptable de la DGFiP.

Question 2 : En cas de sortie d'une filiale bénéficiaire de l'intégration, la société mère peut-elle réduire les acomptes du groupe au titre de l'exercice de sortie ?

Réponse :

Non. Toutefois, la mère pourrait, compte tenu des règles de droit commun et sous sa responsabilité, diminuer les acomptes du groupe si elle estime que le résultat du groupe prévu permet une telle diminution.

La contribution sociale des sociétés (3,3 %)

Lors de l'entrée dans l'intégration

432 Les filiales doivent verser les acomptes de cette contribution sociale à leur comptable de la DGFiP au titre du premier exercice d'intégration.

En période de croisière

433 Ne sont pas redevables les sociétés mères dont le chiffre d'affaires hors taxes cumulé du groupe intégré est inférieur à 7 630 000 euros à la clôture de l'exercice, et dont le capital est entièrement libéré et détenu de manière continue à au moins 75 % par des personnes physiques, ou par une ou plusieurs sociétés répondant à ce critère. La contribution est de 3,3 % de l'IS brut du groupe avant toute imputation des crédits d'impôts de toute nature (créances « carry back », etc.) mais sous déduction d'un abattement de 763 000 euros de cet IS brut.

La société mère verse au comptable de la DGFiP dont elle dépend les acomptes et la liquidation. Cela se fait dans les conditions de droit commun.

Dans le cadre de la méthode de la neutralité, les filiales doivent, en principe, verser à la société mère la contribution dont elles seraient redevables si elles étaient imposées séparément *(sur ce point, voir d'autres précisions § 565)*.

Lors de la sortie de l'intégration

434 De manière similaire aux acomptes d'IS, la société mère doit verser les acomptes de contribution dus par les filiales lors de l'exercice de leur sortie du groupe au comptable de la DGFiP des filiales.

La contribution exceptionnelle de 10,7 %

Rappel du droit commun

435 Une contribution exceptionnelle à l'IS s'appliquait pour chaque exercice clos entre le 31 décembre 2011 et le 30 décembre 2016.

Elle s'appliquait aux sociétés réalisant un chiffre d'affaires supérieur à 250 millions d'euros, ramené à une période de douze mois.

Son taux était de 10,7 % (5 % pour les exercices clos avant le 31/12/2013) et elle était assise sur le montant brut de l'impôt sur les sociétés.

Il n'était pas possible d'imputer de crédits d'impôts dessus sous réserve de certains crédits d'impôts étrangers.

Elle était recouvrée en une seule fois et au plus tard à la date de liquidation de l'IS.

Applications dans les groupes intégrés

436 Dans les groupes intégrés, cette contribution exceptionnelle était à l'État uniquement par la société mère sur la base de l'IS brut du groupe. Par ailleurs, pour apprécier si le seuil de chiffre d'affaires était atteint, il convenait de faire la somme des chiffres d'affaires de chacune des sociétés du groupe intégré.

La contribution de 3 % sur les distributions

437 Une contribution de 3 % était prévue sur les distributions des sociétés soumises à l'IS dont la date de mise en paiement était intervenue à compter du 17 août 2012.

Les distributions concernées étaient, notamment, les distributions régulières (dividendes, boni de liquidation, distribution de réserves, distribution dans le cadre d'opérations de réduction de capital ou de remboursement d'apports...), mais aussi les sommes réputées distribuées au sens fiscal (distributions occultes...).

Échappaient toutefois à cette contribution les PME au sens européen et les distributions payées en actions.

Toutefois, cette contribution a été déclarée inconstitutionnelle (Décision n° 2017-660 QPC du 6 octobre 2017) ; l'effet de cette décision n'est pas limité dans le temps et est applicable à toutes les affaires non jugées définitivement à cette date.

cerfa
N° 10934 * 20
Formulaire obligatoire (article 223 A à U du code général des impôts)

Liberté • Égalité • Fraternité
RÉPUBLIQUE FRANÇAISE

N° 2058-CG-SD 2018
DIRECTION GÉNÉRALE DES FINANCES PUBLIQUES

RÉGIME FISCAL DES GROUPES DE SOCIÉTÉS

ÉTAT DES CRÉDITS D'IMPÔT ET CRÉANCES IMPUTABLES

(1)

(À souscrire par la société mère au titre du résultat d'ensemble)

Dénomination de la société mère :
N° SIRET
Adresse du service des impôts des entreprises où est déposée la déclaration de résultats :

Exercice ouvert le : clos le : Néant ☐ *

1er EXEMPLAIRE DESTINÉ À L'ADMINISTRATION FISCALE

SIREN et dénomination des sociétés	Crédit d'impôt recherche	CICE	Crédit d'impôt famille	Réduction d'impôts Mécénat d'entreprise (art.238 *bis* du CGI)	Crédit d'impôt apprentissage	Autres crédits (2)	Créances report en arrière des déficits antérieurs des filiales	
							Cédées à la mère	Utilisées par la mère
1	2	3	4	5	6	7	8	9
TOTAL								
	LA	LO	LI	LH	LJ	LC	LE	LF

Ventilation des crédits d'impôt

SIREN et dénomination des sociétés	Crédits reportables	Crédits non reportables et restituables	Crédits non reportables et non restituables
TOTAL			
	LK	LM	LN

(1) Lorsque le nombre de filiales excède le nombre de lignes de l'imprimé, utiliser un ou plusieurs tableaux N° 2058 CG supplémentaires.
Dans ce cas, il convient : – de numéroter chaque tableau en haut à gauche de la case prévue à cet effet ;
– de porter le nombre total de tableaux N° 2058 CG-SD souscrits en bas à droite de cette même case.
Par ailleurs, seul le dernier tableau devra comporter le total des colonnes LA, LO, LI, LH, LJ, LC, LE, LF, LK, LM et LN.

(2) Indiquer sur la première ligne la nature du crédit d'impôt et sur la deuxième ligne le montant correspondant. Si une filiale dispose de plusieurs crédits d'impôts, la société mère remplit autant de lignes que de crédits d'impôts.

* Des explications concernant cette rubrique sont données dans la notice.

N° 2058-CG-SD – (SDNC-DGFiP) - Janvier 2018

PARTIE 9

LES CONTRÔLES FISCAUX DANS LES GROUPES INTÉGRÉS

Partie 9

LES CONTRÔLES FISCAUX DANS LES GROUPES INTÉGRÉS

Principe général

500 Bien que seule la société mère soit redevable de l'impôt pour le compte du groupe, l'administration a, de manière fort logique, la possibilité de contrôler le résultat de chaque société ayant participé au résultat d'ensemble. Ce contrôle, dans les grandes lignes, va se réaliser avec les règles de droit commun.

Toutefois, la spécificité des groupes entraîne des questions particulières. Ainsi :
– la société mère d'un groupe établit deux grandes catégories de déclaration, une pour son propre résultat personnel et l'autre pour le compte du groupe. De ce fait, si l'administration vient contrôler l'une, dans quelle mesure a-t-elle le droit de revenir ultérieurement contrôler l'autre au titre de la même année ?
– lorsqu'un groupe déficitaire comprend des sociétés intégrées bénéficiaires, l'administration peut-elle vérifier ces dernières avec les mêmes règles de contrôle élargi applicables aux sociétés déficitaires ?

Afin d'apporter des réponses appropriées à ces questions, le législateur a mis en place quelques textes spécifiques pour l'intégration, que nous analyserons ci-après.

Le contrôle des filiales

Principe

501 Chaque filiale intégrée peut être contrôlée suivant les procédures de droit commun. Les documents prévus dans le déroulement d'une vérification de comptabilité ou de vérification sur pièces sont établis au nom de la société filiale et dans les conditions de droit commun.

Le contrôle porte sur la détermination du résultat de la société.

Obligation déclarative

502 Chaque filiale est tenue de déposer sa propre déclaration. En l'absence d'un tel dépôt, dans les trente jours de la réception d'une première mise en demeure, la société filiale peut faire l'objet d'une procédure de taxation d'office, même si cette déclaration a été fournie à la société mère et incluse régulièrement dans la déclaration d'ensemble.

Rectification

503 En cas de rectification réalisée dans le cadre de la procédure contradictoire, l'administration doit indiquer à chaque filiale :
– le montant du rappel d'impôt sur les sociétés et de contributions, dont elle serait redevable en l'absence d'appartenance à un groupe ;
– le montant des droits rappelés au titre des autres impôts et taxes.

Contestation

504 Si une filiale intégrée reçoit une proposition de rectification, au titre d'une période d'intégration, c'est cette dernière qui est responsable de la réponse et de la procédure qui en résulte jusqu'à la mise en recouvrement (réponse du contribuable, recours hiérarchique, saisine des commissions, etc.). La société mère n'est, en théorie, concernée par le rehaussement d'une filiale qu'au stade de la mise en recouvrement. En pratique, et en fonction de la taille des groupes, la filiale avertira la société mère dès qu'une procédure est engagée et l'informera des conséquences qu'elle a entraînées.

Pour les rectifications adressées depuis le 1er janvier 2005, les filiales peuvent demander la saisine de la commission départementale ou nationale des impôts directs et des taxes sur le chiffre d'affaires dont relève la société mère si des rectifications fondées sur les mêmes motifs ont été notifiées à des sociétés du même groupe, cela afin d'éviter des solutions différentes pour des problèmes identiques.

Les conséquences des rectifications

505 Il est obligatoire, pour l'administration, d'envoyer à la société mère un document précisant les références des rectifications des sociétés du groupe et récapitulant les conséquences, pour le groupe, des droits, pénalités et intérêts résultant de rectifications des sociétés, mais il ne lui est pas nécessaire de motiver à nouveau les rectifications sur ce document (CE 7 février 2007, n° 279588). L'information donnée à la société mère des seules modifications apportées aux résultats déclarés par la société membre, sans indiquer les conséquences de la vérification de comptabilité sur le résultat d'ensemble du groupe n'est cependant pas suffisante (CE 21 octobre 2011, n° 325619).

Les rehaussements des filiales entraînent, le cas échéant, une mise en recouvrement adressée à la société mère, dans les conditions ordinaires.

À noter que les mises en recouvrement doivent faire référence au document ci-dessus.

Le contrôle de la société mère

506 La société mère établit deux déclarations :

– la déclaration individuelle (représentative de sa propre activité) ;

– la déclaration d'ensemble (laquelle inclut nécessairement les résultats de sa déclaration individuelle).

La société mère peut être contrôlée indépendamment pour chacune de ces déclarations. Cette possibilité de contrôle d'un même impôt pour une même période, normalement proscrite, est rendue possible par une exception spécifique aux sociétés mères de groupes intégrés, codifiée à l'article L. 51 du Livre des procédures fiscales.

Toutefois, cette possibilité de contrôle ne s'applique qu'aux impôts concernés par l'intégration fiscale, à l'exception des autres (TVA, droits d'enregistrement, etc.).

Le contrôle de la déclaration individuelle s'effectue suivant les règles de droit commun et d'après les mêmes principes que pour les filiales *(voir ci-dessus).*

En revanche, le contrôle de la déclaration du groupe ne devrait concerner que les éléments spécifiques à l'élaboration de la déclaration du groupe et à ses conséquences en comptabilité, c'est-à-dire, à notre avis, principalement :
– le bien-fondé des rectifications portées ou devant figurer sur les états 2058 ER et 2058 ES ;
– l'ensemble des calculs portés sur les autres états spécifiques de l'intégration fiscale (états 2058 DG, RG, CG, etc.) ;
– les écritures comptables issues de l'intégration, telles que celles résultant de l'application des conventions internes.

Toutefois, l'administration a également la possibilité de revoir l'ensemble des écritures de la société mère à l'occasion du contrôle de la déclaration d'ensemble, cette possibilité ne devant être appliquée qu'à titre exceptionnel.

Chaque déclaration fait généralement l'objet, en pratique, d'une procédure distincte.

Le droit de contrôle dans l'intégration fiscale

Dans les groupes bénéficiaires

507 En principe, ce sont les règles de droit commun qui s'appliquent. Toutefois, une difficulté peut surgir pour les sociétés déficitaires faisant partie d'un groupe bénéficiaire. Dans ce cas, se pose la question de savoir si l'administration peut contrôler le déficit de la filiale né au cours d'un exercice prescrit et en tirer des conséquences sur la période non prescrite.

Dans une telle hypothèse, à notre avis, l'administration ne peut appliquer ce raisonnement que pour le déficit antérieur à l'intégration. Le déficit né au cours de la période d'intégration et qui serait prescrit ne peut être remis en cause puisqu'il n'est plus reportable chez la société du groupe du fait d'une appropriation par la société mère (CGI art. 223 E) et de son utilisation immédiate dans l'hypothèse d'un groupe bénéficiaire.

Dans les groupes déficitaires : un droit de contrôle élargi

508 En l'absence d'intégration, le droit de reprise de l'administration en matière d'impôt sur les sociétés s'exerce, sauf cas particuliers, jusqu'à la fin de la troisième année qui suit celle au titre de laquelle l'imposition est due (LPF art. L. 169).

Toutefois, il a été jugé par le Conseil d'État que l'administration était en droit de vérifier la comptabilité d'exercices prescrits, dès lors que des déficits nés au cours de ces exercices sont imputés sur les résultats d'exercices non prescrits (CE 17 décembre 1975, n° 90991 ; CE 25 novembre 1966, n° 63522). Ces arrêts du Conseil d'État reposent en réalité sur le fait que le déficit d'un exercice constitue une charge des exercices suivants (CGI art. 209 I, al. 3). Comme, par ailleurs, les charges d'un exercice non prescrit sont rectifiables par l'administration, la remontée sur la période prescrite devient ainsi possible dès qu'une société utilise un déficit né pendant cette période.

Dans l'intégration fiscale, l'application de cette règle peut s'avérer source de difficultés. En effet, l'indépendance juridique des personnes morales composant le groupe entraîne l'obligation pour l'administration de respecter, pour chaque société membre, les garanties légales liées à l'exercice du droit de vérification. De ce fait, dans l'hypothèse où c'est la société mère qui utilise un déficit d'ensemble né au cours d'un exercice prescrit, l'administration ne pourrait, en l'absence de textes spécifiques, vérifier la comptabilité des années prescrites que pour les sociétés du groupe qui auraient été concernées par ces règles.

C'est pourquoi l'article L. 169, al. 4 et 5 du Livre des procédures fiscales prévoit que l'administration est en droit de vérifier, même sur la période prescrite, les résultats bénéficiaires ou déficitaires réalisés par les sociétés membres dès lors qu'ils ont concouru à la détermination du déficit d'ensemble reportable. Ce mécanisme s'applique également en présence d'une moins-value nette à long terme d'ensemble. Les sociétés concernées doivent donc conserver leurs archives pendant toute la durée de contrôle possible, ce qui risque d'être lourd à gérer pour elles et pour leurs conseils.

EXEMPLE

Le groupe M, F1, F2 est intégré depuis le 1/01/N. Les exercices sont alignés sur l'année civile. Les résultats sont les suivants :

	M	F1	F2
Exercice N – 1			
Résultat fiscal individuel	+ 300	– 400	– 500
Exercice N			
• Résultat fiscal individuel avant imputation de déficits	+ 500	– 2 300	+ 1 500
• Imputation individuelle de déficits			– 500
Résultat fiscal individuel	+ 500	– 2 300	+ 1 000
Déficit d'ensemble		**- 800**	
Exercice N + 1			
Résultat fiscal individuel	+ 300	– 900	+ 800
Résultat d'ensemble avant imputation déficit N		**+ 200**	
• Imputation déficit d'ensemble N		– 200	
Résultat d'ensemble		**0**	

Un contrôle réalisé en N + 4 permet à l'administration de vérifier :
- les résultats des exercices N + 1 à N + 3 de toutes les sociétés du groupe. Cela est possible compte tenu des délais de prescription ordinaires (LPF art. L. 169) ;
- l'exercice N de toutes les sociétés du groupe, bien que cet exercice soit prescrit compte tenu des délais ordinaires. En effet, au cours de l'exercice N + 1, le groupe a déduit un montant de 200 au titre du déficit d'ensemble N ; l'administration peut donc également remonter sur ce dernier exercice, car ce montant de 200 est considéré comme une charge de l'exercice N + 1 (exercice non prescrit). En application de l'article L. 169, al. 2 du LPF, l'administration est en droit de vérifier le résultat de toutes les sociétés qui ont concouru à la détermination de ce déficit, c'est-à-dire M, F1 et F2 ;
- l'exercice N - 1 de la société F2, l'administration pouvant contrôler l'exercice N de F2. Or, le résultat établi à cette date ayant constaté une charge de 500 (déficit N - 1 imputé), l'administration peut vérifier l'origine de cette charge et remonter sur l'exercice de provenance N - 1.

L'ensemble des montants que l'administration désire réintégrer au titre de l'assiette relative aux exercices prescrits, soit sur N et N - 1, ne peut avoir pour effet que de rehausser le résultat des exercices non prescrits influencés par ces déficits, soit N + 1 dans notre exemple et dans la limite du déficit provenant de N et N - 1 qui a été effectivement imputé, soit 200 dans notre exemple.

En pratique, ces dispositions sont susceptibles d'entraîner des difficultés lors de la vente des sociétés ayant appartenu à un groupe intégré déficitaire. En effet, pour ces sociétés, l'administration est susceptible de procéder à des vérifications, même après une durée assez longue.

Il nous semble donc prudent de prévoir, dans les conventions internes d'intégration fiscale, une obligation spécifique, pour les filiales du groupe, de conservation d'archives.

Démarche générale en cas de rehaussement

509 Les conséquences d'un rehaussement peuvent être différentes pour la société rectifiée et pour le groupe. Ainsi, le rehaussement d'une filiale déficitaire peut entraîner un impôt à payer si le groupe est bénéficiaire.

Par ailleurs, certains rehaussements peuvent être à caractère intragroupe. Dans ce cas, il peut en résulter la neutralisation des rectifications dans les conditions propres à ces opérations intragroupe.

Cas d'un groupe bénéficiaire

510 En cas de rectification d'une société du groupe, l'administration, avant d'émettre un avis de mise en recouvrement établi au nom de la société mère, doit normalement calculer l'effet de rehaussement sur le résultat d'ensemble. À ce titre, plusieurs difficultés peuvent intervenir :
– si le calcul est complexe, l'administration peut ne pas être en mesure (compte tenu qu'elle ne dispose pas de l'ensemble des éléments composant la déclaration d'ensemble) d'établir avec exactitude le rehaussement d'impôt. En cas d'une mise en recouvrement, qui serait fondée sur des conséquences erronées, la société mère devrait alors produire une réclamation contentieuse afin d'obtenir un dégrèvement. À l'appui de cette réclamation, il semble difficile d'éviter de produire, au moins partiellement, une déclaration rectificative pour le groupe ;
– lors de certains rehaussements, la mère peut avoir intérêt à recourir à des décisions de gestion, dans la mesure où cela demeure possible compte tenu des circonstances : par exemple, une compensation à l'euro entre une plus-value nette à long terme et un déficit qui deviendrait possible du fait d'un rehaussement. Ces décisions de gestion risquent d'être difficiles à solliciter compte tenu du fait que la société mère n'est pas, si l'on s'en tient à la procédure officielle, en mesure d'exercer cette décision. Il peut être intéressant, avant d'en arriver à des réclamations contentieuses pour la mère, d'exprimer ces décisions auprès du service avant la mise en recouvrement.

Enfin, il convient de préciser que pour l'application de la tolérance légale du vingtième en matière d'IS (les intérêts de retard ne sont pas dus si l'insuffisance des chiffres déclarés n'excède pas le vingtième de la base d'imposition retenue après rectification), l'insuffisance des chiffres déclarés s'apprécie au niveau de chaque société.

Concernant le calcul des intérêts dus à l'État, il ressort de la jurisprudence (CE 2 juin 2010, n° 309114) qu'elles se calculent à partir de l'impôt complémentaire dû par le groupe. En revanche, concernant les pénalités, il demeure une incertitude sur le point de savoir s'ils doivent être calculés en fonction des rehaussements du résultat des sociétés ou de leurs effets sur le résultat du groupe.

Cas d'un groupe déficitaire

511 **Dans ce cas, aucune mise en recouvrement n'a lieu. La société mère doit, malgré tout, modifier les bases imposables du groupe. Normalement, la société mère doit recenser les rehaussements acceptés et les taxations d'office et en tirer les conséquences.**

Le fait que l'administration soit obligée de notifier à la société mère un document récapitulatif *(voir § 505)* **lorsqu'une filiale est rectifiée permet à la mère un meilleur recensement de ces événements. Ce document doit mentionner, notamment, les conséquences sur le résultat d'ensemble.**

Cas d'un groupe déficitaire devenant bénéficiaire après contrôle

512 **Dans une telle hypothèse, le problème du mode de calcul des majorations peut se poser en présence de rehaussement avec des taux de majorations différents. Deux modes de calculs principaux sont alors envisageables :**
– soit un calcul par strate qui consiste à ajouter au résultat d'ensemble en priorité les rehaussements les plus coûteux (donc favorable au contribuable) lequel s'inscrit dans la logique du mode de calcul prévu par l'article 1729 A du CGI (si les déclarations ont été déposées dans les délais) ;
– soit un calcul proportionnel.

EXEMPLE

Le groupe intégré M, F1 dégage en N un déficit de 300. Par suite F1 fait l'objet d'un contrôle qui entraîne une rectification de 320 avec majoration de 40 % et de 200 sans majoration.

H1 : calcul par strate : la majoration pour le groupe est de : - 300 + 320 = 20 X 33 1/3 % X 40 % = 2,67.

H2 : calcul proportionnel : la majoration pour le groupe est de : résultat positif du groupe issu du rehaussement : - 300 + 320 + 200 = + 220 dont une fraction de 61,5 % [320/(320+200)] est à 40 % soit une majoration de 135 X 33 1/3 % X 40 % = 18. Nous suivrons avec intérêts les précisions ou les jurisprudences sur ce sujet toujours non résolu malgré plus de 30 ans d'intégration...

➜ **Remarque.** En outre, ce raisonnement suppose que ces majorations se calculent au niveau du résultat d'ensemble, ce qui n'est pas non plus encore figé (sauf pour les intérêts de retards)...

Société pouvant procéder à la réclamation

513 **Les réclamations devant le service des impôts, menées au titre d'une période d'intégration, sont du ressort de la société mère. Il en est ainsi si la réclamation intervient après une mise en recouvrement** (pour plus de détails sur ce sujet, voir « Contrôle fiscal » de Jean-Pierre Casimir, Groupe Revue Fiduciaire, 15e édition 2018). **En cas de réclamation tendant à obtenir réparation d'une erreur commise par l'administration dans la détermination d'un résultat déficitaire d'ensemble, le Conseil d'État vient de compléter sa jurisprudence en précisant que, dans cette hypothèse, la société filiale avait également qualité pour agir** (CE 28 février 2018 n° 403988)**, mais uniquement :**
– en l'absence d'impôt supplémentaire mis à la charge de la société mère ;
– et s'il s'agit de rétablir le déficit issu de cette même filiale.

Le coin des néophytes

Question : Si un contrôle fiscal remet en cause une facturation de loyer entre deux sociétés du groupe, quelles en sont les conséquences pratiques ?

Réponse :

Dans ce cas, le rehaussement consistera à considérer qu'il existe une subvention entre les sociétés, puis le service établira s'il s'agit d'une subvention déductible ou non chez la société qui l'octroie. Dès qu'il existe une subvention, elle doit être portée sur la déclaration 2058 SG. En conséquence, la mise en évidence d'une subvention entre sociétés intégrées est susceptible

d'entraîner, pour la mère du groupe, l'amende prévue à l'article 1763 pour l'omission sur ce tableau et cela, même si la subvention est déductible.

Si la subvention est analysée par le service comme non déductible, un rehaussement intervient chez la société qui a octroyé la subvention. Les effets fiscaux de cette rectification seront toutefois neutralisés dans le cadre de la déclaration du groupe, s'agissant de subventions intragroupe. En pratique, le service des impôts devrait tenir compte de ce fait avant la mise en recouvrement. Si ce n'était pas le cas, la société mère devrait produire une réclamation contentieuse après réception de l'avis de mise en recouvrement. Il convient également de rappeler que cette neutralisation n'est définitive, dans ce cas de figure, que si les sociétés restent dans l'intégration au cours des cinq exercices qui suivent celui ayant constaté la subvention.

Question : Quelles sont les jurisprudences marquantes en matière d'intégration fiscale ?

Réponse :

La jurisprudence des régimes fiscaux de groupe s'est sensiblement enrichie depuis 2005. Hormis les décisions relatives aux procédures de contrôle citées dans la présente partie, citons principalement :

- CE 28/04/2006, n° 278738, Sté Atys France : la Haute Cour, infirmant la Cour administrative d'appel de Paris, écarte la possibilité d'évoquer le seul intérêt du groupe intégré pour justifier la déduction de charges dans le groupe ;
- CJCE 27/11/2008, aff. 418/07, Sté Papillon : cette jurisprudence communautaire autorise les sociétés mères françaises à intégrer leurs filiales françaises détenues par l'intermédiaire de sociétés situées dans la communauté européenne. Elle est importante dans son principe et crée de nombreux cas de figure nouveaux *(voir § 59)*. Elle a entraîné, à fin 2009, une mise en conformité de la loi française avec cette jurisprudence (art. 33 de la loi 2009-1674).
- CE 12/03/2010 n° 328424, Sté Wolseley Centers France et CE 24/11/2010 n° 334032, Sté Océ NV : la Haute Cour fixe le principe d'une liberté de choix dans la répartition de l'économie d'impôt d'intégration fiscale, sous réserve de ne pas léser l'intérêt social et les minoritaires des sociétés.
- CE 10/11/2010 n° 309148, Sté Corbfi : le Conseil d'État précise et confirme les modalités applicables en cas de transferts d'immobilisations interne à un groupe intégré à un prix minoré.
- CE 24/11/2010 n° 333867, Sté Saga : Le Conseil d'État précise que les indemnisations versées aux filiales déficitaires lors de leur sortie de l'intégration bénéficient, sous certaines conditions, d'une neutralité fiscale.
- CJUE 12/06/2014 aff. 40/13 : Affaire ne portant pas sur des sociétés françaises mais ayant provoqué la mise en place dans le CGI de l'intégration fiscale horizontale *(voir § 65)*.

➤ CJUE 2-9-2015, aff. C-386/14, Groupe Steria SCA : la CJUE juge contraire à la liberté d'établissement la limitation de la neutralisation de la quote-part de frais et charges aux dividendes versés entre membres d'un même groupe fiscal, sans en faire bénéficier les dividendes provenant de filiales établies dans un autre État membre de l'Union européenne ou de l'EEE qui, si elles avaient été résidentes de France, auraient pu être membres du groupe. Cette jurisprudence a entraîné une modification du régime pour les exercices ouverts à compter du 1/01/2016 : abaissement à 1 % du taux de la quote-part de frais et charges afférente aux distributions éligibles au régime mère-fille que perçoivent les sociétés intégrées en provenance soit de filiales intégrées soit de filiales situées dans l'EEE et qui auraient pu faire partie du même groupe intégré si elles avaient été françaises ; fin de la neutralisation de la quote-part lors de la détermination du résultat d'ensemble (art. 40 de la loi 2015-1786 du 29-12-2015).

➤ CE 13/10/2016 n° 388410, Sté Safran : Le Conseil d'État accepte qu'une simple note interne au groupe puisse constituer un avenant valable apporté à la convention d'intégration fiscale existante, si elle a été effectivement adressée aux responsables exécutifs de la société mère et de la filiale, et effectivement mise en œuvre.

➤ Décision QPC 2017-660 du 6/10/2017 : Le Conseil constitutionnel invalide la contribution de 3 % sur les revenus distribués dans son ensemble (CGI art. 235 ter ZCA). Cette décision a entraîné, la disparition définitive de la contribution au 1er janvier 2018 (art. 37 de la loi 2017-1837 du 30 décembre 2017).

514 **Voir tableau récapitulatif page suivante.**

Récapitulatif des rehaussements d'IS, IFA, contribution(s) dû (dus) au titre de la période d'intégration des sociétés du groupe

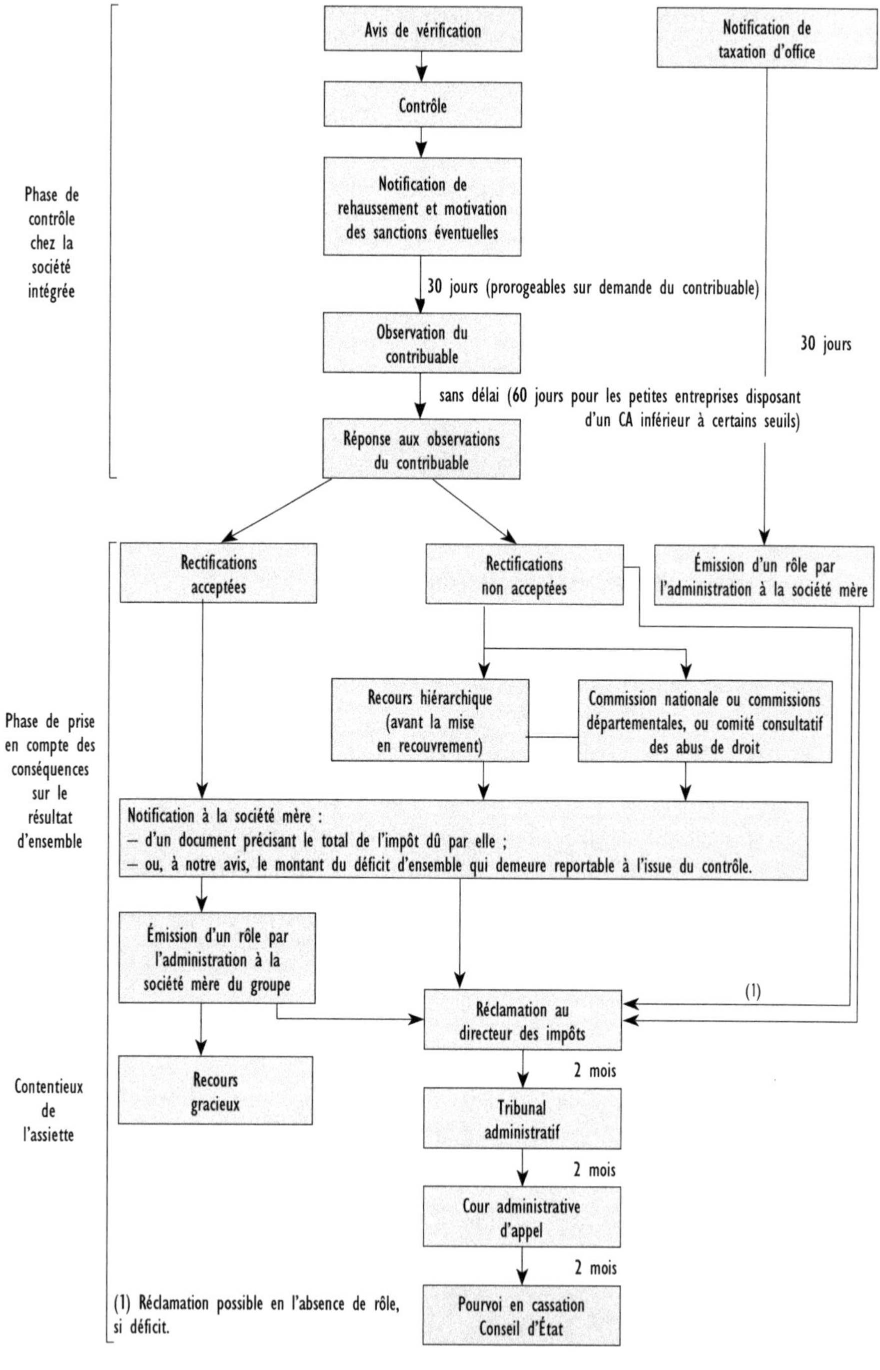

PARTIE 10

LES ASPECTS COMPTABLES DE L'INTÉGRATION FISCALE

Partie 10

LES ASPECTS COMPTABLES DE L'INTÉGRATION FISCALE

550 La traduction des effets de l'intégration fiscale dans les comptes des différentes sociétés d'un groupe dépend de deux éléments :

– l'impôt du groupe : la société mère étant seule redevable de l'impôt pour le groupe, cette dernière devra constater dans ses comptes le montant dû par le groupe au comptable de la DGFiP calculé à partir de la déclaration du groupe qu'elle aura établie ;

– l'impôt des filiales : les différentes filiales du groupe devront également constater, vis-à-vis de la société mère, les montants d'impôt suivant les méthodes prévues dans les conventions d'intégration fiscale. De même, lorsque ces sociétés sortent de l'intégration, la société mère peut prévoir certaines modalités pour indemniser ces sociétés.

Cette partie a pour objet de décrire les écritures comptables qui découlent de l'ensemble de cette situation.

Pour ce faire, seront analysés :

– les principales méthodes de comptabilisation actuellement prévues ;

– leur traduction comptable ;

– les principaux éléments concernant les conventions entre les filiales et la société mère.

Les principales méthodes

551 Fiscalement, la société mère d'un groupe intégré est redevable de l'impôt calculé sur le résultat d'ensemble. Comptablement, le problème est de déterminer suivant quelles règles cette charge d'impôt doit être répartie dans les comptes des différentes entités composant le groupe. La règle la plus simple serait de faire comme si le groupe ne formait qu'une entité en comptabilisant cet impôt chez la société mère pour la totalité. Mais un tel raisonnement est difficile à mettre en œuvre, car, d'une part, la société mère ne dispose pas forcément des possibilités financières pour payer l'impôt du groupe et, d'autre part, cela entraînerait des résultats comptables individuels non significatifs. En fait, il semble difficile de faire abstraction des différentes entités juridiques composant le groupe afin, notamment, d'assurer la protection des associés minoritaires et des tiers intéressés.

L'Autorité des Normes Comptables (ANC) a envisagé plusieurs méthodes. On en retient principalement deux, qui sont actuellement appliquées :

– la méthode dite « de la neutralité » ;

– la méthode dite « de réallocation des économies d'impôts liées aux déficits ».

La méthode de neutralité

Principe général

552 Elle consiste à faire comptabiliser l'impôt dû par les filiales intégrées comme si elles étaient imposées séparément. La société mère enregistre son propre impôt et l'économie (ou la charge complémentaire) provenant de l'application du régime. Par ailleurs, elle doit tenir compte du fait que l'économie ainsi enregistrée et provenant de l'utilisation des déficits des filiales est susceptible d'être constatée par la suite chez la filiale (par exemple, si elle redevient bénéficiaire par la suite). La méthode de neutralité est la plus utilisée car c'est la plus simple sur le plan technique. Elle a aussi l'avantage de respecter la présentation des comptes des filiales intégrées, du moins pendant leur période d'intégration. Le recours à une autre méthode n'est pas interdit, mais il entraîne des suivis comptables souvent plus complexes (sur ce point, *voir § 562*).

Précision

- Jusqu'en 2011, la doctrine administrative considérait que la répartition comptable de l'impôt du groupe ne pouvait se réaliser qu'en utilisant la méthode de neutralité. À défaut, la différence entre cette méthode et la méthode appliquée était génératrice de subventions sur le plan fiscal. La jurisprudence du Conseil d'État a sanctionné cette doctrine dans deux cas d'espèce importants :
– le premier cas concerne un groupe qui répartit l'impôt du groupe au prorata des résultats des sociétés intégrées ; il s'agit donc d'une situation où « l'économie » générée par l'intégration fiscale est répartie sur la tête des sociétés du groupe, notamment les bénéficiaires. Le Conseil d'État a estimé que l'impôt du groupe pouvait faire l'objet d'une répartition entre les différentes sociétés le composant, sous réserve que ces modalités ne soient pas contraires ni aux droits des associés minoritaires ni à l'intérêt social de chaque société (CE 12 mars 2010, n° 328424, Sté Wolseley Centers France) ;
– le second cas concerne un groupe qui réalloue l'économie d'impôt aux sociétés déficitaires du groupe, suivant une règle de répartition proportionnelle à l'ensemble des déficits constatés. Le Conseil d'État a estimé que l'absence de texte législatif ou réglementaire sur la méthode de répartition de l'impôt d'un groupe intégré ne suffit pas à qualifier de subvention, au sens de l'article 223 B du code précité, la réallocation aux filiales intégrées déficitaires de l'économie d'impôt provenant de l'utilisation par le groupe des déficits de ces sociétés (CE 24 novembre 2010 n° 334032 Sté Océ NV).
- Concernant le sort des indemnisations versées à des filiales sortantes, *voir le paragraphe 565*.

Écritures simplifiées (avec impact sur les résultats mais hors versement des acomptes)

553 En pratique, la comptabilisation s'effectue comme suit :
– les filiales constatent en fin d'exercice leur charge d'impôt en débitant le compte 6981 « Intégration fiscale - Charges » par le crédit du compte « Société mère - Intégration fiscale » ;
– la société mère constate l'impôt dû par les filiales en créditant le compte 6989 « Intégration fiscale - Produits » et en débitant le compte des filiales. Puis la société mère constate l'impôt du groupe en débitant le compte 6981 par le crédit du compte 444 « Comptable de la DGFiP ».

EXEMPLE

Un groupe intégré est composé de M, F1 et F2 (a). Les résultats sont (en milliers) :

Exercice N

	M	F1	F2	Total hors intégration
Résultat comptable et fiscal avant IS	15 000	– 7 200	9 000 (b)	
IS dû en l'absence d'intégration	5 000	0	3 000	8 000
Contribution de 3,3 % due en l'absence d'intégration	139		74 (c)	213

(a) Par hypothèse, les sociétés et le groupe sont soumis en N à la contribution calculée au taux de 3,3 %.
(b) Dont 1 200 de plus-values sur cessions d'immobilisations intragroupe réalisées avec M.
(c) Rappel : la contribution de 3,3 % est assise sur l'IS, déduction faite d'un montant de 763 000 euros, soit 763 dans notre exemple en milliers d'euros.

Résultat groupe

	M	F1	F2	Total
Résultat individuel	15 000	– 7 200	9 000	16 800
Cessions d'immobilisations			– 1 200	– 1 200
Résultat rectifié	15 000	– 7 200	7 800	15 600
IS du groupe				5 200
Contribution du groupe				146

1) Analyse de l'économie de 2 867

Économie d'IS — 8 000 – 5 200 = 2 800
Économie de contribution — 213 – 146 = 67

Origines de l'économie	IS	Contribution	Total
Déficit F1 (7 200)	2 400	79	2 479
Plus-value F2 (1 200)	400	13	413
Effet pénalisant de l'intégration quant à la franchise de contribution		– 25	– 25
	2 800	**67**	**2 867**

2) Écriture comptable simplifiée avec impact sur les résultats

Chez F2

Impôt dû à M	6981	Intégration fiscale - Charges	3 074	
		451 Société M		3 074

Chez M

Impôt dû par F2	451	Société F2	3 074	
		6989 Intégration fiscale - Produits		3 074
Impôt dû par le groupe	6981	Intégration fiscale - Charges	5 346	
		444 État - IS		5 346

L'impact avant provision d'impôt sur le résultat de M est de : 3 074 - 5 346 = - 2 272, représentant :

- l'impôt individuel de M : – 5 139
- l'économie d'intégration : 2 867

} – 2 272

3) Présentation des déclarations 2058 A

	M	F1	F2
Résultat comptable	12 728 (1)	– 7 200	5 926 (2)
Réintégration IS	+ 2 272		+ 3 074
Résultat fiscal individuel	**15 000**	**– 7 200**	**9 000**

(1) 15 000 + 3 074 – 5 346. (2) 9 000 – 3 074. (d) 763 X 3,3 %.

Les écritures comptables complètes (y compris les versements d'acomptes)

Au cours du premier exercice d'intégration

Chez la filiale

554 Pendant l'exercice d'entrée, les acomptes versés au comptable de la DGFiP sont constatés dans des conditions normales. Les acomptes afférents, le cas échéant, à la contribution sociale de 3,3 % doivent être versés dans les conditions normales.

	444 État - Impôts sur les bénéfices (débit)	444 (crédit)	51 Banques (débit)	51 (crédit)
Acomptes IS	X			X
Acomptes contribution 3,3 %	X			X

En fin d'exercice, il est procédé au transfert comptable du compte « État - Impôts sur les bénéfices » au compte « Société mère » des acomptes d'IS en créditant le compte « État - Impôts sur les bénéfices » et en débitant le compte de la société mère.

	444 État - Impôts sur les bénéfices (débit)	444 (crédit)	451 Groupe - Compte courant de la mère (débit)	451 (crédit)
Transfert des acomptes		X	X	

La charge d'IS personnelle de l'exercice ainsi que les contributions dues sont constatées en créditant le compte de la société mère et en débitant le compte « Intégration fiscale - Charges ».

Dans l'hypothèse d'une filiale déficitaire et disposant d'un crédit d'impôt remboursable (crédit d'impôt recherche, par exemple), ce dernier est comptabilisé en produits en fonction des règles propres à ce crédit.

	451 Groupe - Compte courant de la mère (débit)	451 (crédit)	6981 Intégration fiscale - Charges (débit)	6981 (crédit)	6989 Intégration fiscale - Produits (débit)	6989 (crédit)
Charge d'IS personnelle		X	X			
ou						
Crédit d'impôt	X					X

Chez la société mère

555 **En cours d'exercice, elle constate les acomptes versés au titre de son propre impôt dans des conditions normales.**

	444 État - Impôts sur les bénéfices (Débit)	444 (Crédit)	51 Banques (Débit)	51 (Crédit)
Acomptes IS	X			X
Acomptes contributions	X			X

En fin d'exercice, elle constate le transfert à son profit de sommes versées par les filiales à leur comptable de la DGFiP au cours de l'exercice d'entrée.

	444 État - Impôts sur les bénéfices (Débit)	444 (Crédit)	451 Groupe - Compte courant des filiales (Débit)	451 (Crédit)
Reprise des acomptes IS filiales	X			X
Reprise des acomptes de contributions des filiales	X			X

Elle constate également l'impôt dû par les filiales au titre de l'exercice (ou l'impôt à reverser à ces filiales s'il existe un crédit d'impôt remboursable) en utilisant le compte « Intégration fiscale - Produits » ou « Intégration fiscale - Charges ».

	451 Groupe - Compte courant des filiales (Débit)	451 (Crédit)	6981 Intégration fiscale - Charges (Débit)	6981 (Crédit)	6989 Intégration fiscale - Produits (Débit)	6989 (Crédit)
Charge d'IS personnelle des filiales	X					X
ou						
Crédit d'impôt des filiales		X	X			

Enfin, elle constate l'impôt dû par le groupe en débitant le compte « Intégration fiscale - Charges » ou « Intégration fiscale - Produits » si le groupe est déficitaire et dispose de crédit d'impôt remboursable ou d'une option née d'un report en arrière du déficit. Dans ce dernier cas, l'utilisation du compte 699 « Produits - Report en arrière des déficits » semble également possible.

	444 État - Impôts sur les bénéfices (Débit)	444 (Crédit)	6981 Intégration fiscale - Charges (Débit)	6981 (Crédit)	6989 Intégration fiscale - Produits (Débit)	6989 (Crédit)
Charge d'IS groupe		X	X			
ou						
Crédit d'impôt groupe	X					X

Exemple

M et F1 entrent dans l'intégration fiscale le 1/01/N. Le groupe est soumis à la contribution de 3,3 %.

En N - 1, M et F1 étaient bénéficiaires. De ce fait, elles doivent verser chacune à leur comptable de la DGFiP les acomptes d'IS et de contribution dont elles seraient redevables hors intégration.

Situation des versements réalisés au cours de l'exercice N (a) (en milliers)					
	1er acompte IS (a)	2e acompte IS	3e acompte IS	4e acompte IS	Acomptes contribution 3,3 %
M	1 000	1 000	1 000	1 000	107
F1	2 500	2 500	2 500	2 500	305

(a) La liquidation de N – 1 n'est pas indiquée.

Résultats au titre de l'exercice N (en milliers)					
	Résultat avant écritures d'IS (a)		Impôt hors intégration – IS	Impôt hors intégration – Contribution 3,3 %	
M	– 3 000		0	0	
F1	18 000		6 000	173	(c)
Total	**15 000**	(b)	**6000**	**173**	
IS groupe	5 000	} →	Économie 1033 (d)		
Contribution	140				

(a) Résultat comptable = Résultat fiscal par simplification (d'après 2058 A et 2058 A bis).
(b) Il n'existe pas d'opérations intragroupe par hypothèse.
(c) [6 000 – 763 (franchise)] × 3,3 % = 173.
(d) Soit (600 + 173) – (5 000 + 140) = 1033.

Date	Libellé	444 (débit)	444 (crédit)	451 (débit)	451 (crédit)	51 (débit)	51 (crédit)	6981
15/3	Versement 1er acompte IS	2 500					2 500	
15/6	Versement 2e acompte IS	2 500					2 500	
15/9	Versement 3e acompte IS	2 500					2 500	
15/12	Versement 4e acompte IS	2 500					2 500	
15/3 à 15/12	Versements 4 acomptes contribution	305					305	
31/12	Transfert des acomptes d'IS		10 000	10 000				
31/12	Transfert des acomptes de contribution		305	305				
31/12	IS dû au titre de l'exercice N				6 000			6 000
31/12	Contribution due au titre de l'exercice N				173			173
	Solde au 31/12/N			**4 132**			**10 305**	**6 173**

(1) Les écritures de liquidation de l'IS et de contribution relatives à l'exercice précédent sont celles applicables en l'absence d'intégration ; elles ne sont donc pas mentionnées dans l'exemple.

Fiscalement, la charge de 6173 est non déductible et est « à réintégrer » sur l'État 2058 A et A bis de F1.

Écritures chez M (1) en N									
Date	Libellé	444		451 F1		51		6981	6989
15/3	Versement 1er acompte IS	1 000					1 000		
15/6	Versement 2e acompte IS	1 000					1 000		
15/9	Versement 3e acompte IS	1 000					1 000		
15/12	Versement 4e acompte IS	1 000					1 000		
15/3 à 15/12	Versements acomptes contribution de 3,3 %	107					107		
31/12	Transfert d'acomptes d'IS de la filiale	10 000			10 000				
31/12	Transfert des acomptes de contribution des filiales	305			305				
31/12	Impôt dû par F1 au titre de N								
	– IS			6 000					6 000
	– Contribution			173					173
31/12	Impôt dû par le groupe au titre de l'exercice N :								
	– IS		5 000					5 000	
	– Contribution		140					140	
Solde au 31/12/N		**9272**			**4 132**		**4 107**	**5 140**	**6 173**

6981 / 6989 : + 1 033 (2)

(1) Les écritures relatives à l'IS et à la contribution de N – 1 ne sont pas indiquées.
(2) Représente l'impôt de M, soit 0 dans notre exemple, plus l'économie d'intégration, 1 033, soit, au total, 1 033.

Fiscalement, le produit net de 1 033 est non imposable, et est déduit sur l'état 2058 A et A bis de M.

Au cours des exercices suivants

Chez la filiale

556 **Pendant l'exercice, les acomptes d'IS et de contributions versés à la société mère sont constatés dans des conditions ordinaires. Il est également procédé à la liquidation de l'IS et de la ou des contributions de l'exercice précédent.**

	451 Groupe - Compte courant de la mère		51 Banques	
Acomptes N + 1 sur résultat N :				
Acomptes IS	X			X
Acomptes contribution	X			X

	451 Groupe - Compte courant de la mère		51 Banques	
Liquidation filiales du solde N				
IS et contribution :				
– dus par la filiale à la mère	X			X
– dus par la mère à la filiale		X	X	

En fin d'exercice, la charge d'IS personnelle de l'exercice est constatée dans les conditions ordinaires.

	451 Groupe - Compte courant de la mère (débit)	(crédit)	6981 Intégration fiscale - Charges (débit)	(crédit)	6989 Intégration fiscale - Produits (débit)	(crédit)
Charge d'IS personnelle		X	X			
ou						
Crédit d'impôt des filiales	X					X

Chez la société mère

557 **En cours d'exercice, elle constate les acomptes d'IS et la contribution versés par les filiales ainsi que la liquidation de l'exercice précédent.**

	451 Groupe - Compte courant de la filiale (débit)	(crédit)	51 Banques (débit)	(crédit)
Acomptes filiales N + 1 sur résultat N				
– acomptes IS		X	X	
– acomptes contribution		X	X	

	451 Groupe - Compte courant de la filiale (débit)	(crédit)	51 Banques (débit)	(crédit)
Liquidation groupe du solde N				
IS et contribution :				
– dus par la mère au comptable de la DGFiP		X	X	
– dus par le comptable de la DGFiP à la mère	X			X

En cours d'exercice, elle constate les acomptes versés au titre de l'IS du groupe et de la contribution et la liquidation de l'exercice précédent.

	444 État - Impôts sur les bénéfices (débit)	(crédit)	51 Banques (débit)	(crédit)
Acomptes groupe :				
– acomptes IS	X			X
– acomptes contribution	X			X
Liquidation groupe du solde N				
IS et contribution :				
– dus par la mère au comptable de la DGFiP	X			X
– dus par le comptable de la DGFiP à la mère		X	X	

En fin d'exercice, elle constate l'IS et la contribution dus par les filiales au titre de l'exercice (ou de l'impôt à reverser à ces filiales s'il existe un crédit d'impôt remboursable).

	6981 Intégration fiscale Charges (débit)	6981 (crédit)	6989 Intégration fiscale Produits (débit)	6989 (crédit)	4515 Groupe - Compte courant de la mère (débit)	4515 (crédit)
Charge d'IS et de contribution des filiales ou				X	X	
Crédit d'impôt	X					X

Elle constate également l'impôt dû par le groupe en débitant le compte « Intégration fiscale - Charges » ou « Intégration fiscale - Produits » si le groupe est déficitaire et dispose d'un crédit d'impôt remboursable.

	444 État - Impôts sur les bénéfices (débit)	444 (crédit)	6981 Intégration fiscale - Charges (débit)	6981 (crédit)	6989 Intégration fiscale - Produits (débit)	6989 (crédit)
Charge d'IS et de contribution groupe ou		X	X			
Crédit d'impôt groupe	X					X

EXEMPLE

(suite)

Situation des versements réalisés au cours de l'exercice N + 1						
	1er acompte	Liquidation N	2e acompte	3e acompte	4e acompte	Acompte contribution
Au comptable de la DGFiP						
M	1 000 (a)	– 9 272 (b)	1 500 (c)	1 250 (c)	1 250 (c)	140
Des filiales à la mère						
F1	1 500 (d)	– 4 132 (e)	1 500	1 500	1 500	173

(a) Sur la base de l'impôt N – 1, plus intéressante au cas présent, soit 1 000 d'acompte.
(b) Solde du compte 444 au 31 décembre N : 9 272 débiteur.
(c) D'après résultat N du groupe (base de 5 000, soit 1 250 d'acompte brut, plus, pour le second acompte, la régularisation du premier acompte de 1 250 – 1 000 = 250).
(d) Acompte 1 500.
(e) Solde du compte 4511 à fin N : débiteur de 4 132.

Résultats au titre de l'exercice N + 1			
	Résultat avant écritures d'IS (a)	**Impôt hors intégration**	
		IS	**Contribution 3,3 %**
M	– 2 700	0	0
F1	7 500	2 500	57 (c)
Total	**4 800 (b)**	**2 500**	**57**
IS groupe	1 600 } →	Économie 930 (b)	
Contribution	27 }		

(a) Comptable = fiscal.
(b) Soit (2 500 + 57) – (1 600 + 27) = 930.

Écritures chez F1 en N + 1

Date	Libellé	451 (débit)	451 (crédit)	51 (débit)	51 (crédit)	6981 (débit)	6981 (crédit)
	Solde au 1/1/N + 1	*4 132*			10 305		
15/3	Versement 1er acompte IS à M	1 500			1 500		
15/4	Liquidation N		4 132	4 132			
15/6	Versement 2e acompte IS à M	1 500			1 500		
15/9	Versement 3e acompte IS à M	1 500			1 500		
15/12	Versement 4e acompte IS à M	1 500			1 500		
15/3 à 15/12	4 acomptes de contribution	173			173		
31/12	Impôt dû au titre de N + 1						
	– IS		2 500			2 500	
	– Contribution		57			57	
Solde au 31/12 N + 1		**3 616**			**12 346**	**2 557**	

Fiscalement, la charge de 2 557 est non déductible et sera réintégrée sur l'état 2058 A et A bis de F1.

Écritures chez M en N + 1

Date	Libellé	444 (débit)	444 (crédit)	4515 F1 (débit)	4515 F1 (crédit)	51 (débit)	51 (crédit)	6981 (débit)	6981 (crédit)	6989 (débit)	6989 (crédit)
	Solde au 1/1/N + 1	9 272			4 132		4 107				
15/3	1er acompte N + 1 IS										
	– du groupe	1 000					1 000				
	– des filiales				1 500	1 500					
15/4	Liquidation										
	– du groupe		9 272			9 272					
	– des filiales			4 132			4 132				
15/6	2e acompte N + 1 IS										
	– du groupe	1 500					1 500				
	– des filiales				1 500	1 500					
15/9	3e acompte N + 1 IS										
	– du groupe	1 250					1 250				
	– des filiales				1 500	1 500					
15/12	4e acompte N + 1 IS										
	– du groupe	1 250					1 250				
	– des filiales				1 500	1 500					
15/3 à 15/12	4e Acomptes de contribution										
	– du groupe	140					140				
	– des filiales				173	173					
31/12	Impôt N + 1 des filiales										
	– IS			2 500							2 500
	– Contributions			57							57
31/12	Impôt N + 1 du groupe										
	– IS		1 600					1 600			
	– Contributions		27					27			
Solde au 31/12/N + 1		**3 513**			**3 616**	**2 066**		**1 627**			**2 557**

930

Fiscalement, le solde de 930 sera déduit extracomptablement sur l'état 2058 A et A bis de M.

Exercice de sortie d'une filiale

Chez la filiale sortante

558 En cours d'exercice, elle continue de verser à la société mère les acomptes d'IS. Les acomptes au titre de la contribution sociale de 3,3 % doivent, le cas échéant, être versés au titre de l'exercice de sortie. Il est procédé à la liquidation de l'exercice précédent [IS et contribution(s)].

	51 Banques (débit)	51 Banques (crédit)	4511 Groupe - Compte courant de la mère (débit)	4511 Groupe - Compte courant de la mère (crédit)
– Acomptes IS		X	X	
– Acomptes contribution social de 3,3 %		X	X	
Liquidation d'impôts de l'exercice précédant la sortie :				
– dus par la filiale		X	X	
– dus par la mère	X			X

En fin d'exercice, elle transfère les versements réalisés par la mère pour son compte au compte « État - Impôts sur les bénéfices » et elle constate l'IS et la contribution dus par elle au comptable de la DGFiP en le créditant.

	451 Groupe - Compte courant de la mère (débit)	451 Groupe - Compte courant de la mère (crédit)	51 Banques (débit)	51 Banques (crédit)
Acomptes IS		X	X	
Acomptes contribution sociale de 3,3 %		X	X	

	444 État - Impôts sur les bénéfices (débit)	444 État - Impôts sur les bénéfices (crédit)	6950 État - Impôts Impôts sur les bénéfices (débit)	6950 État - Impôts Impôts sur les bénéfices (crédit)
Charge d'IS personnelle		X	X	
ou				
Crédit d'impôt	X			X

Chez la société mère

559 En cours d'exercice, en plus des écritures applicables pour le groupe qui restent inchangées *(voir ci-dessus)*, la société mère doit verser au comptable des impôts de la filiale et pour le compte de la filiale sortante les acomptes d'IS et de contribution sociale de 3,3 % que cette dernière aurait dû verser en l'absence d'intégration.

	444 État - Impôts sur les bénéfices (débit)	444 État - Impôts sur les bénéfices (crédit)	51 Banques (débit)	51 Banques (crédit)	451 Groupe - Compte courant de la filiale (débit)	451 Groupe - Compte courant de la filiale (crédit)
Acomptes IS	X			X		
Acomptes contribution social de 3,3 %	X			X		

Elle encaisse les acomptes d'IS et de la contribution sociale de 3,3 % en provenance de la filiale sortante, et la liquidation de l'impôt au titre de l'exercice précédant celui de la sortie.

	451 Groupe - Compte courant de la filiale		51 Banques	
Acomptes IS		X	X	
Acomptes contribution social		X	X	
Liquidation d'impôts de l'exercice précédant la sortie :				
– dus par la filiale		X	X	
– dus par la mère	X			X

En fin d'exercice, les acomptes versés par la mère au comptable de la DGFiP de la filiale sortante pour le compte de cette filiale sont transférés au compte de cette dernière.

	451 Groupe - Compte courant de la filiale		444 État - Impôt sur les bénéfices	
Acompte IS et contribution sociale de 3,3 %	X			X

Exemple

(suite)

F1 est cédée à l'extérieur du groupe le 30/06/N + 2. Les acomptes dus au titre de F1 sont calculés, à notre avis, sur le résultat fiscal de N + 1 de F1 apparaissant sur l'état 2058 A de cette société, soit 7 500 au cas présent, ce qui représente un acompte de 625. Il est prévu conventionnellement que F1 rembourse M au fur et à mesure que cette dernière verse les acomptes de F1 au comptable de la DGFiP.

L'IS de F1 au titre de N + 2 est de 0.

Chez F1 en N + 2

Date	Libellé	4511		51		444	
	Solde au 1/01/N + 2	*3616*			*12346*		
15/4	Liquidation de N + 1		3616	3616			
	Acomptes réglés à la mère						
15/3	1er acompte IS	625			625		
15/6	2e acompte IS	625			625		
15/9	3e acompte IS	625			625		
15/12	4e acompte IS	625			625		
15/3 à 15/12	4 acomptes de contribution	57			57		
31/12	Transfert acomptes IS de la mère au comptable de la DGFiP		2557			2557	
Solde au 31 décembre N + 2		**0**			**11287**	**2557**	

Chez M (écritures relatives à F1)

Date	Libellé	444 TP de F1 (débit)	444 TP de F1 (crédit)	4515 F1 (débit)	4515 F1 (crédit)	51 (débit)	51 (crédit)
	Solde au 1/01/N + 2				*3616*		
15/4	Liquidation N – 1 de F1			3 616		3 616	
15/9	Acomptes versés pour le compte de F1 (1er, 2e et 3e) à son comptable :						
	– IS	1 875					1875
	– Contribution	43					43
15/3 à 15/9	Acompte reçus de F1 (IS et contribution)				1 918	1 918 (1)	
15/12	Acomptes versés pour le compte de F1						
	– IS	625					625
	– Contribution	14					14
15/12	Acompte reçu de F1 (IS et contribution)			639		639	
15/12	Transfert des acomptes versés au comptable de la DGFiP de F1		2 557	2 557			
Solde au 31 décembre N + 2		**0**		**0**			

(1) (625 × 3) IS + (57 × 3/4) contribution.

Une écriture obligatoire dans certains cas : la constatation d'une provision chez la mère

Le principe

560 Un des inconvénients de la méthode de neutralité est que la société mère enregistre immédiatement l'économie en totalité dans ses propres comptes. Or, les effets d'allégements d'impôts liés à l'utilisation des déficits peuvent ultérieurement produire leurs effets sur le résultat des filiales déficitaires si elles redeviennent bénéficiaires et si elles sont en mesure d'utiliser leur déficit (du fait des conventions internes).

Autrement dit, lorsque la société mère utilise le déficit d'une filiale, l'économie est certaine pour le groupe ; ce qui ne l'est pas, c'est la désignation de la société du groupe qui, en définitive, constatera comptablement l'effet d'allégement d'IS procuré par cette imputation. Dans l'immédiat, c'est la mère ; mais comme les filiales peuvent, pour le calcul de l'impôt interne au groupe, par voie de conventions, utiliser leurs déficits (bien que ces derniers aient déjà été utilisés par la mère), il se peut que, en définitive, ce soit la filiale qui constate dans ses comptes l'allégement d'impôt issu de l'utilisation de ce déficit. La provision constatée chez la mère devrait donc avoir pour objet de tenir compte de ce risque purement interne au groupe de « délocalisation comptable » au sein des sociétés du groupe de l'effet d'allégement d'impôt.

Dans l'exemple ci-dessus, la constatation d'une telle provision en N ou N + 1 n'aurait pas eu lieu, car seule la société mère est déficitaire. Au contraire, si c'était la filiale qui avait été déficitaire d'un montant de 3 000 en N *(voir § 555)* et la mère bénéficiaire, celle-ci aurait pu envisager de constater une provision pour 1 000 reprise à due concurrence lors du retour au bénéfice de F1.

Précision

- Cette provision revêt un caractère non déductible sur le plan fiscal.
- Une telle provision aura pour effet de diminuer le bénéfice distribuable de la mère ; elle peut ainsi éviter une distribution trop hâtive chez la société mère de l'économie d'intégration.
- En cas de sortie de la filiale déficitaire concernée par cette provision, cette dernière doit être reprise.

L'application pratique

561 Dans un premier temps, la pratique a développé une variante de cette méthode, qui consiste à constater chez la société mère une provision dont l'objet est de tenir compte du fait que l'effet de l'allégement d'impôt issu de l'utilisation des déficits des filiales pourra être constaté en définitive chez les filiales et non pas chez la société mère (bull. CNCC 101, mars 1996, p. 135).

Cette pratique a été rendue obligatoire dans un premier temps par un avis du Comité d'urgence du CNC de février 2005 (CUCNC, avis 05-B). Certains groupes l'ont donc appliqué dès les comptes clos au 31 décembre 2004. Cette évolution des instances comptables était notamment motivée par le fait que les déficits des sociétés soumises à l'IS sont devenus à cette époque imprescriptibles en France.

Toutefois, cet avis a fait l'objet d'un complément de précision de la part du Comité d'urgence du CNC en octobre 2005 (CUCNC, avis 05-G). Ce nouvel avis restreint sensiblement les cas où il convient de constater une provision de cette nature.

Ainsi, le CUCNC réserve l'obligation de constater une telle provision à certains cas particuliers de conventions : celles qui prévoient que la filiale qui redevient bénéficiaire s'acquitte effectivement de l'impôt à la mère sans tenir compte de son déficit né pendant l'intégration, la société mère restituant alors l'IS sous forme de subvention, par exemple. En revanche, dans le cas où une provision n'est pas constatée, une mention dans l'annexe est nécessaire.

Une autre solution, à notre avis, serait de faire constater dans les comptes de la société mère des impôts différés (voir notre article paru dans RF Comptable 322, novembre 2005, pp. 8 à 15 et l'ouvrage « Les impôts différés », Patrick Morgenstern Groupe Revue Fiduciaire, 2011). Mais ces écritures ne sont pas pratiquées, généralement, dans les comptes sociaux.

La méthode de réallocation des économies d'impôt

562 Cette méthode consiste, en plus de la méthode de neutralité, à faire constater l'économie d'intégration provenant de l'utilisation du déficit des filiales directement chez les filiales qui en sont à l'origine.

Cette restitution doit faire l'objet d'un suivi : en effet, lorsque la filiale redevient bénéficiaire, elle devra calculer son impôt interne sans tenir compte du déficit ayant fait l'objet de la réallocation. Ce qui suppose l'existence d'une déclaration de suivi supplémentaire.

Cette restitution n'est pas représentative d'une subvention suite aux jurisprudences du Conseil d'État *(voir § 552)*. Ces jurisprudences ont été validées par l'administration (BOFiP-IS-GPE-30-30-10-§ 240-11/06/2013). Toutefois, une telle analyse suppose que la méthode retenue ne porte atteinte ni à l'intérêt social de la filiale ni aux intérêts de ses minoritaires. En pratique, cela est le cas tant que chaque filiale ne supporte pas un impôt supérieur à celui qu'elle aurait supporté si elle n'avait jamais été intégrée dans ce groupe.

Les conventions d'intégration

563 Ces documents sont des conventions passées entre la société mère et les filiales. Ces conventions sont essentiellement structurées autour de deux thèmes : les modalités de l'impôt dû par les filiales pendant l'intégration et celles prévues lors de la sortie.

Le coin des néophytes

Question : Doit-on établir les conventions d'intégration fiscale par écrit ?

Réponse :

Si la forme écrite n'est pas obligatoire...

Il n'existe, sous réserve de l'existence d'un texte légal, aucune obligation de disposer de conventions écrites ; ce point est conforté par des jurisprudences commerciales (cass. com. 27 février, 2001 n° 98-14203, CERUS) relatives à des conventions intragroupe de prestations de services mais aussi par la jurisprudence fiscale.

... elle est néanmoins fortement recommandée.

L'existence d'un écrit permet d'éviter un flou rarement favorable à l'entreprise et d'apporter plus facilement la preuve des choix retenus notamment vis-à-vis des tiers.

La forme de l'écrit peut être souple ; il a ainsi été admis (CAA Versailles 30 décembre 2014, n° 13VE02872) qu'une note intérieure à un groupe émise par la société mère en guise d'avenant à une convention d'intégration fiscale, était régulière.

Par ailleurs, certains traitements fiscaux nécessitent en pratique un engagement écrit (il en est ainsi par exemple pour appliquer un caractère neutre fiscalement aux indemnités en cas de sortie *voir § 565*).

Les modalités de l'impôt dû pendant l'intégration

564 Les modalités prévues pendant l'intégration consistent essentiellement à choisir une méthode de répartition de l'impôt entre les sociétés du groupe. Certains aspects pourront également faire l'objet de précisions, notamment les modalités applicables lors des contrôles fiscaux (par exemple, sort de l'IS, des majorations, des intérêts dont la filiale aurait été redevable en l'absence d'intégration).

Sur ces aspects, un nombre important de groupes applique également, dans ce cas, le principe de neutralité par rapport au droit commun. Ce point a été évoqué ci-dessus.

Le fait que la société mère constate une provision pour tenir compte d'un retour au bénéfice de la filiale n'est pas, à notre avis, un élément à faire figurer dans les conventions, car cela n'entraîne aucune conséquence particulière pour la filiale.

Les modalités prévues en cas de sortie

565 Lors de la sortie de l'intégration, les filiales sont susceptibles de subir des préjudices financiers :
– si elles sont déficitaires, elles perdent droit au report des déficits et moins-values générés pendant l'intégration. Signalons également les effets d'une sortie sur le futur calcul de la participation des salariés qui peut voir son montant s'accroître ;
– si elles sont bénéficiaires, elles ne peuvent plus utiliser les bénéfices générés pendant l'intégration dans le cadre d'un report en arrière des déficits.

Afin d'éviter que les filiales subissent des inconvénients du fait de leur passage dans l'intégration fiscale, des clauses prévoyant une indemnisation peuvent être incluses dans les conventions. De telles clauses peuvent permettre :
– de respecter un principe d'équilibre entre les sociétés du groupe ;
– d'éviter des mises en responsabilité des dirigeants de la filiale sortante auxquels il pourrait être reproché d'avoir pris des décisions contraires à l'intérêt individuel de la société, ces actions en responsabilité, très rares en pratique, pouvant être intentées, par exemple, par les minoritaires, les nouveaux dirigeants ou les créanciers de la filiale concernée.

Il existe plusieurs méthodes pour envisager d'indemniser la filiale sortante : soit sous forme d'un montant global estimé lors de la cession (ce montant pouvant, dans certaines situations, être versé sous forme d'une augmentation de capital de la filiale avec prime d'émission), soit au fur et à mesure de la survenance du motif de l'indemnisation. Dans cette dernière méthode, en cas de cession à l'extérieur du groupe, l'acheteur s'engage à indemniser la filiale lors de la survenance de l'événement. En contrepartie, le prix de cession de la société tient compte de cet engagement.

L'indemnisation versée à la filiale sortante, si elle vient compenser le préjudice qu'elle a effectivement subi du fait de l'attribution au groupe de ses déficits pendant sa période d'appartenance au groupe, est traitée fiscalement avec un principe de neutralité, non déductible chez la mère et non imposable chez la filiale. Cette analyse résulte de jurisprudences du Conseil d'État (notamment CE 11 décembre 2009, n° 301341) et de la doctrine administrative (BOFiP-IS-GPE-30-30-10-§ 260-11/06/2013). Faut-il encore que cette indemnisation respecte certaines conditions et notamment qu'elle soit prévue contractuellement, au moins dans son principe.

Contenu de la convention

566 L'ANC définit les éléments minimaux que doit contenir la convention :
– les modalités de répartition des déficits utilisés lorsque le groupe se trouve en position déficitaire ;
– le principe de la reconnaissance d'une dette de la société mère à hauteur des déficits utilisés, afin de permettre l'inscription à l'actif des filiales concernées d'une créance correspondante ;
– les modalités de répartition des économies ou compléments d'impôt provenant des rectifications opérées sur le résultat d'ensemble.

En outre, le Conseil national des commissaires aux comptes estime que la convention doit préciser :
– la répartition de l'impôt sur les résultats d'ensemble entre les sociétés intégrées ;
– la répartition de la charge résultant de rectifications ou de la sortie du groupe intégré d'une filiale.

La convention, toujours suivant les termes de l'ANC, doit en définitive tenter, dans la mesure du possible, de prévoir et de définir les modalités de répartition de l'économie ou de la charge complémentaire d'impôt ainsi que les modes d'indemnisation des préjudices subis du fait de l'intégration.

Elle peut s'appliquer à l'impôt sur les sociétés et aux contributions additionnelles, et doit tenir compte des événements particuliers pouvant se produire, tels que les conséquences d'une rectification fiscale.

Elle peut aussi préciser les dates de règlement des acomptes et des liquidations d'IS, et si les inscriptions en compte courant portent ou non intérêts, ainsi que la date de départ du calcul de ces intérêts.

Impact sur les conventions réglementées

567 Une convention d'intégration fiscale peut être considérée :

– comme une opération courante au regard du groupe, dans la mesure où il s'agit d'adhérer à un régime de droit commun ;

– comme étant conclue à des conditions normales :
  - si elle n'aboutit pas à léser les intérêts des associés minoritaires ni à vider de sa substance l'une des sociétés,
  - si elle n'entraîne pas une rupture de l'égalité entre les associés (sauf accord exprès des associés défavorisés),
  - et si, en définitive, elle aboutit à assurer une neutralité parfaite.

Dans le cas où les commissaires aux comptes estiment que les conditions ne sont pas remplies, ils devront le dire non seulement dans leur rapport spécial, mais également dans leur rapport général.

Remarque

- En cas d'incertitude sur les conséquences financières de l'intégration pour les filiales, nous conseillons de faire preuve de prudence dans ce domaine et d'avoir recours aux conventions réglementées.
- Le cas d'une convention de neutralité devrait poser moins de problèmes si elle peut s'analyser, au moins pendant l'intégration telle « une convention équilibrée qui répartit de façon équitable les conséquences du régime et qui, pour le moins, n'est pas de nature à placer la filiale dans une situation moins bonne que celle qui aurait été la sienne en l'absence d'intégration fiscale » (étude CNCC février 2014 p. 29).

Le coin des néophytes

Question : Pourquoi les filiales doivent-elles payer leur impôt à la société mère ?

Réponse :

Le régime prévoyant que la société mère est seule redevable de l'impôt vis-à-vis du comptable de la DGFiP, il serait possible d'imaginer, en effet, que seule la société mère constate l'impôt mais pas les filiales.

Une telle solution, qui ne pourrait résulter que de stipulations expresses, est de nature à entraîner d'importants transferts financiers à l'intérieur du groupe, difficilement justifiables au regard des comptes de chaque société.

De plus, une telle solution est de nature à entraîner d'autres inconvénients importants, parmi lesquels :

- les filiales continuent d'établir des comptes et la pertinence et la comparabilité de ces derniers avec les autres sociétés du même secteur restent d'actualité ;

- la société mère serait dans l'incapacité, dans bien des cas, de pouvoir faire face isolément à l'impôt du groupe.

Toutefois, il convient de préciser qu'une telle méthode, bien que susceptible d'entraîner des transferts financiers peu réalistes économiquement, est acceptée sur le plan fiscal (CE 5 juillet 2013, n° 351874) dès lors que cette méthode n'est pas contraire aux intérêts sociaux des sociétés du groupe et ne lèse pas les minoritaires.

PARTIE 11

THÈMES SPÉCIFIQUES

Partie 11-1

LE RÉGIME D'IS À TAUX RÉDUIT ET L'INTÉGRATION FISCALE

600 Le régime de taux réduit d'IS applicable aux PME n'est pas incompatible avec le régime de l'intégration fiscale. Toutefois, son application dans les groupes intégrés nécessite quelques précisions.

Rappel des conditions d'application du régime PME en droit commun

601 Le taux réduit des PME s'applique à toutes les sociétés passibles de l'IS qui réalisent un chiffre d'affaires inférieur à 7 630 000 € dont le capital, entièrement libéré, est détenu de manière continue, pour 75 % au moins, directement ou indirectement, par des personnes physiques.

Le régime du taux réduit d'IS pour les PME, prévu à l'article 219-I-b du CGI, est applicable aux personnes qui répondent aux quatre critères explicités ci-après.

Premier critère : être soumis à l'IS

602 Sont concernées par l'IS à taux réduit les sociétés suivantes :

– les sociétés soumises à l'IS de plein droit en fonction de leur forme (CGI art. 206) ;

EXEMPLE

SA, SARL n'ayant pas opté pour le régime des sociétés de personnes, sociétés en commandite par actions, SAS, etc.

– les sociétés soumises à l'IS de plein droit en fonction de leur activité ;

EXEMPLE

Sociétés civiles se livrant à une activité commerciale ou industrielle, à l'exception toutefois des sociétés civiles de construction-vente, exploitations agricoles à responsabilité limitée autres que celles mentionnées à l'article 8-5° du CGI, etc.

– les sociétés soumises à l'IS sur option (CGI art. 206-3) ;

EXEMPLE

Sociétés en nom collectif, sociétés civiles mentionnées à l'article 8-1° du CGI, sociétés en commandite simple, sociétés en participation, sociétés à responsabilité limitée dont l'associé unique est une personne physique, exploitations agricoles à responsabilité limitée mentionnées à l'article 8-5° du CGI, groupements d'intérêt public mentionnés à l'article 239 quater-B du CGI, sociétés civiles professionnelles visées à l'article 8 ter du CGI, etc., ayant opté pour l'IS.

– les sociétés relevant de l'IS sur une fraction de leur résultat, car le nouveau régime ne mentionne pas l'obligation d'être imposé à l'IS suivant les conditions de droit commun.

EXEMPLE

Entreprises implantées dans une zone franche corse ou urbaine (CGI art. 44 octies et 44 decies), entreprises nouvelles (CGI art. 44 sexies), entreprises implantées dans les DOM et bénéficiant de la réfaction dite « du 1/3 » (CGI art. 217 bis), sociétés en commandite simple pour la fraction du résultat imposée à l'IS.

Par ailleurs, les organismes soumis à l'IS qui répondent aux conditions peuvent également bénéficier du régime même s'ils ne sont pas sous forme de sociétés. Il en est ainsi, par exemple, des associations, fondations, congrégations exerçant des activités mixtes lucratives et non lucratives, à l'exception des associations visées à l'article 206-1 bis du CGI, pour la fraction du résultat soumise à l'IS.

Deuxième critère : le chiffre d'affaires

603 La personne concernée doit avoir réalisé un chiffre d'affaires hors taxes de moins de 7 630 000 € au cours de l'exercice par période de douze mois.

Éléments à retenir dans le chiffre d'affaires

Ce chiffre d'affaires s'entend hors produits financiers, sauf dans le cas où la réglementation propre au secteur dont relève la structure oblige à les prendre en compte

604 Ne sont ainsi pas à retenir dans le chiffre d'affaires :
- les dividendes perçus par les sociétés dont l'activité consiste en la gestion de leur patrimoine mobilier (holdings) ;
- les éléments exceptionnels, tels les produits de cessions d'actifs immobilisés ;
- les refacturations entre sociétés lorsqu'elles présentent le caractère de débours (CGI art. 267-II-2°).

L'ensemble des opérations

605 L'objectif étant d'apprécier l'importance des entreprises concernées, le chiffre d'affaires doit s'entendre de l'ensemble des opérations réalisées.

Ainsi, pour les entreprises disposant d'une exonération totale ou partielle du bénéfice imposable, le chiffre d'affaires à retenir n'est pas influencé par ce fait, car l'objectif est d'apprécier l'importance globale de l'entreprise. De même, le chiffre d'affaires à retenir pour les sociétés exerçant leur activité en France et hors de France est celui résultant de l'ensemble de leurs opérations.

Toutefois, pour les organismes sans but lucratif (les associations par exemple) comportant plusieurs secteurs distincts d'activité, l'administration admet de ne retenir que le chiffre d'affaires du secteur lucratif.

Cas d'un exercice différent de douze mois

606 Lorsque la durée de l'exercice est différente de douze mois, il convient de calculer le critère du chiffre d'affaires en ramenant le chiffre d'affaires à douze mois. Si le régime s'applique, le plafond de quote-part de résultat imposable à taux réduit sera proratisé en fonction du nombre de mois de l'exercice.

Troisième critère : la libération du capital

607 Les apports promis par les associés lors de la souscription des titres doivent avoir été entièrement versés.

La date à laquelle le capital doit être libéré s'apprécie à la clôture de l'exercice ou au terme de la période d'imposition au titre duquel l'impôt sur les sociétés est liquidé (rép. Leroy, JO 4 mars 2002, AN quest. p. 1258).

Quatrième critère : la détention du capital

Principe

608 Le capital de la société cible doit être détenu directement, de manière continue pendant tout l'exercice, à au moins 75 % :
– soit par une ou plusieurs personnes physiques ;
– soit par un ou plusieurs organismes ou sociétés détenus eux-mêmes à au moins 75 % par des personnes physiques et répondant aux critères de chiffre d'affaires et de libération de capital ;
– soit par combinaison des détentions exercées par les personnes mentionnées ci-dessus.

Ce seuil de 75 % s'entend à la fois en droits de vote et en droits à dividendes.

Notons que certains cas particuliers existants ne sont pas traités dans le présent ouvrage (détention par l'intermédiaire d'investisseurs professionnels, etc.).

Détention directe par des personnes physiques

609 Les détentions par des personnes physiques, qu'elles soient françaises ou étrangères, sont à retenir. Ainsi, dans le cas le plus simple, si le capital est détenu de manière continue pour 75 % au moins par des personnes physiques, alors ce critère est réputé atteint.

Les associations et les sociétés de personnes non soumises à l'IS ne sont pas assimilables à des personnes physiques pour l'application de ce critère.

Détention directe par certaines sociétés ou organismes

610 Les détentions directes détenues de manière continue par des sociétés qui répondent à la fois aux critères de chiffre d'affaires, de libération du capital et dont le capital est détenu directement à au moins 75 % par des personnes physiques doivent être retenues pour le calcul du seuil de 75 % de la société cible.

Notons qu'un seul niveau d'interposition est possible pour les personnes morales associées.

EXEMPLE

Données :

PP1, PP2 et PP3 sont des personnes physiques.

P, S1 et S2 sont des sociétés soumises à l'IS.

P et S2 ont leur capital libéré et un chiffre d'affaires inférieur à 7 630 000 €.

Les détentions sont en droits de vote et à dividendes et sont continues.

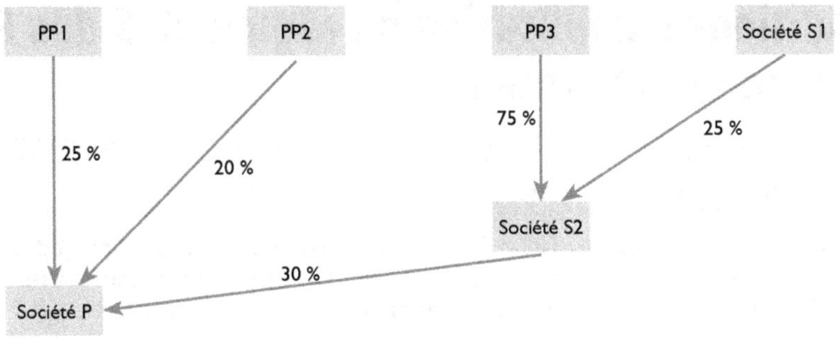

Solution :

Dans ce cas, P remplit le critère de détention, car son capital est détenu :
- à 25 % + 20 % = 45 % directement par des personnes physiques ;
- à 30 % directement par une société S2 détenue elle-même directement à 75 % par des personnes physiques et respectant les conditions de chiffre d'affaires et de libération de capital.

Le seuil de 75 % est donc atteint.

Notons que S2 bénéficie également du régime.

Si l'associé personne morale ne respecte pas les critères de chiffre d'affaires ou de libération de capital, son pourcentage dans la cible ne peut être retenu.

Ainsi, dans l'exemple ci-dessus, si S2 ne respecte pas le critère de chiffre d'affaires et si son capital n'est pas libéré, ni P ni S2 ne peuvent bénéficier du régime d'IS PME.

De même, si l'associé personne morale n'est pas détenu directement par des personnes physiques à au moins 75 %, son pourcentage dans la cible ne peut être retenu.

EXEMPLE

Les hypothèses sont celles de l'exemple de base, mais S2 est détenue par PP3 à 74 % et par S1 à 26 % : le dispositif ne serait pas applicable chez P, et cela même si S1 répond aux conditions et est détenue à 75 % par des personnes physiques car, dans ce cas, la détention par S2 ne peut pas compter dans le seuil de 75 % pour P.

En revanche, le dispositif serait susceptible de s'appliquer chez S2 si S1 était détenue directement par des personnes physiques à au moins 75 % et respectait les autres conditions de chiffre d'affaires et de libération de capital.

Obligations déclaratives

611 Doivent être annexés à la déclaration du résultat un état portant sur la répartition du capital social et un état portant sur la détermination des bénéfices imposés au taux réduit.

Conditions d'application du régime d'IS des PME dans un groupe intégré

Seule la société mère est susceptible de l'appliquer vis-à-vis de l'État

612 Ce principe résulte du fait qu'elle est la seule société du groupe redevable de l'impôt vis-à-vis du comptable de la DGFiP. De ce fait, les conditions tenant à la libération et à la détention du capital s'appliquent uniquement à elle.

EXEMPLES

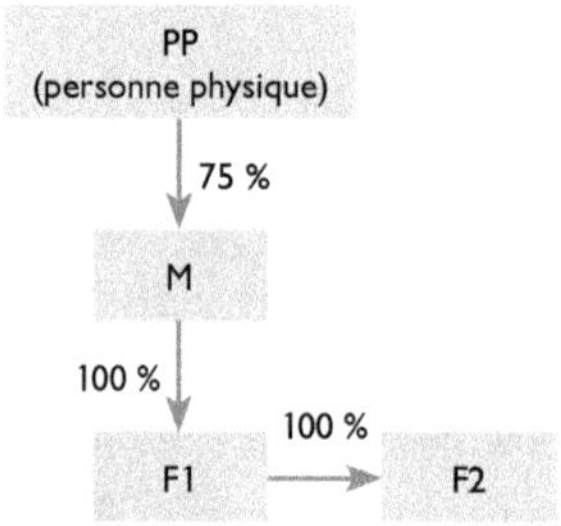

En l'absence d'intégration fiscale :

F2 ne peut bénéficier du dispositif PME, car son capital est détenu à au moins 75 % par une société elle-même détenue à 75 % par une autre société ;

F1 est susceptible d'en bénéficier (sous réserve du respect des autres conditions) ;

M est susceptible d'en bénéficier (sous réserve du respect des autres conditions).

Avec intégration fiscale : concernant la condition de détention du capital, seule M est susceptible de bénéficier du dispositif pour le groupe.

Les filiales ne peuvent pas appliquer ce régime faute d'être redevables de l'impôt ; mais rien ne s'oppose, à notre avis, à ce qu'elles l'appliquent, le cas échéant, pour le calcul de l'impôt interne au groupe dont elles sont redevables auprès de la société mère du groupe.

En effet, dès lors que le principe de neutralité est applicable par les conventions internes, il nous semble que, toutes les fois que cela est possible, la filiale doit appliquer les règles qu'elle aurait appliquées en l'absence d'intégration.

En l'espèce, aucun obstacle pratique ne s'oppose à l'application contractuelle d'une telle méthode, car le régime PME n'est pas accompagné d'autres conditions particulières obligeant, par exemple, à procéder à des incorporations au capital du bénéfice exonéré comme cela était le cas avec le dispositif réservé aux PME avant 2001.

Le critère du chiffre d'affaires s'apprécie au niveau du groupe

613 Du point de vue de ce critère, la société mère ne peut appliquer le taux réduit d'IS que si la somme des chiffres d'affaires de chacune des sociétés membres du groupe intégré ne dépasse pas la limite légale de 7 630 000 €.

Précision

Il s'agit du cumul des chiffres d'affaires individuels (c'est-à-dire y compris les chiffres d'affaires internes au groupe intégré) et non pas du chiffre d'affaires consolidé.

Il s'agit d'une contrainte importante pour l'application du dispositif par un groupe intégré. Il faut préciser que seuls les chiffres d'affaires des sociétés intégrées sont pris en compte. Ainsi, n'est pas retenu au titre de ce calcul notamment le chiffre d'affaires :
– d'une filiale pouvant être intégrée mais non intégrée effectivement ;
– d'une filiale sortie au cours de l'exercice ; toutefois, si la sortie résulte d'une absorption par une autre société intégrée, son chiffre d'affaires sera pris en compte à concurrence du montant repris par l'absorbante (en fonction des modalités de la fusion et des dates de rétroactivité prévues).

Exemple

Compte tenu des conditions de détention du capital, le groupe composé de M, F1 et F2 mentionné page 216 est susceptible de pouvoir bénéficier du dispositif PME, sous réserve que le critère du chiffre d'affaires soit satisfait.

Pour déterminer si ce critère de CA est atteint, il sera retenu comme hypothèse les chiffres d'affaires hors taxes annuels suivants :
- M : 1 million d'euros ;
- F1 : 6 millions d'euros ;
- F2 : 5 millions d'euros.

Pour déterminer si le groupe peut bénéficier du dispositif de taux réduit d'IS, il convient de raisonner comme suit :
- si le groupe intégré est composé de M, F1 et F2, alors le chiffre d'affaires cumulé du groupe est de 12 millions d'euros et donc supérieur à 7 630 000 €. Le dispositif ne peut pas être appliqué à M ;
- si le groupe intégré est composé de M et F1 seulement (ce qui suppose que F2 ne soit pas entrée dans l'intégration), alors le chiffre d'affaires cumulé de M. et F1 est de 7 millions d'euros et donc inférieur à 7 630 000 €. Le dispositif peut alors s'appliquer pour le groupe, mais uniquement au résultat d'ensemble avec application d'une seule fois la limite de 38 120 €.

Modalités d'application du taux réduit d'IS au groupe intégré

Le dispositif s'applique uniquement au résultat d'ensemble

614 Cette règle est de nature à apporter à la fois des avantages et des inconvénients.

Remarque

Le bénéfice d'ensemble peut être composé à la fois de bénéfices de sociétés qui, en l'absence d'intégration, ne pourraient pas appliquer le dispositif et de bénéfices de sociétés qui pourraient l'appliquer. En pratique, cette situation peut permettre, pour les groupes comprenant des sous-filiales, de bénéficier des effets du taux réduit d'IS PME dans un groupe alors que, en l'absence d'intégration, son effet aurait été limité ou nul.

EXEMPLE

Un groupe est composé de M1 qui détient F3 qui détient F4. Le groupe peut, par hypothèse, bénéficier du régime de taux réduit d'IS.

Hors intégration, seules M1 et F3 pourraient en bénéficier. F4 ne peut pas en bénéficier car la condition de détention du capital n'est pas respectée.

Les résultats sont les suivants :
- M1 : - 20 000 ;
- F3 : - 50 000 ;
- F4 : + 100 000.

Le résultat d'ensemble est de + 30 000.

Le taux réduit d'IS peut s'appliquer à ce montant alors qu'en l'absence d'intégration, il n'aurait produit aucun effet du fait que M1 et F3 sont déficitaires.

REMARQUE

Si toutes les sociétés du groupe pouvant bénéficier du dispositif PME dégagent des bénéfices, la limite de 38 120 € qui aurait pu s'appliquer plusieurs fois ne pourra s'appliquer qu'une seule fois chez la mère du groupe.

EXEMPLE

Hypothèse 1 : Le taux normal de l'IS retenu est de 33 1/3 %.

M2 détient F5 et F6. Les trois sociétés sont intégrées.

Par hypothèse, les trois sociétés peuvent bénéficier du dispositif PME ainsi que le groupe intégré. Chaque société dégage un bénéfice de 40 000 €.

Hors intégration, l'IS est, pour chacune des trois sociétés, de :

(38 120 X 15 %) + [(40 000 - 38 120) X 33 1/3 %] = 6 344.

Soit un total d'impôt de 19 032.

Avec intégration, l'impôt est de :

(38 120 X 15 %) + [(120 000 - 38 120) X 33 1/3 %] = 33 011 €.

Hypothèse 2 : Le taux de l'IS est de 28 % à concurrence de 75 000 € pour les PME au sens européen. M2 et chacune des filiales répondent par hypothèse à cette définition (exercice ouvert depuis le 1/1/17 et jusqu'au 31/12/17). Hors intégration, l'IS est, pour chacune des trois sociétés :

[(38 120 x 15 %) + (40 000 - 38 120) x 28 %] soit un total d'impôt de 6 244 €.

Avec intégration, l'impôt est de :

[(38 120 x 15 %) + (75 000 - 38 120) x 28 % + (120 000 - 75 000) x 33 1/3 %] = 31 044 €.

Calcul du résultat d'ensemble bénéficiant du taux réduit d'IS

615 **Dans l'hypothèse où le dispositif est applicable, la société mère doit procéder, dans un premier temps, au calcul du résultat d'ensemble comme si le dispositif ne s'appliquait pas.**

En cas de bénéfice, la société mère doit porter la fraction du bénéfice d'ensemble passible du taux réduit dans la case appropriée de l'état 2065 du groupe. Il ne nous paraît pas nécessaire que la société mère mentionne sur sa propre déclaration 2065 (résultat personnel) une fraction de son bénéfice dans la case appropriée au taux réduit, dès lors que le dispositif est applicable uniquement au bénéfice d'ensemble et que les résultats peuvent être diamétralement opposés.

EXEMPLE

Hypothèse :

Le taux de l'IS est de 33 1/3 %.

Données :

M3, F7 et F8 forment un groupe intégré depuis plus d'un exercice et pouvant bénéficier du régime de taux réduit.

En l'absence d'intégration, seules les sociétés M3 et F7 auraient pu bénéficier du dispositif.

Les résultats fiscaux de ces sociétés pour l'exercice N sont :
- M3 : 50 000 dont 2 000 de quote-part de frais et charges sur dividendes provenant de F8 ;
- F7 : 80 000 ;
- F8 : - 20 000.

Calcul de l'impôt du groupe :

Cumul des résultats :	110 000
Opérations intragroupe	– 2 000
Résultat d'ensemble :	108 000

Dont

38 120 imposable à 15 %, soit un IS de 5 718,

108 000 - 38 120 = 69 880 imposable à 33 1/3 %, soit un IS de 23 293,

soit au total 29 011 d'IS.

La société mère mentionne notamment sur la déclaration 2065 du groupe dans la zone des résultats imposables à 15 % le montant de 38 120.

Pour déterminer si l'intégration est favorable ou non pour l'exercice, il convient de calculer l'impôt qui aurait été dû hors intégration :

- M3 :	9 678	(38 120 315 % + 11 880 X 33 1/3 %)
- F7 :	19 678	(38 120 315 % + 41 880 X 33 1/3 %)
- F8 :	0	
Total	29 356	

La différence d'IS avec l'intégration est donc de : 29 356 - 29 011 = 345 en faveur du choix d'intégrer le groupe. Elle provient :

en plus, du déficit de F8 pour + 6 667 (20 000 X 33 1/3 %) ;
- en plus, de la neutralisation de la quote-part interne pour + 667 (2 000 X 33 1/3 %) ;
- en moins, de l'impossibilité d'appliquer deux fois la réfaction de taux pour - 6 989, à savoir [38 120 X (33 1/3 % - 15 %)].

L'intégration est donc globalement intéressante au moins pour l'exercice N.

Il serait en l'espèce également possible d'imaginer de ne pas intégrer uniquement F7. Dans ce cas, l'impôt du groupe (Résultat de M3 et F8) aurait été de [(50 000 - 20 000 - 2 000) X 15 %] = 4 200 et celui de F7 de 19 678, soit un IS global de 23 878. Cette dernière possibilité représente pour N la meilleure solution. Mais une difficulté provient de l'obligation de devoir choisir le périmètre au plus tard à la fin du troisième mois (sauf délais particuliers) du premier exercice d'application.

LES GROUPES DE PME DOIVENT-ILS RENONCER À L'INTÉGRATION FISCALE POUR BÉNÉFICIER DU TAUX RÉDUIT D'IS ?

Compte tenu des contraintes posées dans les groupes intégrés, cette question est fréquemment posée.

La réponse est complexe, car elle dépend de plusieurs paramètres et repose sur des résultats prévisionnels. Il est difficile de recenser les différentes situations pouvant se présenter.

Dans l'hypothèse où le taux réduit d'IS des PME serait non applicable avec intégration, ce qui risque d'arriver fréquemment compte tenu du critère du chiffre d'affaires, il convient, avant toute renonciation globale au régime, d'apprécier les autres avantages immédiats ou latents qu'apporte l'intégration et notamment :

– la compensation des déficits et des bénéfices (le sens des résultats étant parfois difficile à prévoir) ;

– la mutualisation des pertes si le groupe est déficitaire globalement ;

– les avantages en cas de future restructuration ;

– les filets de sécurité qu'offre l'intégration en matière de relations internes jugées anormales par l'administration ;

– le fait que la sortie des intégrations existantes peut s'avérer pénalisante et source de risques fiscaux importants (sort des provisions ingragroupe, des subventions, etc.).

En outre, il peut, dans certains, cas être retenu le principe d'intégrer, mais avec moins de filiales, de manière à pouvoir appliquer et optimiser les deux mécanismes (pour un exemple, voir ci-dessus).

Partie 11-2

COMMENT REMPLIR UNE DÉCLARATION ?

650 Les principaux états du groupe M seront complétés pour les exercices N et N + 1. Les exemples sont en euros.

Exercice N

Les données

651 M, F1 et F2 entrent dans l'intégration le 1/1/N.

La situation des pertes reportables à l'ouverture est mentionnée directement dans les montants à l'ouverture dans les états 2058 B et 2058 B bis des sociétés.

Les opérations intragroupe suivantes ont été réalisées

652 M a octroyé à F1 un abandon de créance commercial pour 1200. Compte tenu de la situation de F1, cet abandon est déductible pour 900 chez M et imposable en totalité chez F1.

M a provisionné les titres de la société F2 pour 500 (F2 n'est pas à prépondérance immobilière ; la dotation relève du taux à 0 %).

F1 a octroyé 20 de jetons de présence.

F2 a distribué en N à la société M :
– un montant de dividendes de 5000 au cours du premier exercice d'intégration ;
– un montant de 4000 au titre d'une distribution exceptionnelle de réserves à fin N.

F2 cède une immobilisation non amortissable à F1 en dégageant une plus-value de 150 imposable au taux courant. La valeur d'origine chez F2 est de 2000.

Les déclarations à compléter

653 Déclaration comme si la société était imposée séparément.

2058 B bis	Lignes Cerfa	M	F1	F2
Déficits ordinaires				
À l'ouverture	M5	0	750	10000
Déficits créés	HB	740	3700	
Déficits imputés	J9			3300
Déficits reportables à la clôture	H9	740	4450	6700

2058 A bis	Lignes Cerfa	M	F1	F2
Bénéfice comptable	E1	6 450		3 300
Réintégrations quote-part de 4 %	Z7	360		
Réintégrations diverses	E2	1 410	400	
Perte comptable	E4		– 4 000	
Déductions diverses	E5	– 8 600	– 100	
Résultat fiscal avant imputation	F2/F3	– 1 100	– 3 700	3 300
Déficits imputés	F6			– 3 300
Résultat fiscal	F8/F9	– 740	– 3 700	0

Déclarations individuelles avec les règles de l'intégration fiscale

2058 B	Lignes Cerfa	M	F1	F2
Déficits ordinaires				
À l'ouverture	YH	0	750	10 000
Déficits imputés	YI			– 3 150
Déficits reportables à la clôture	YK	0	750	6 850

2058 FC	Lignes Cerfa	M	F1	F2
Bénéfice	6	– 1100 (a)	– 3 700 (a)	3 300
Abandons de créances reçus intragroupe	7		– 1 200	
Plus-value intragroupe	8			– 150
Moins-value intragroupe	12			
Bénéfice plafonné	**13**	**– 1 100**	**– 4 900**	**3 150**

(a) À mentionner, à notre avis, même en cas de perte.

2058 A	Lignes Cerfa	M	F1	F2
Bénéfice comptable	WA	6 450 (e)		3 300 (e)
Moins-value à long terme	WM	500 (b)		
Autres réintégrations	WQ	910 (e)	400 (e)	
Perte comptable	WS		– 4 000 (e)	
Régime mère-fille	XA	– 8 910 (c)		
Déductions diverses	XG	– 50 (e)	– 100 (e)	
Résultat fiscal avant imputation	**XI/XJ**	**– 1 100**	**– 3 700**	**3 300**
Déficits imputés	XL			– 3 150 (d)
Résultat fiscal	**XN/XO**	**– 1 100**	**– 3 700**	**150**

(b) Provision sur titres F1 (ce montant doit être mentionné sur l'état 2059 A de M mais il ne doit pas être reporté sur le 2059 C).
(c) 8 550 = (5 000 + 4 000) – [(5 000 + 4 000) X 1 %].
(d) Car l'imputation est plafonnée au résultat calculé sur le 2058 FC.
(e) Il s'agit d'hypothèses.

2058 ER cadre résultat	Lignes Cerfa	M	F1	F2	Cumul
Résultat à prendre en compte	CA/CB	– 1 100	– 3 700	150	– 4 650
Jetons de présence	CD		20		20
Dividendes intragroupe	CE	(e)			0
Dotations et reprises de provisions intragroupe	CF/CG				0
Abandons de créances et subventions intragroupe	CH/Cj	900 (e)	– 1 200 (f)		– 300
Plus ou moins-value intragroupe sur cessions d'immobilisations intragroupe	CM/CN			– 150 (f)	– 150
Suppléments d'amortissements	CP				0
Plus ou moins-values intragroupe qui deviennent imposables	CR/CS				0
Autres régularisations	CV/CW				0
Bénéfice/Déficit	CV/CW	– 200	– 4 880	0	– 5 080

(e) Neutralisation abandons entre M et F1.
(f) Cession immobilisations à F1.

2058 ER cadre long terme à 0 %	Lignes Cerfa	M	F1	F2	Cumul
Plus ou moins-value à prendre en compte	DB/DC	– 500	0	0	– 500
Dotations et reprises de provisions intragroupe (M sur F2)	DD	500	0	0	500
Plus ou moins-values rectifiées	DS/DT	0	0	0	0

Remarque : malgré le fait que le taux soit de 0 %, il convient pour des motifs spécifiques de procéder au calcul de la plus ou moins-value à long terme relevant de ce taux.

2058 TS	Colonne	M	F1	F2	Total
Résultat	AC/AD	– 200	– 4 880	0	– 5 080

2058 RG Lignes Cerfa		
Résultat	HB/HC	– 5 080
Résultat du groupe	**HK/HL**	**– 5 080**

2058 DG	Lignes Cerfa	
Déficits du groupe		
À l'ouverture	JA	
Déficits imputés	JB	
Déficits de l'exercice	JC	5 080
Déficits reportables	**JD**	**5 080**

2065 du groupe	
Résultat d'ensemble	– 5 080

2058 SG		Autres subventions allouées déductibles (4)	Autres subventions allouées non déductibles (5)	Autres subventions reçues (6)
M	Exercices antérieurs			
	Exercice en cours	900	300	
F1	Exercices antérieurs			
	Exercice en cours			1200

2058 PV					
Bien	Propriétaire	valeur d'origine	amort. déduit	supp. d'amortissement	Plus ou moins-values non encore imposées
X	F2 – F1	2000	–	–	150

Exercice N + 1

Les données

654 La société F1 est cédée à l'extérieur du groupe. Elle sort de l'intégration le 1/01/N + 1.

La société M reprend la provision sur les titres F1 pour 500. En contrepartie, elle dégage une moins-value à long terme sur ces titres de 450. Elle dégage donc au total une plus-value nette à long terme de 50.

La société F2 dégage une plus-value nette (idem plus-value brute) à long terme de 100 sur cession de titres relevant du taux à 0 %. Elle distribue 2000 de dividendes à M.

Les déclarations

655

2058 B bis	**Lignes Cerfa**	**M**	**F2**
Déficits			
À l'ouverture		1100	6700
Déficits imputés		– 100	495
Déficits reportables à la clôture		1000	6205

2058 A bis	Lignes Cerfa	M	F2
Bénéfice comptable	E1	2050	590
Réintégration quote-part 4 %	Z7	80	
Réintégrations diverses	E2		5
Perte comptable	E4		
Déductions diverses	E5	– 1980	
Plus-value nette à long terme à 0 %	E2	– 50	– 100
Résultat fiscal avant imputation	**F2/F3**	**100**	**495**
Déficits imputés	F6	– 100	– 495
Résultat fiscal	**F8/F9**	**0**	**0**
Remarque : les résultats comptables sont des hypothèses.			

2058 B	Lignes Cerfa	M	F2
Déficits			
À l'ouverture	YH	0	6 850
Déficits imputés	YI		502
Déficits reportables	YK	0	6 348

2058 A	Lignes Cerfa	M	F2
Bénéfice comptable	WA	2 050	590
Quote-part 12 % sur plus-values à 0 %	WQ		12
Perte comptable	WS		
Plus-value à long terme à 0 %	WH	– 50	– 100
Régime mère-fille	XA	– 1 980	
Résultat fiscal avant imputation	**XI/XJ**	**20**	**502**
Déficits imputés	XL		– 502
Résultat fiscal	**XN/XO**	**20**	**0**

2058 ER cadre résultat	Lignes Cerfa	M	F2	Cumul
Résultat à prendre en compte	CA/CB	20	0	20
Jetons de présence	CD			0
Dividendes intragroupe	CE			0
Dotations et reprises de provisions intragroupe	CF/CG			0
Abandons de créances et subventions intragroupe	CH/CJ			0
Plus ou moins-value intragroupe sur cessions d'immobilisations intragroupe	CM/CN			0
Suppléments d'amortissements	CP			0
Plus ou moins-values intragroupe qui deviennent imposables	CR/CS		150 (b)	150
Autres régularisations	CV/CW	– 900 (a)		– 900
Bénéfice/Déficit	**CV/CW**	**– 880**	**150**	**– 730**

(a) Déneutralisation abandons entre M. et F1 car la sortie de F1 intervient au cours des cinq exercices suivant l'exercice N de la subvention d'origine.
(b) Déneutralisation cession immobilisations à F1.

2058 ER cadre long terme à 0 %	Lignes Cerfa	M	F2	Cumul
Plus ou moins-value à prendre en compte	DB/DC	50	100	150
Dotations et reprises de provisions intragroupe	DD/DE			0
Plus ou moins-values rectifiées	DS/DT	50	100	150

2058 ES cadre résultat	Lignes Cerfa	F1	Cumul
Réintégrations abandons de créances et subventions intragroupe	FC	1 200	1 200
Bénéfice/Déficit		**1 200**	**1 200**

2058 TS	Colonne	M	F1	F2	Total
Résultat	AC/AD	– 880	1 200	150	470
Plus-value à long terme à 0 %	AE	50	0	100	150

2058 RG	lignes cerfa	
Résultat	HB/HC	470
Déficit groupe imputé	HG	– 470
Résultat du groupe		**0**
Plus-value à long terme du groupe	HV	150

2058 DG	Lignes Cerfa	
I – Déficits reportables		
À l'ouverture	JA	5 080
Déficits imputés	JB	***– 470***
Déficits reportables	JD	4 610

2065 du groupe	M	F1	F2
Résultat d'ensemble	0		
Plus-value à long terme groupe à 0 %	150		

Du fait de la sortie de F1, les subventions N entre M et F1 et la plus-value intragroupe entre F2 et F1 font l'objet d'une déneutralisation en N + 1. Les états 2058 SG et 2058 PV déposés au titre de N + 1 sont donc vierges au titre de ces deux opérations.

Partie 11-3

ACQUISITION D'UNE PME SAINE À L'AIDE DE L'INTÉGRATION FISCALE

Points particuliers

700 Lorsqu'une ou plusieurs personnes physiques souhaitent acquérir directement les titres d'une société soumise à l'IS, la législation française ne permet la déduction fiscale des charges financières liées à l'emprunt souscrit par la personne physique pour cette opération que sous certaines conditions et limites.

Précision

• La déductibilité des charges financières liées à un emprunt souscrit par une personne physique pour acquérir des titres de sociétés soumises à l'IS est actuellement prévue par les dispositions suivantes :

– les intérêts d'emprunts versés pour acquérir ou souscrire des titres d'une société ayant une activité industrielle, commerciale, artisanale, agricole ou libérale et dans laquelle le salarié ou le dirigeant (dirigeant salarié ou relevant de l'article 62 du CGI) exerce son activité professionnelle principale peuvent être déduits dans certaines conditions au titre des frais professionnels réels, par ces derniers. La fraction déductible est, en pratique, limitée aux intérêts se rapportant à un montant d'emprunt limité au triple de la rémunération allouée ou escomptée à la date de souscription (CGI art. 83, 3) ;

– les intérêts d'emprunts qui ont été jusqu'au 31/12/2011 dans certaines conditions, par des personnes physiques, pour la reprise d'une PME (hormis les PME qui ont pour activité principale la gestion de leur propre patrimoine mobilier ou immobilier) peuvent être déduits dans une certaine limite (CGI art. 199 terdecies-0 B et BO 5 B-11-09). Ce régime est exclusif du régime précédent.

Ce traitement fiscal, peu satisfaisant, ne se rencontre pas si la personne physique achète le fonds de commerce, ni non plus, sous certaines conditions, si les parts acquises sont représentatives de sociétés non soumises à l'IS.

Afin de contourner cette difficulté, la pratique a consacré l'acquisition de ces sociétés soumises à l'IS par une société souvent constituée pour l'occasion par la ou les personnes physiques. Cette société parfois appelée « holding de rachat » emprunte des fonds pour acquérir les parts ou actions de la société « cible ». Une intégration fiscale suit. L'avantage essentiel fourni par ce choix est de permettre, dans le cadre de l'intégration, d'imputer les charges financières de la holding sur le résultat de la société cible.

Précision

• Ce type de montage a fait l'objet indirectement de commentaires de la part de l'administration dans une instruction (reprise dans le BOFiP) afférente aux fusions en précisant que le régime de l'intégration fiscale permet, dans le cadre d'une option de plein droit, l'imputation fiscale des frais d'acquisition sur les bénéfices de la société acquise car il n'est pas susceptible de modifier les intérêts patrimoniaux respectifs des associés et sociétés concernés dès lors qu'il est fondé sur le principe d'une somme algébrique de résultats fiscaux déterminés dans les conditions de droit commun (BOFiP-IS-FUS-10-40-§ 30-12/09/2012). En revanche, dans une affaire étudiée par le comité consultatif des abus de droit (affaire 2005-3), les motivations de l'avis ont jeté un trouble chez les professionnels sur ce sujet à l'occasion d'une implantation d'un groupe étranger en France via une holding et le recours à l'intégration fiscale, mais sans que cela ne remette en cause, à notre avis, l'instruction précitée. Un jugement de 2011 définitif (TA Montreuil 16 juin 2011, nos 0905509 et 1007116), favorable au contribuable, va dans ce sens.

Un certain nombre de difficultés spécifiques résultent de ce type d'organisation en matière d'IS et cela aux différents stades de la vie de cet ensemble. Nous analyserons les principaux effets de l'intégration fiscale lors des différents stades de ce type d'opération :
– lors de la constitution du groupe ;
– lors du fonctionnement du groupe au regard de l'IS.

Ne seront pas abordés les effets de la dissolution de ce groupe.

Les difficultés liées à la constitution du groupe

701 Deux difficultés seront évoquées.

Permettre au groupe d'appliquer l'intégration fiscale le plus rapidement possible

Atteindre 95 % des droits à dividendes et des droits de vote de la société cible

702 Le seuil élevé exigé pour intégrer une filiale est susceptible d'être contraignant dans une telle situation.

Par ailleurs, il convient de rappeler que la détention de la filiale doit être atteinte en pleine propriété.

Respecter les autres conditions d'intégration (voir partie 2)

703 Notamment les sociétés doivent être soumises à l'IS. De même, les sociétés devant déposer des déclarations au réel normal (CGI art. 223 Q) devront, le cas échéant, opter pour ce régime avant l'entrée dans l'intégration. Cette situation est très fréquente pour le holding de rachat qui, bien souvent, ne dispose pas du seuil en chiffre d'affaires permettant d'être soumis au régime du réel normal sans option.

Appliquer le régime de l'intégration fiscale rapidement

704 La mise en place rapide du régime de l'intégration fiscale permet de déduire du résultat de la cible les frais financiers qui courent chez la holding.

Il peut être intéressant, à ce titre, si les conditions économiques s'y prêtent, de fixer, de manière optimale, les dates de cession et les dates de clôture. Il est possible de distinguer trois cas de figure :

• 1er cas : la société acquise est déjà une filiale intégrée dans un autre groupe (par exemple, un précédent montage avec holding).

Il peut être intéressant d'organiser la cession des titres le premier jour de l'exercice de la société vendue et de faire en sorte que la holding de rachat ouvre son exercice à la même date.

En effet, dans ce cas, la filiale cédée pourra être intégrée dès l'exercice de rachat dans le groupe acheteur compte tenu de la tolérance administrative (voir BOFiP-IS-GPE-10-20-10-§ 200-06/05/2015)*(voir § 56)*. Elle pourra également être intégrée, dans ce cas, dans le groupe vendeur jusqu'à la clôture de l'exercice précédant la cession.

Un résultat similaire peut être obtenu en cas d'achat des titres le dernier jour de l'exercice qui précède le premier exercice d'intégration chez l'acheteur *(voir § 56)*.

• 2e cas : la société acquise n'est pas déjà intégrée. Il peut être intéressant, dans ce cas, de disposer d'une date de clôture de la holding de rachat située peu de temps après la cession. Une modification de la date de clôture de la société acquise lors de la cession afin de l'aligner sur la date de clôture de la holding permettra un démarrage rapide de l'intégration.

• 3e cas : la société acquise est la société mère d'un groupe intégré. Dans ce cas, il peut être intéressant de fixer la date de clôture du holding de rachat le plus tard possible, afin de pouvoir incorporer à plein son résultat dans la première intégration commune *(voir § 356)*.

Ne pas déclencher « l'amendement Charasse » !

705 Les règles générales concernant l'amendement Charasse sont exposées aux paragraphes 237 à 245. Il est rappelé que le dispositif est susceptible de s'appliquer en cas d'intégration d'une société dont les titres ont été achetés à titre onéreux auprès de personnes qui contrôlent l'acheteur (ou auprès de sociétés contrôlées directement ou indirectement par ces personnes) au sens de l'article L. 233-3 du code de commerce.

Le fonctionnement du groupe

L'imputation des charges financières de la holding sur le résultat de la société cible

706 Cela résulte du fait que l'intégration fiscale permet la compensation des résultats des différentes sociétés du groupe intégré. Cette compensation ne pourra toutefois se réaliser que pour les résultats nés pendant l'intégration. De ce fait, il est souvent préférable d'opter rapidement pour l'intégration *(voir ci-dessus)*.

Par ailleurs, il convient de prendre en compte, le cas échéant, les effets des mesures particulières tendant à limiter la déduction fiscale de certains intérêts financiers ; notamment :

– les charges financières afférentes à l'acquisition des titres de participation relevant du taux de 0 % dès lors que l'entreprise emprunteuse n'est pas en mesure de

démontrer par tous moyens que les décisions relatives à ces titres sont effectivement prises par elle ou par une société française la contrôlant et qu'elle exerce le contrôle ou une influence sur la société acquise (CGI art. 209, IX) ;
– les charges financières nettes qui excèdent, pour le groupe intégré, le montant de 3 millions d'euros ; dans ce cas, qui sera très rare dans un groupe PME compte tenu du seuil de déclenchement, un montant forfaitaire des charges financières nettes constatées vis-à-vis de sociétés non intégrées doit être réintégré (CGI art. 223 B bis) *(voir § 771)* ;
– les charges financières à différer du fait d'une situation de sous-capitalisation (CGI art. 212, II) *(voir §§ 752 à 768)*.

L'imputation des frais d'acquisition des titres supportés par la holding sur le résultat de la société cible

707 Ces frais sont souvent composés, dans les petits groupes, d'honoraires et de droit d'enregistrement. Sur le plan fiscal, leur incorporation au prix de revient des titres est obligatoire pour les exercices clos depuis le 31/12/2006. Toutefois, leur amortissement fiscal sur 5 ans est possible, quel que soit, par ailleurs, le choix comptable retenu. Les modalités de cet amortissement fiscal peuvent alors varier suivant les choix comptables. La première annuité d'amortissement devant se réaliser au *prorata temporis*, elle sera constatée, si l'acheteur n'était pas déjà intégré, au cours d'un exercice préintégration. Dans ce cas, la déduction fiscale de cette première annuité sera moins aisée et constituera souvent, pour la société acheteuse, un déficit antérieur à l'intégration dès lors qu'il s'agit d'une holding sans autres activités.

Afin de minimiser la portée de cet inconvénient, il est donc préférable dans la mesure du possible soit d'utiliser une société déjà intégrée (ce qui suppose d'autres activités déjà en cours), soit de réduire au maximum la durée de l'exercice précédant l'entrée *(voir ci-dessus)*.

L'impôt dû par la filiale à la holding

708 La filiale acquise devra, en période d'intégration, constater à chaque exercice une dette d'impôt sur les sociétés et de contributions vis-à-vis de la société mère intégrante.

Le montant de ces impôts sera versé en fonction des conventions d'intégration fiscale, lesquelles prévoient, bien souvent, que les filiales verseront à la société mère le montant de l'IS et de contributions qu'elles auraient versé si elles étaient imposées séparément.

Ce montant constitue, pour la holding de rachat, à la fois un produit comptable non imposable et une entrée de trésorerie. En contrepartie, la holding de rachat devra s'acquitter de l'impôt dû par le groupe. Toutefois, dans la mesure où la holding est déficitaire (du fait des frais financiers), l'impôt du groupe est fréquemment inférieur à l'impôt versé par la filiale à la mère et, en définitive, c'est un différentiel positif qui restera dans les comptes et la trésorerie de la société mère.

Le traitement des distributions au regard de l'IS de la filiale sur la holding

709 En partant du principe que les conditions d'application du régime mère-fille sont réunies *(voir § 204)*, la perception des dividendes ou autres produits de participation sera considérée chez la holding comme des produits de participation susceptibles d'ouvrir droit au régime mère-fille.

À ce titre, la société mère procédera dans sa propre déclaration à la déduction des produits perçus mais à la réintégration d'une quote-part de frais et charges égale actuellement à 1 % du montant des produits perçus (au lieu de 5 %) si l'option pour l'intégration fiscale a été retenue. Par ailleurs, il convient de rappeler que l'application du régime mère-fille est conditionnée à la conservation pendant au moins deux ans des titres de la filiale *(sur cette notion voir § 204)*.

Partie 11-4

DISPOSITIFS DE RÉINTÉGRATION DES CHARGES FINANCIÈRES DANS LES GROUPES INTÉGRÉS

750 Le traitement fiscal des charges financières est un sujet sensible car suivant les modalités de financement des activités (par fonds propres ou par emprunt), les effets sont loin d'être identiques. C'est ainsi qu'en droit commun, certaines limites de déductibilité existent pour les intérêts versés aux associés et aux entreprises liées, il en est de même de la réintégration forfaitaire des charges financières nettes (« rabot »).

Dans le régime de l'intégration fiscale, plusieurs textes spécifiques existent concernant le traitement des charges financières : il existe l'amendement Charasse *(voir § 239)*, les charges financières versées aux associés ou aux sociétés liées *(voir §§ 752 à 768)* et la réintégration forfaitaire des charges financières nettes (« rabot ») *(voir §§ 769 à 771)*.

La sous-capitalisation dans les groupes intégrés

751 La relative complexité de ce dernier texte nécessite un rappel succinct des règles de droit commun pour les intérêts versés aux associés ou aux entreprises liées suivi du traitement dans le régime de l'intégration fiscale.

Rappel succinct du dispositif de droit commun

Approche globale

752 La déductibilité des charges financières versées aux associés ou aux entreprises liées repose sur deux textes fiscaux : l'article 39-1-3 du CGI et l'article 212.

L'application de ce dispositif nécessite de suivre plusieurs phases.

Première phase : le capital doit être libéré

753 Cette condition s'applique pour les intérêts versés à des prêteurs qui sont des associés directs.

Deuxième phase : limitation par le taux « fiscal »

754 Les intérêts servis aux associés à raison des sommes qu'ils laissent ou mettent à la disposition de la société, font l'objet d'une limite d'un taux fixé par l'administration (dit « taux fiscal »).

De surcroît, si les associés sont des entreprises liées, ce taux peut être remplacé par le taux auquel l'emprunteur aurait pu prétendre s'il s'était adressé auprès d'organismes extérieurs au groupe.

EXEMPLE

Hypothèses :

Soit le groupe suivant

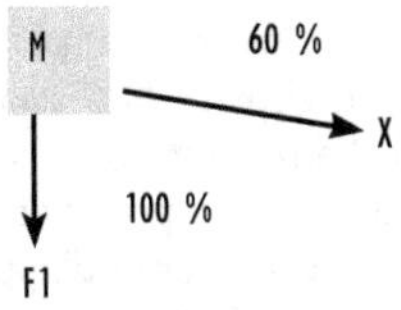

M et X prêtent à F1 des montants (en K€) dans les conditions suivantes :

Prêteur	M	X
Montant	5 000	20 000
Intérêt	200	800

M, X et F1 sont des sociétés.

Le taux de l'article 39-1-3 donne un intérêt maximal pour M de 180.

Le taux auquel la société F1 aurait pu prétendre en empruntant les 5 000 à l'extérieur du groupe est de 190.

Le capital de F1 est libéré.

Solution :

L'associé M étant aussi une entreprise liée, le montant non déductible en définitive est donc de 200 - 190 = 10 chez F1.

Remarque : si M était une personne physique, le montant non déductible chez F1 aurait été de 200 - 180 = 20.

Les intérêts versés à X par F1 quant à eux ne sont pas concernés par cet article 39-1-3 du CGI car X n'est pas un associé.

Troisième phase : limitation par les textes spécifiques à la sous-capitalisation

755 **L'objectif du législateur est d'éviter que des sociétés considérées comme sous-capitalisées puissent déduire des charges financières qu'elles versent à d'autres entreprises liées. Ce texte vise les sociétés d'une certaine taille car il est applicable si le montant des frais financiers différés dépasse le montant de 150 000 €.**

Dispositif spécifique de sous-capitalisation

Les emprunteurs visés

756 **Ce sont principalement les intérêts versés par des sociétés soumises à l'IS. Quelques exceptions notables existent toutefois : en sont exemptés les sociétés qui gèrent la trésorerie d'un groupe ainsi que les établissements de crédit.**

→ **Remarque.** Le dispositif peut (sous réserve de cas particuliers) également s'appliquer au résultat de sociétés de personnes non soumises à l'IS qui ont versé des intérêts à des entreprises liées lorsque ces sociétés de personnes sont détenues par des sociétés soumises à l'IS.

Les prêteurs visés

757 **Ce sont exclusivement les entreprises liées à l'emprunteur** (au sens de l'article 39, 12 du CGI). **Autrement dit, ne sont pas concernés, en principe, par ce texte par**

exemple les emprunts souscrits par des sociétés faiblement capitalisées auprès d'un établissement financier avec lequel elles n'ont aucun lien direct ou indirect de parenté. Le texte ne vise que les sociétés qui à la fois sont sous-capitalisées et empruntent auprès d'autres entreprises liées.

Toutefois, afin d'éviter que le texte puisse être contourné, les emprunts souscrits auprès de sociétés extérieures mais garantis par une entreprise liée sont également concernés. Ainsi, par exemple, si M contrôle F1, l'emprunt souscrit par F1 auprès d'une banque extérieure est concerné dès lors que cet emprunt est garanti par M. Cette mesure est de nature à étendre sensiblement le champ d'application du dispositif et peut entraîner un dépassement du seuil de 150 000 euros *(voir § 765)* même dans des sociétés a priori non concernées. De plus, si l'on suppose que M et F1 sont intégrées, ces emprunts souscrits auprès d'entreprises non liées, mais qui entrent dans le dispositif du seul fait qu'ils sont garantis par une société liée, sont réputés réalisés auprès de sociétés liées non intégrées, même si la garantie est donnée par une société à la fois liée et intégrée. Ce qui, comme indiqué ci-après, est de nature à pénaliser sensiblement les groupes intégrés.

Les charges financières concernées

758 Ce sont celles attachées aux prêts ou avances sauf s'ils sont accordés dans le cadre de relations commerciales normales.

Le calcul des intérêts différés.

759 Ce calcul se réalise en quatre étapes.

Première étape : le calcul des ratios

760 En pratique, le montant des charges financières constatées et celui résultant des prêts et avances mentionnés ci-dessus sont comparés au résultat des trois ratios suivants (chaque ratio fournit un montant maximal qu'il est possible de constater au titre des intérêts versés à des sociétés liées).

Premier ratio basé sur le critère des capitaux propres

761 Les capitaux propres sont à retenir pour 1,5 fois leur montant. Le niveau maximal des charges financières versées à des sociétés liées ne doit pas excéder le montant résultant de la formule suivante :

$$\text{Charges financières versées à des entreprises liées} = \frac{\text{Capitaux propres X 1.5}}{\text{Emprunt moyen afférent aux intérêts versés à des entreprises liées.}}$$

Exemple

en milliers d'euros)

F1 dispose de capitaux propres pour 10 000

F1 a versé 1 000 de charges financières à des sociétés liées (M et X), représentant un emprunt moyen de 25 000.

La limite maximale est donc de : 1 000 X (10 000 X 1,5)/25 000 = 60

Deuxième ratio basé sur le critère du résultat de la société

762 **Il convient de retenir 25 % du résultat courant au sens comptable corrigé de quelques éléments (les intérêts versés aux sociétés liées, les dotations aux amortissements et la fraction des loyers de crédit-bail représentatifs du capital).**

Ce ratio est destiné à « récompenser » les entreprises qui dégagent un bon résultat même si elles n'ont pas les capitaux propres suffisants.

EXEMPLE

La société F1 dégage un résultat courant de 100, après déduction notamment de 300 de dotations aux amortissements.

La limite est donc de 25 % de (100 + 300 + 800 + 200 = 1 400) soit 350.

Troisième ratio basé sur le critère des produits financiers perçus d'autres sociétés liées

763 **L'idée consiste à tenir compte des sociétés qui empruntent dans le groupe pour reprêter dans le groupe sans être pour autant des sociétés de gestion de trésorerie, et ce afin de ne pas les pénaliser.**

EXEMPLE

F1 a prêté à des sociétés liées un montant de 1 600 et encaissé un intérêt de 80. Le ratio est donc de 80.

Deuxième étape : la conclusion ou non à la sous-capitalisation

764 **Chaque ratio est comparé au montant des charges financières effectivement versées à des sociétés liées. Si ce dernier montant :**
– est inférieur à au moins un seul de ces ratios, il n'y a pas de sous-capitalisation et aucune conséquence fiscale particulière ne résulte du texte ;
– est supérieur à chacun des trois ratios, il y a une présomption de sous-capitalisation et alors il convient d'appliquer la suite du raisonnement.

EXEMPLE

(suite)

Ratio 1	600
Ratio 2	350
Ratio 3	80

Les charges financières effectivement versées par F1 pour 1 000 sont supérieures à chacun des trois ratios. Il y a donc une présomption de sous-capitalisation pour F1.

Toutefois, il est possible d'apporter la preuve contraire dans l'hypothèse où le ratio d'endettement du groupe serait supérieur à celui de la filiale.

EXEMPLES

F1 dispose d'un ratio d'endettement global de 5 calculé comme suit :

$$\frac{\text{Dettes globales de F1 toutes dettes confondues}}{\text{Capitaux propres de F1}} = \frac{50\,000}{10\,000} = 5$$

Le groupe dispose d'un ratio d'endettement global de :

$$\frac{\text{Dettes consolidées}}{\text{Capitaux propres consolidés}} = \frac{20\,000\,000}{5\,000\,000} = 4$$

En l'espèce, la preuve contraire n'est pas apportée.

La signification de cette exception est la suivante : si le groupe est plus endetté que la filiale, cela veut dire que la dette de la société concernée vis-à-vis des entreprises liées provient en définitive d'une société extérieure au groupe mais via une société liée.

Troisième étape : le calcul du montant différé

765 **Si l'entreprise est réputée sous-capitalisée, le montant d'intérêts différés résulte de la comparaison des intérêts versés à des sociétés liées avec chacun des trois ratios.**

C'est la différence la plus faible de chacune des trois comparaisons qui représente les intérêts à différer. Autrement dit, il est pris la solution la plus favorable pour la société.

Toutefois, si ce montant est égal ou inférieur à 150 000 euros, aucune réintégration n'est à faire. En revanche, si ce n'est pas le cas, on ne tient pas compte de ce seuil de 150 000 euros.

EXEMPLE

(suite)

En l'espèce, la comparaison entre le montant des intérêts versés à des sociétés liées par F1 est de 1 000 et les trois ratios sont :

Ratio 1	600
Ratio 2	350
Ratio 3	80

Les intérêts à différer sont donc de 400 (soit 1 000 - 600) car on retient le montant de 600 qui est le plus élevé des trois ratios.

En outre, ce montant à réintégrer étant de 400 000 €, la totalité doit être différée.

Remarque : Si ce montant à réintégrer avait été inférieur à 150 000 €, aucun intérêt différé n'aurait été à faire.

Quatrième étape : le suivi des intérêts différés

766 **Les intérêts différés peuvent, le cas échéant, être déduits au cours des exercices suivants.**

Pour cela, il faut que les intérêts versés aux entreprises liées au titre des exercices suivants soient inférieurs au ratio n° 2.

Dans ce cas, il est possible d'imputer un montant d'intérêts différés égal à cette différence.

EXEMPLE

En N + 1, F1 qui verse toujours 1 000 d'intérêts aux entreprises liées, dégage au titre du ratio n° 2 un montant de 1 250.

Dans ce cas, cette société n'est plus considérée comme sous-capitalisée et il lui est possible de déduire un montant d'intérêts différés au titre de N pour 1 250 - 1 000 = 250.

Il reste à reporter un montant de 400 - 250 = 150.

En revanche, si des intérêts différés nés en N ne peuvent être déduits en totalité dès N + 1, la fraction non déduite est imputable au titre des exercices N + 2 et suivants dans les mêmes conditions sous réserve du fait que le montant non reportable est amputé chaque exercice de 5 %.

EXEMPLE

Au début N + 2, le montant des intérêts différés est de 150 - 5 % = 142,5.

En N + 2, F1 qui verse toujours 1 000 d'intérêts aux entreprises liées, dégage au titre du ratio n° 2 un montant de 1 050.

Dans ce cas, cette société n'est plus considérée comme sous-capitalisée et il lui est possible de déduire un montant d'intérêts différés au titre de N + 2 pour 1 050 - 1 000 = 50.

À l'issue de cette imputation, un montant de 142,5 - 50 = 92,5 reste à reporter.

Ce montant doit être, début N + 3, amputé de 5 % soit 4,6.

En définitive, le montant reportable sur N + X sera donc de 92,5 - 4,6 = 87,9.

Traitement dans l'intégration fiscale

Approche globale

767 Le législateur n'a pas prévu un régime spécifique de sous-capitalisation pour les groupes intégrés. Quelques aménagements seulement sont prévus par rapport au dispositif de droit commun.

Ainsi :

– chaque société intégrée calcule les effets de la sous-capitalisation en appliquant les règles de droit commun ;

– une correction pour tenir compte de l'existence du groupe intégré s'applique lors de la détermination du résultat d'ensemble ;

– en cas d'intérêts différés, une logique similaire aux suivis des déficits s'applique :
  - les intérêts différés constatés avant l'intégration et encore reportables lors de l'entrée dans l'intégration sont imputables chez la société concernée avec les règles de droit commun,
  - les intérêts différés constatés pendant l'intégration sont appréhendés par la mère et reportés (après la correction ci-dessus) dans la déclaration du groupe,
  - les filiales suivent sur une déclaration à part, afin de pouvoir calculer le résultat fiscal qu'elles auraient eu en l'absence d'intégration, les intérêts différés comme si elles n'avaient jamais été intégrées.

Application

768 Le principe consiste à déterminer un montant maximal d'intérêts différés pour le groupe.

Si la somme des intérêts différés par les différentes sociétés excède ce montant, il est possible de déduire dans la déclaration du groupe la différence sous la forme d'un seul montant (porté sur la déclaration **2058-RG** dans ce cas).

Si la somme des intérêts différés par les différentes sociétés est inférieure à ce montant, on ne fait rien.

Précision

- Le montant maximal d'intérêts différés pour le groupe se calcule :

– en prenant la somme des intérêts versés par les sociétés intégrées à des sociétés liées non intégrées (plus, le cas échéant, les intérêts différés antérieurs à l'intégration et déduits au cours de l'exercice) ;

– et en retenant la fraction de cette somme qui excède 25 % du résultat courant du groupe (le résultat courant du groupe est la somme des résultats courants des sociétés intégrées retraitées sous déduction des dividendes intragroupe).

Exemples

(suite)

Somme des intérêts versés par des sociétés intégrées à des entreprises liées non intégrées.

F1 a versé à des sociétés liées non intégrées (soit X en l'espèce) un montant de 800 d'intérêts.

Calcul de 25 % de la somme des résultats courants retraités.

F1 : 1 400 *(voir ci-dessus)*.

M : 300 (par hypothèse).

Dividendes intragroupe (par hypothèse) : 50.

Soit 1 650.

La limite est donc de 25 % de 1 650 = 412 (arrondis).

Le montant maximal d'intérêts différés pour le groupe est donc de 800 - 412 = 388.

Comme le montant différé en N à ce stade est de 400, il sera possible de déduire dans la déclaration du groupe un montant de 400 - 388 = 12.

Le montant d'intérêts différés au niveau du groupe sera de 388.

Par la suite, le groupe intégré pourra déduire ce montant en fonction de la marge laissée par cette même comparaison.

Exemple

Ainsi, si en N + 1, le montant maximal d'intérêts différés au niveau de groupe est de 300 après calcul et que la somme des intérêts différés est de 250, il est possible d'imputer 50 sur le montant de 388 différés au niveau du groupe.

Comme pour le droit commun, les intérêts différés non imputés sont amputés de 5 % à compter du second exercice.

Exemple

Si en N + 1 il est imputé 50, il reste à reporter pour N + 2 (388 - 50 = 338) sous déduction de 5 %, soit 321.

La réintégration forfaitaire (« rabot ») des charges financières nettes dans les groupes intégrés

769 Dans le mécanisme de la sous-capitalisation étudié aux paragraphes 752 et suivants, les textes obligent, dans un premier temps, les sociétés intégrées à déterminer sur leur déclaration individuelle (Cerfa 2058-A) les intérêts à différer en application des règles de droit commun puis, dans un second temps, la société mère à procéder, lors de la détermination du résultat d'ensemble, à une correction globale de ces intérêts différés afin d'exclure notamment les effets des prêts internes au groupe intégré,

Dans le présent mécanisme dit « du rabot », les textes prévoient au contraire, pour les groupes intégrés, un texte spécifique (CGI art. 223 B bis) qui oblige uniquement à faire un calcul lors de la détermination du résultat d'ensemble pour l'ensemble des sociétés du groupe et non sur les déclarations 2058-A.

➜ **Remarque.** Toutefois, pour le calcul du résultat de chaque société réalisé selon l'hypothèse qu'elles seraient imposées séparément (déclaration 2058-A bis laquelle conditionne notamment le calcul de la participation des salariés), le rabot s'applique en retenant cette fois les règles applicables aux sociétés non intégrées (CGI art. 212 bis).

Rappel du texte de droit commun (CGI art. 212 bis)

770 Comme indiqué ci-dessus, ce texte s'applique aux sociétés non intégrées étant entendu que, pour le résultat du groupe intégré, un dispositif spécifique est applicable directement lors de la détermination du résultat d'ensemble.

Si le montant des charges financières nettes d'une société à l'IS est au moins égal à 3 millions d'euros, une fraction de 25 % de ce montant doit être réintégrée au résultat fiscal (résultats des exercices ouverts à compter du 1er janvier 2014). Ce taux était de 15 % pour les exercices clos à compter du 31 décembre 2012.

Le montant des charges financières nettes s'entend comme :
– le total des charges financières venant rémunérer des sommes laissées ou mises à disposition de l'entreprise, diminué du total des produits financiers venant rémunérer des sommes laissées ou mises à disposition par l'entreprise.

Précision

• Les charges financières nettes comprennent :
– les charges et produits financiers ;
– les loyers de crédit-bail, de location avec option d'achat ;
– les loyers des locations pures de biens mobiliers conclues entre entreprises liées au sens de l'article 39-12 du CGI.

• Pour les loyers, il convient également de soustraire l'amortissement pratiqué par le bailleur et les frais et prestations accessoires facturés au preneur.

• Sont exclues les charges financières supportées par le délégataire, concessionnaire et partenaire privé, afférentes aux biens acquis ou construits par lui dans le cadre d'une délégation de service public ou de certains contrats de concession ou de partenariat ou encore d'un bail emphytéotique.

• La réintégration de 25 % s'applique aux charges financières nettes qui sont déduites après avoir pratiqué les réintégrations des autres dispositifs afférents aux charges financières, c'est-à-dire après les réintégrations prévues :
– à l'article 212 du CGI, lequel vise certains intérêts versés aux associés, pour la partie qui excède le taux acceptable fiscalement, ou versés à des entreprises liées dans le cadre de la sous-capitalisation ;
– à l'article 209-IX du CGI *(voir § 706)*.

• Toutefois, ces dernières corrections ne s'appliquent pas pour apprécier si le seuil de 3 millions d'euros est atteint ou non. Autrement dit, le seuil de 3 millions d'euros se calcule sur le montant de charges financières nettes calculé comme si les autres dispositifs n'existaient pas.

EXEMPLE

(en milliers d'euros)

M et F1 sont non intégrées

		M	F1	Remarques
Charges financières	A	3 000	4 300	
Loyers de crédit-bail moins amortissement	B	200	1 200	
Loyers de location vis-à-vis de sociétés liées	C	150	300	
Total brut	D	3 350	5 800	
Produits financiers	E	300	150	
Loyers de crédit-bail perçus moins amortissement	F	-		
Loyers perçus de location vis-à-vis de sociétés liées	G	100	50	
Total brut produit	H	400	200	
Charges financières nettes avant autres dispositifs	I (D – H)	2 950	5 600	Lignes permettant d'apprécier si le seuil de 3 millions d'euros est atteint ou non
Intérêts réintégrés au titre de la sous-capitalisation	J	20	280	
Charges financières nettes après autres dispositifs	K (I – J)	2 930	5 320	Base du rabot si ligne I est au moins égale à 3 millions d'euros
Total de la réintégration	L	25 %	25 %	
Montant à réintégrer au titre dû « rabot »	M	0 (car le seuil de la ligne I est de 2 950 et donc inférieur à 3 millions)	1 330	

Traitement dans l'intégration fiscale (CGI art. 223 B bis).

771 **Si le montant des charges financières nettes cumulées des sociétés intégrées d'un même groupe est au moins égal à 3 millions d'euros, une fraction de ce montant doit alors être réintégrée au résultat d'ensemble.**

Cette fraction est de 25 % des charges financières nettes des sommes laissées ou mises à disposition de sociétés membres du groupe par des personnes qui n'en sont pas membres.

Le montant des charges financières nettes s'entend des mêmes postes que pour le droit commun *(voir § 770)* **en tenant compte toutefois qu'en principe seuls les montants constatés vis-à-vis de personnes non-membres du groupe sont concernés cette fois.**

→ Remarques.
Ce dispositif s'applique aux charges financières qui sont déduites après avoir pratiqué les autres réintégrations des autres dispositifs afférents aux charges financières, c'est-à-dire après les réintégrations prévues :
- aux articles 212 du CGI et 223 B dernier paragraphe, lesquels visent certains intérêts versés aux associés, pour la partie qui excède le taux acceptable fiscalement, ou versés à des entreprises liées dans le cadre de la sous-capitalisation, y compris les corrections apportées dans la déclaration du groupe ;
- à l'article 209-IX du CGI *(voir § 703)* ;
- à l'article 223 B alinéa 7 (amendement Charasse) *(voir § 239)*.

Pour apprécier le seuil de 3 millions d'euros qui conditionne le déclenchement du dispositif :
- ces dernières corrections ne s'appliquent pas ; autrement dit, le seuil de 3 millions se calcule sur le montant de charges financières nettes calculées pour le groupe comme si les autres dispositifs n'existaient pas,
- il est retenu en principe le montant des charges financières vis-à-vis de toutes les autres sociétés et non pas uniquement celles qui s'appliquent vis-à-vis de personnes non intégrées.

En pratique, le cumul pourra se réaliser directement à partir du montant des charges financières nettes de chaque société : en effet, les charges et les produits financiers entre sociétés intégrées devraient se compenser sauf cas particuliers.

EXEMPLE

(en milliers d'euros)

M et F1 sont intégrées

		M			F1			Total		
		Vis-à-vis de personnes non intégrées	Vis-à-vis de sociétés intégrées	Total	Vis-à-vis de personnes non intégrées	Vis-à-vis de sociétés intégrées	Total	Vis-à-vis de personnes non intégrées	Vis-à-vis de sociétés intégrées	Total
Charges financières	A	4 000	– 1 000	3 000	3 300	1 000	4 300	7 300	0	7 300
Loyers de crédit-bail moins amortissement	B	150	50	200	1 250	– 50	1 200	1 400	0	1 400
Loyers de location vis-à-vis de sociétés liées	C	150	0	150	300	0	300	450	0	450
Total brut	D	4 300	– 950	3 350	4 850	+ 950	5 800	9 150	0	9 150

		M			F1			Total		
		Vis-à-vis de personnes non intégrées	Vis-à-vis de sociétés intégrées	Total	Vis-à-vis de personnes non intégrées	Vis-à-vis de sociétés intégrées	Total	Vis-à-vis de personnes non intégrées	Vis-à-vis de sociétés intégrées	Total
Produits financiers	E	250	50	300	200	– 50	150	450	0	450
Loyers de crédit-bail perçus moins amortissement	F	0		0			0	0	0	0
Loyers perçus de location vis-à-vis de sociétés liées	G	120	– 20	100	30	+ 20	50	150	0	150
Total brut produits	H	370	30	400	230	– 30	200	600	0	600
Charges financières nettes avant autres dispositifs	I	3 930	– 980	2 950	4 620	980	5 600	8 550	0	8 550
Intérêts réintégrés au titre de la sous-capitalisation	J	14	6	20	286	– 6	280	300	0	300
Charges financières nettes après dispositifs	K	3 916	– 986	2 930	4 334	986	5 320	8 250	0	8 250
Pourcentage de réintégration	L							25 %		
Montant à réintégrer au titre dû « rabot »	M							2 062,5		

Le montant à réintégrer pour le groupe est de 2 062,5.

Pour le groupe, le seuil de 3 millions s'apprécie par rapport au montant de 8 550 ligne I.

Partie 11-5

QUELQUES POINTS SENSIBLES À VÉRIFIER LORS DE LA DÉTERMINATION D'UNE DÉCLARATION D'INTÉGRATION FISCALE D'UN PETIT GROUPE (LISTE NON EXHAUSTIVE)

Périmètre

Formalités

Ne pas omettre

800

– de déposer la mise à jour du périmètre au plus tard à la date limite de dépôt de la déclaration de résultat de l'exercice précédent (Cerfa 2029-B-bis) *(voir § 107)* ;
– de déposer la liste des sociétés intégrées et la liste des sociétés sortantes pour l'exercice faisant l'objet de la déclaration (dépôt à faire avec le relevé de solde 2572 lors de la liquidation d'IS) : cerfa 2029-B ;
– de déposer les crédits d'impôt des sociétés intégrées avec le relevé de solde établi par la mère pour le compte du groupe ;
– de faire opter pour le réel normal celles des sociétés intégrées qui ne disposeraient pas d'un chiffre d'affaires qui les placerait automatiquement dans ce régime (idem pour celles dont le CA vient à s'abaisser en dessous de ces seuils).

Amendement Charasse *(voir § 239)*

Se poser les questions suivantes

801

– les titres des filiales intégrées ont-ils été acquis depuis moins de quinze ans (ou neuf ans - *voir § 243*) ?
– si oui, ont-ils été acquis à titre onéreux ?
– si oui, ont-ils été acquis :
 - auprès de personnes qui contrôlent directement ou indirectement l'acheteur ?
 - ou auprès de personnes contrôlées directement ou indirectement par les mêmes personnes qui contrôlent l'acheteur ?
– si oui, ce contrôle est-il toujours en cours ?

Si oui, un calcul d'amendement Charasse est nécessaire.

Dans l'affirmative, il faudra tenir compte, pour ce calcul le cas échéant, des augmentations de capital du cessionnaire réalisées concomitamment à l'achat des titres.

Déclaration individuelle de chaque société intégrée

Ne pas omettre *(voir § 156)*

802

– d'appliquer le principe du plafonnement (CGI art. 223 I, 4) pour les sociétés qui disposent de déficits antérieurs à l'intégration.

➜ **Remarque.** Le déficit antérieur à l'intégration s'impute uniquement sur le résultat plafonné dégagé par la société intégrée qui en est à l'origine ;Le résultat plafonné = résultat fiscal sous déduction de certains éléments visés à l'article 223 I-4 dont les abandons de créances intra-groupe intégré reçus et les plus-values intragroupe réalisées.

Ne pas oublier *(voir § 160)*

803

– qu'il est impossible pour une société intégrée d'opter, vis-à-vis de l'État, pendant l'intégration pour le report en arrière de son propre déficit (en pratique, la ligne ZL du 2058-A doit être toujours égale à zéro). Toutefois, du point de vue des conventions, cette option semble possible vis-à-vis de la mère intégrante ;
– la société mère peut en revanche, le cas échéant, opter pour le report en arrière du déficit d'ensemble.

Déclaration du groupe

Distributions internes *(voir § 204)*

Vérifier

804

– que les sociétés intégrées qui ont perçu des distributions et qui peuvent opter pour le régime mère-fille, ont bien opté pour ce régime sur leur 2058-A propre. L'exercice de cette option s'effectue par l'indication portée sur la ligne XA du 2058-A ;
– que les quotes-parts de frais et charges afférentes aux distributions internes au groupe intégré ont bien fait l'objet d'une réintégration de la quote-part de frais et charges au taux de 1 % (et non de 5 %) sur la déclaration 2058-A (au contraire sur la déclaration 2058-A bis, c'est le taux de 5 % qui s'applique).

Jetons de présence *(voir § 202)*

805 Si les filiales intégrées ont versé des jetons, quel que soit le destinataire, le montant déduit fiscalement sur la déclaration individuelle de chaque filiale doit faire l'objet d'une réintégration dans le résultat d'ensemble. Cela ne concerne pas les jetons versés par la société mère intégrante.

Abandons de créances internes au groupe *(voir § 216)*

806

– ne pas omettre de procéder à leur neutralisation lors de la détermination du résultat d'ensemble et de porter ces montants sur l'état 2058-SG de la société mère ;
– vérifier si des clauses de retour à meilleure fortune ont été établies.

Prêts d'argent internes au groupe *(voir § 752)*

807

– vérifier si un contrat de gestion centralisée de trésorerie existe ;
– vérifier que les prêts internes au groupe ont fait l'objet d'un taux d'intérêt normal sur le plan fiscal. Si ce n'est pas le cas, la différence d'intérêts résultant de l'écart entre le taux estimé normal et le taux pratiqué doit être traitée en tant que subvention indirecte, c'est-à-dire être traitée sur le 2058-A des sociétés, être neutralisée sur le 2058-ER et être mentionnée sur l'état 2058-SG.

Dotations aux provisions intragroupe *(voir § 211)*

808 Si les dotations sont non déductibles dans la déclaration des sociétés : pas de rectifications intragroupe.

Si les dotations sont déductibles du taux courant ou s'il s'agit de moins-values à long terme dans la déclaration des sociétés : rectifications à faire dans la déclaration d'ensemble :
– provisions sur titres relevant du taux de 0 % : rectifications à mentionner pour ordre dans la colonne à zéro pour cent du 2058-ER ;
– provisions sur titres ou pour créances ou pour risques relevant du taux courant de l'IS : rectifications à mentionner sur le 2058-ER (taux courant).

Reprises d'une provision intragroupe dont la dotation dont elle est issue a fait l'objet d'une neutralisation *(voir § 212)*

809 Cas où les sociétés concernées sont encore intégrées au titre de l'exercice de la reprise : neutralisation de la reprise en fonction du taux applicable à la reprise dans la déclaration individuelle.

Cas où l'une au moins des sociétés concernées n'est plus intégrée au titre de l'exercice de la reprise : aucune neutralisation de la reprise.

Neutralisation des plus ou moins-values sur cessions d'immobilisations internes au groupe

810 Si des cessions d'immobilisations, de titres de participation ou de placement ont été réalisées, il convient de procéder à la neutralisation sur le 2058-ER de la société cédante, de la plus ou moins-value constatée.

De même, si le bien est amortissable, il convient de procéder au calcul des suppléments d'amortissements qui doivent faire l'objet d'une réintégration ; cette dernière intervient alors sur l'état 2058-ER de la société cédante.

Enfin, il convient de mentionner ces différents éléments sur le tableau 2058-PV à produire sous peine d'une amende.

Effets de sortie *(voir § 228)*

811 Si des sociétés sont sorties de l'intégration fiscale :
– déneutralisation des abandons de créances neutralisés au cours des cinq derniers exercices ;
– déneutralisation des subventions directes ou indirectes neutralisées au cours des cinq derniers exercices (ou sans limite pour les immobilisations) ;
– déneutralisation des plus ou moins-values sur cessions d'immobilisations intragroupe.

→ **Remarque.** Ne s'applique pas du seul fait d'une sortie motivée par une fusion interne placée sous le régime de faveur (mais attention aux autres effets de l'opération tels que l'annulation de titres, par exemple).

Principales obligations déclaratives (liste non exhaustive) *(voir § 200)*

812 *Obligations déclaratives individuelles*

Produire avec la déclaration individuelle les états suivants :
– 2058-FC ;
– 2058-A bis ;
– 2058-B bis ;
– 2058-ER.

Compléter la zone appropriée du 2065 et du 2058-C.

Obligations déclaratives de la société mère pour le groupe :
– liasse du groupe : (2058-ER groupe et individuels, 2058-ES groupe et individuels s'il y a eu des sorties, 2058-TS, 2058-RG, 2058-DG, 2058-SG, 2058-CG, 2058 PV et, le cas échéant, le 2058-PAP). Ne pas omettre non plus le 2029-B-bis ;
– avec la liquidation du groupe (Cerfa 2572) : 2029-B et crédits d'impôt des sociétés du groupe.

INDEX